LISA ENGLMÜLLER

PLOTTEN *leicht gemacht* MIT CRICUT

LISA ENGLMÜLLER

PLOTTEN *leicht gemacht* MIT CRICUT

So zauberst du
kreative DIY-Projekte mit
deinem Hobbyplotter

Inklusive 50 Plotterdateien für Einsteiger und Fortgeschrittene

mvgverlag

Inhalt

GRUNDLAGEN

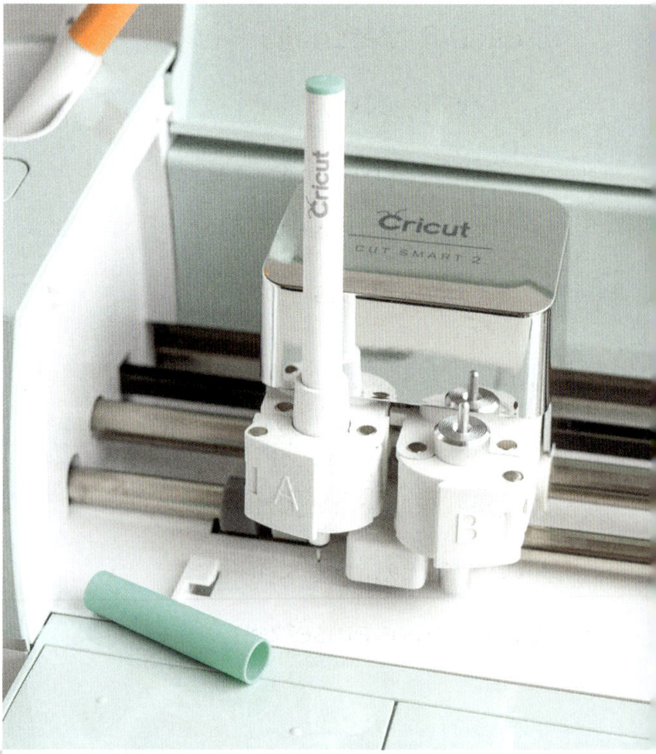

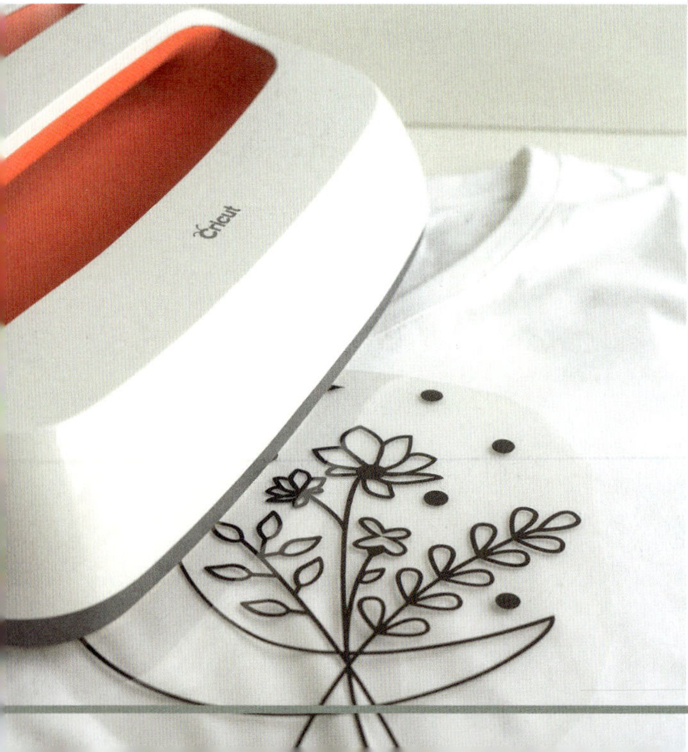

GERÄTE

ZUBEHÖR

MESSER, TOOLS & TIPPS

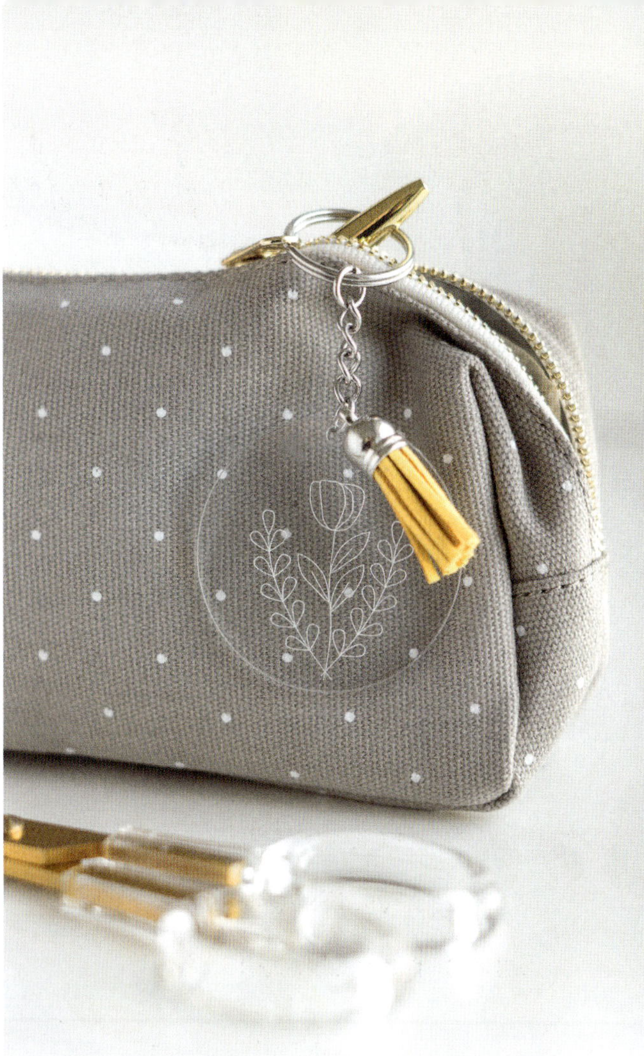

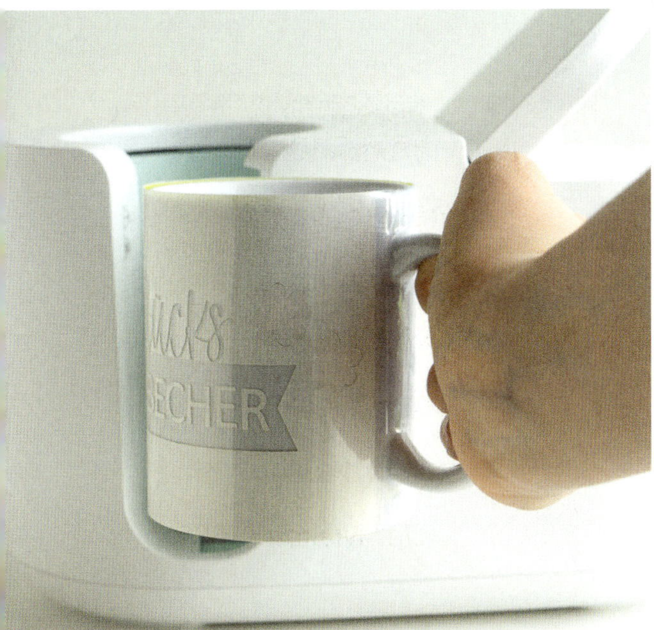

DESIGN SPACE

PROJEKTE

HÜBSCHE DEKO FÜR DRINNEN UND DRAUSSEN

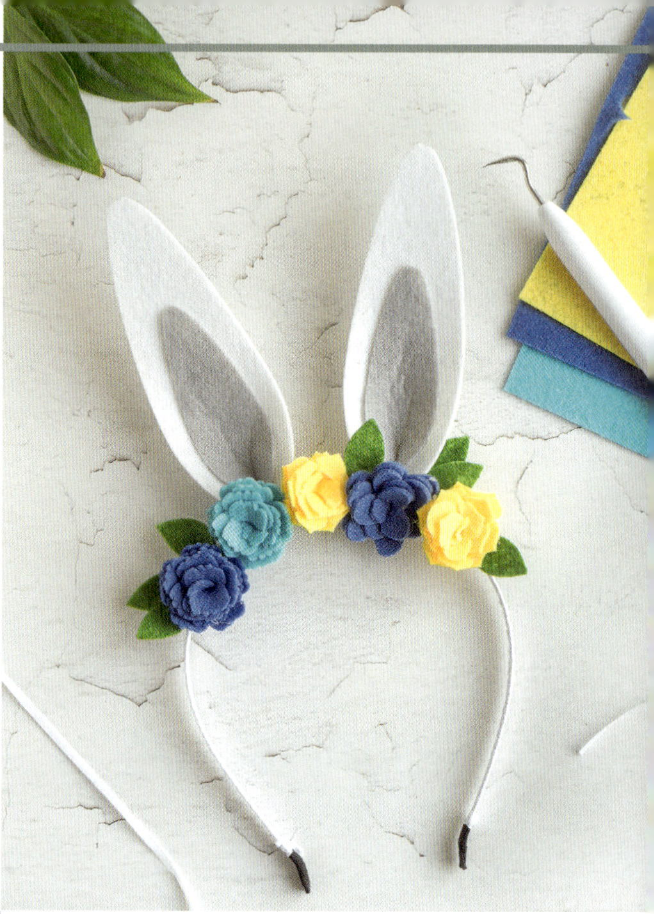

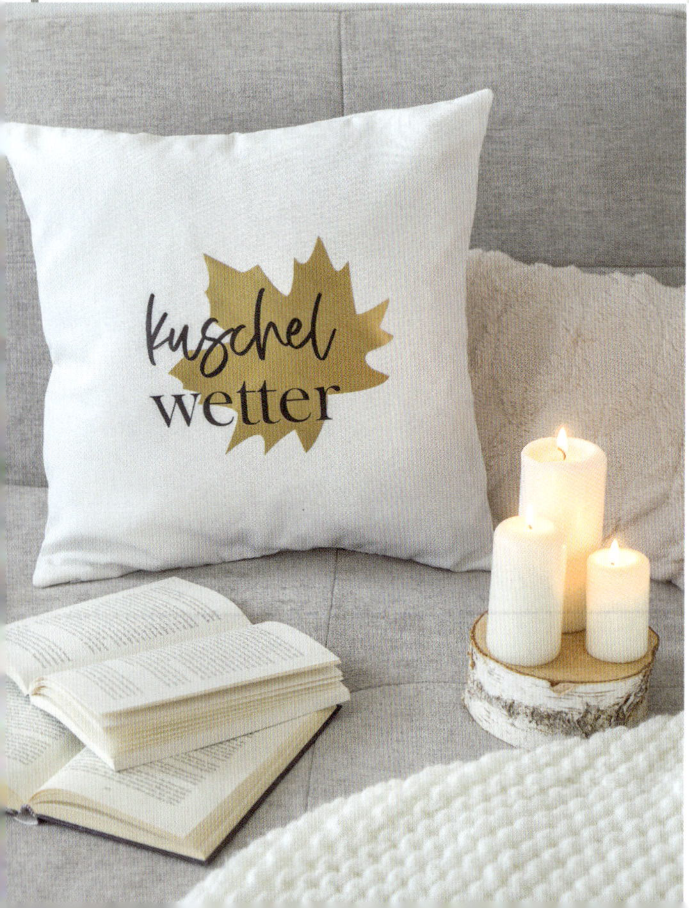

DAS GANZE JAHR GRUND ZUM FEIERN

NÜTZLICHE SACHEN SCHÖN GEMACHT

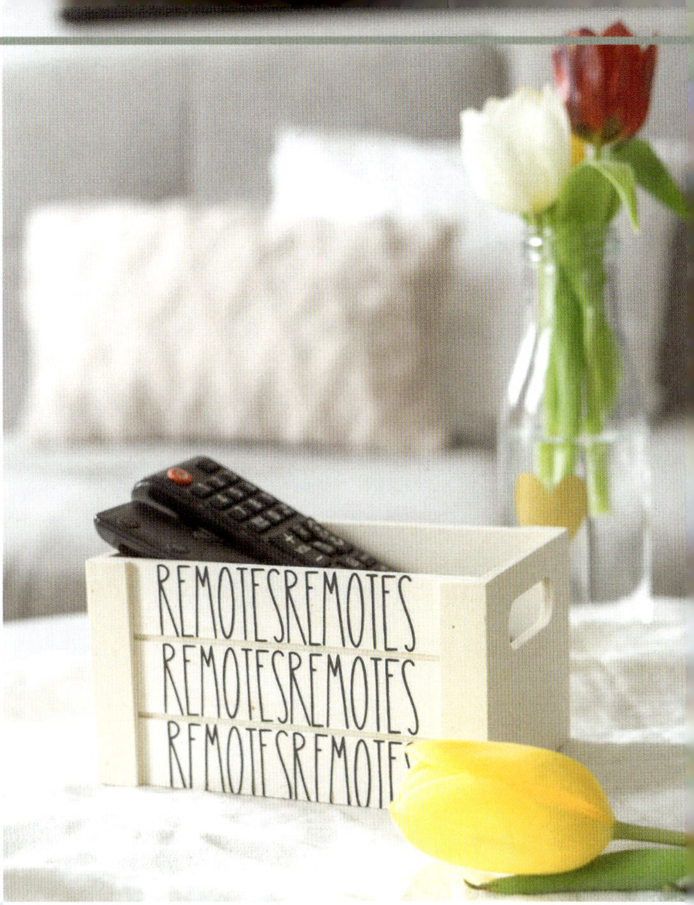

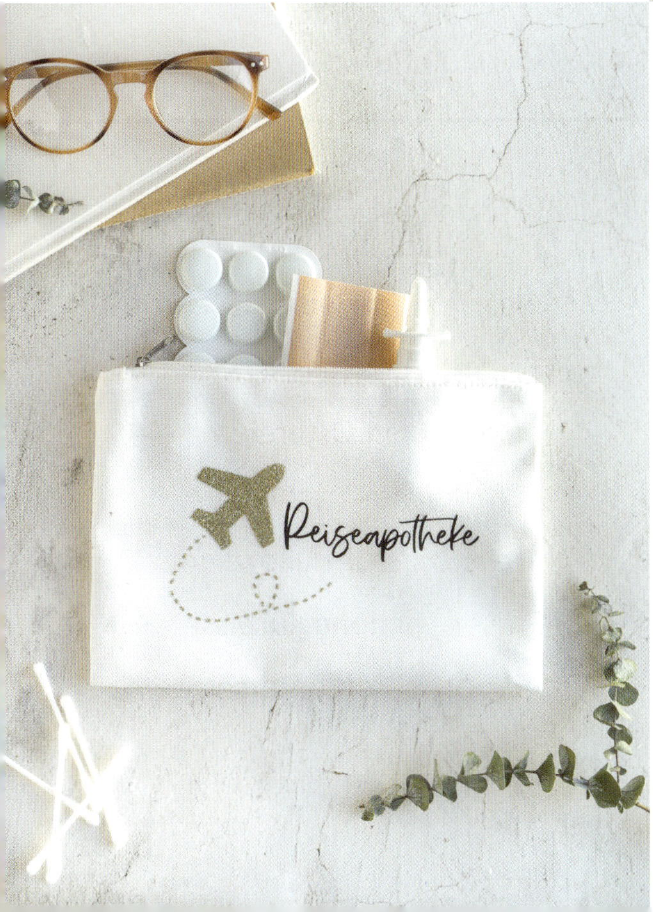

INDIVIDUELLE KARTEN FÜR LIEBE MENSCHEN

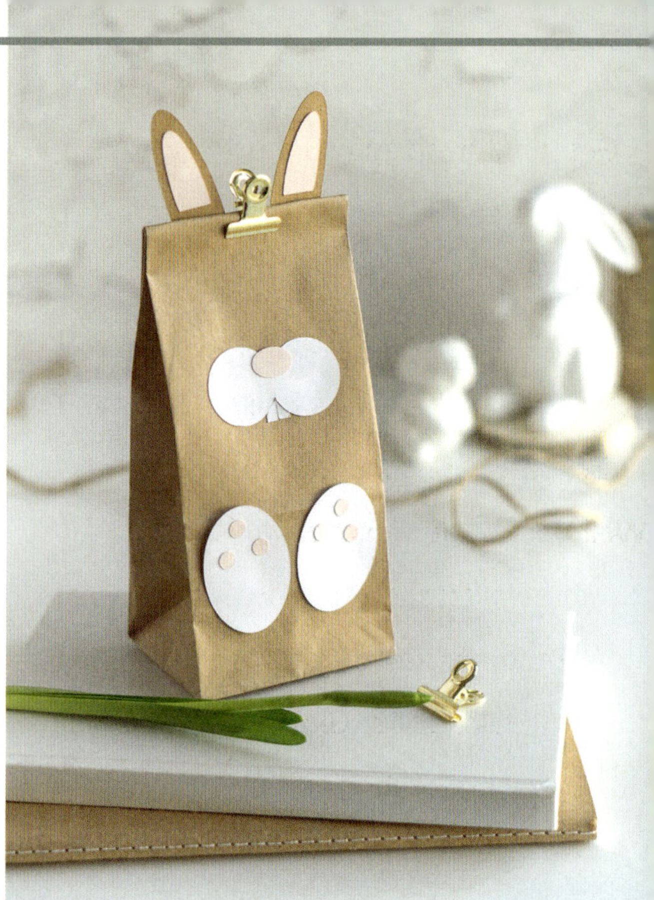

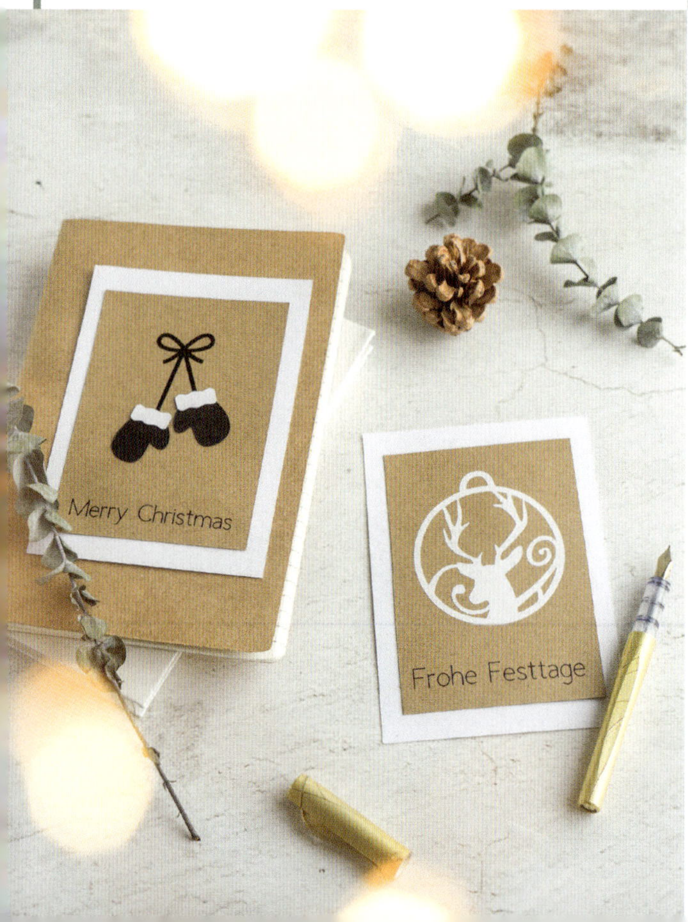

BESONDERE GESCHENKIDEEN

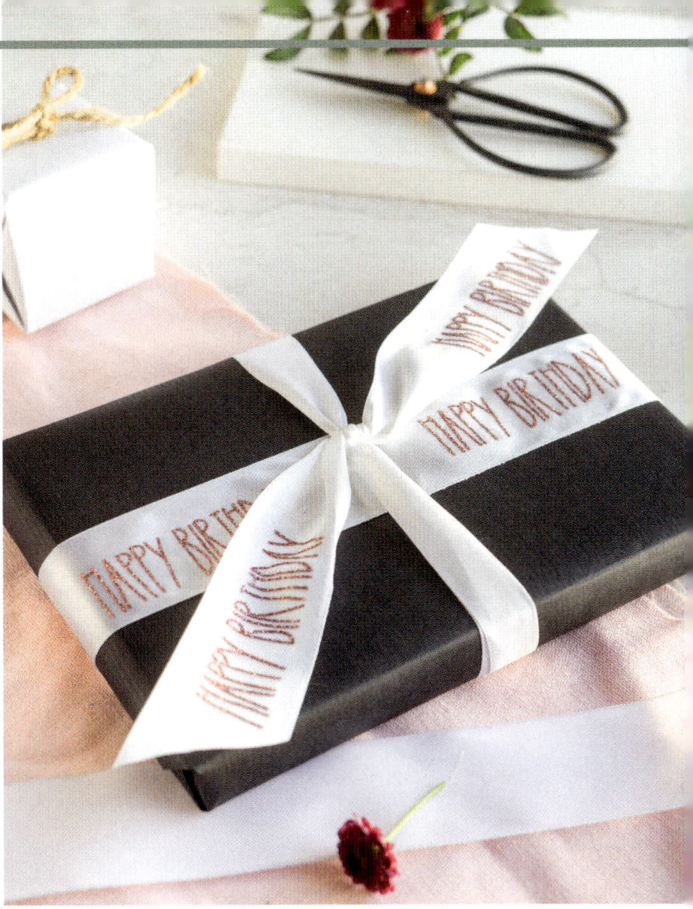

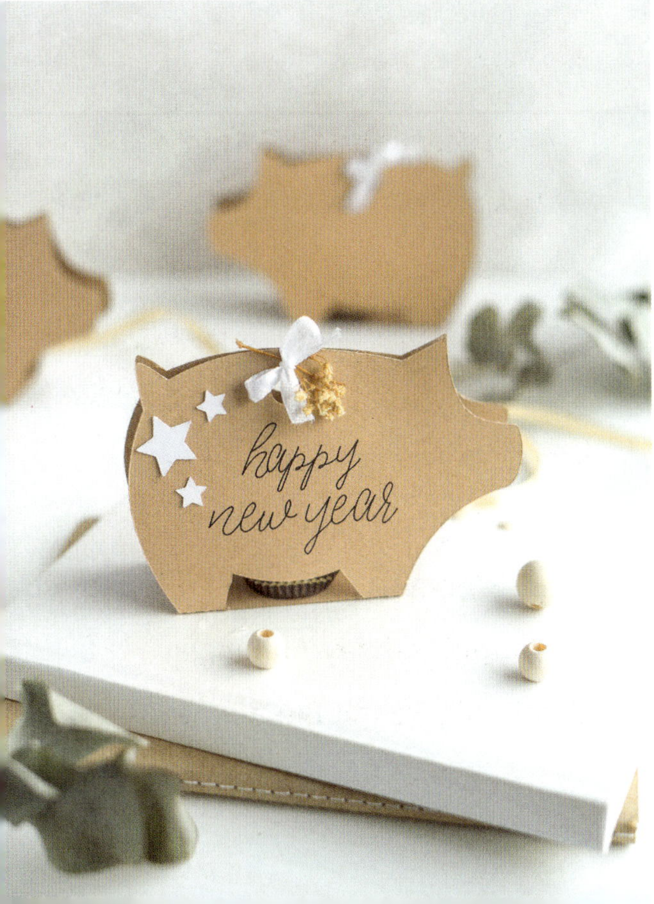

TIPPS & TRICKS

ANHANG

fräulein diy

do it yourself

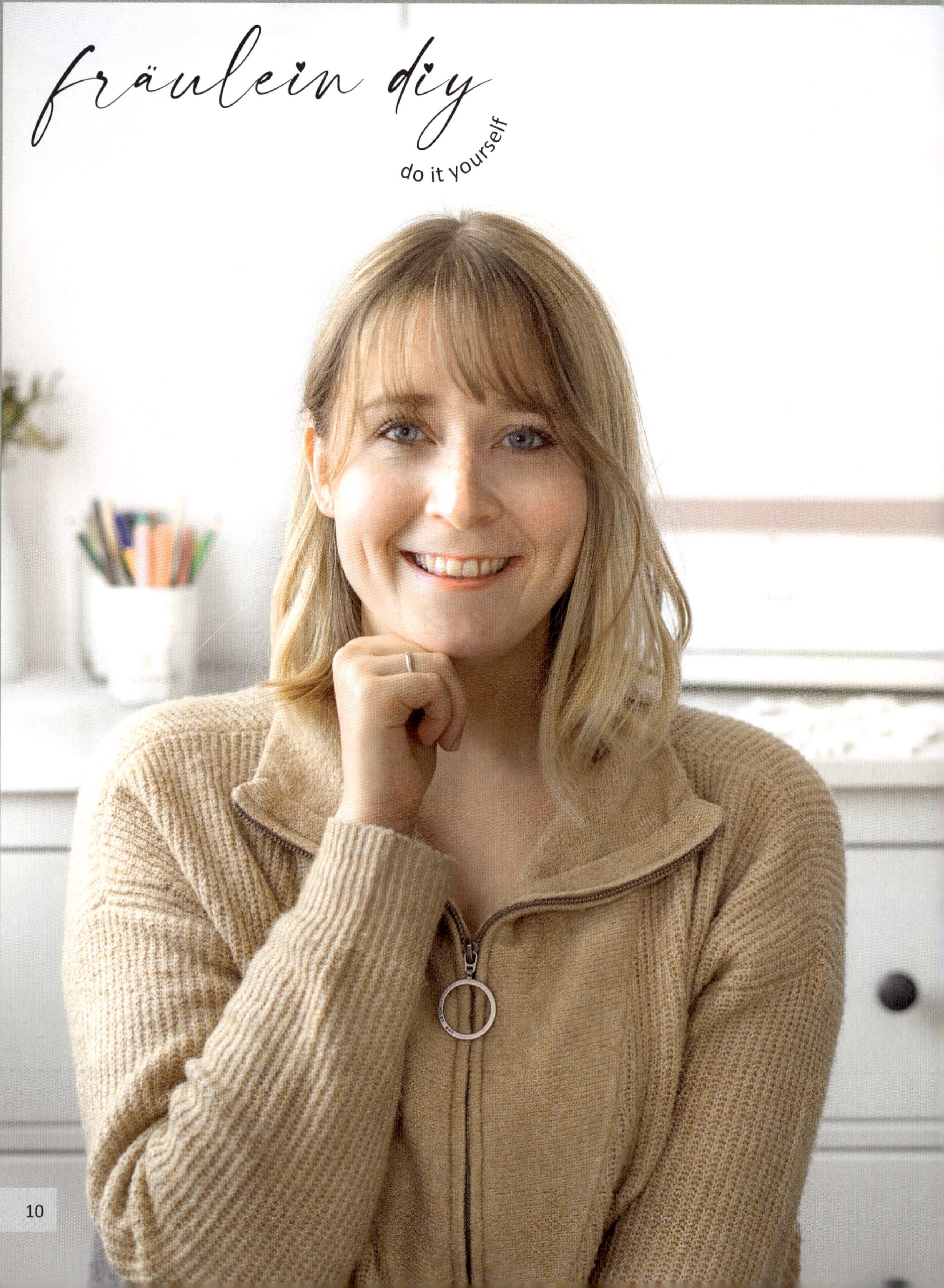

Vorwort

Zum Plotten kam ich 2019 durch meine Hochzeit beziehungsweise den frischen Heiratsantrag, den ich bekam.
Mit dem Kopf voller Ideen und einem nagelneuen Plotter im Gepäck wollte ich meine kreativen Ideen gerne mit anderen Bräuten teilen. Also startete ich meinen DIY-Blog namens Fräulein DIY. Weil mein Kopf allerdings regelmäßig vor neuen Ideen sprüht, wollte ich das Basteln, vor allem aber das Plotten nach unserer Traumhochzeit nicht an den Nagel hängen. Mir war sofort klar, dass mich dieses Hobby weiter begleiten wird. Mittlerweile wurde aus dem Hobby mein Beruf und jeden Tag aufs Neue macht es mir unendlich viel Spaß, meine vielseitigen Ideen auf meinen Social-Media-Kanälen und meinem Blog zu veröffentlichen, mich mit meiner Community auszutauschen und gemeinsam kreativ zu werden.

Ich war schon immer ein großer Fan des Bastelns und habe unzählige Stunden mit dem feinsäuberlichen Ausschneiden von Papier verbracht. Seitdem ein Plotter bei mir eingezogen ist, gehört das jedoch der Vergangenheit an und ich habe sehr viel mehr Zeit, mich meinen vielseitigen Ideen im Kopf zu widmen. Denn das tolle am Plotten ist für mich, dass jeder seine kreative Ader ganz einfach und mit schnellem Erfolg ausleben und großartige Projekte im Handumdrehen umsetzen kann.

Markiere mich auf Social-Media, wenn du eine der Ideen umgesetzt hast.

Schaue für regelmäßige Kreativideen auch gern auf meinen Kanälen vorbei:

fraeulein.diy | fraeulein.diy | fraeulein-diy.de

Einführung

Hast du dich jemals gefragt, wie du beim Basteln Zeit sparen und deine Kreativprojekte noch einfacher umsetzen kannst? Wie du saubere Schnittkanten erzeugst? Oder wie du eigene Aufkleber und Etiketten ganz einfach selbst gestaltest und erstellst?

Nach einigen Stunden im Bastelzimmer bist du vielleicht enttäuscht, wenn dein Projekt nicht ganz so geworden ist, wie du es dir vorgestellt hast. Warum also nicht die Chance nutzen, Zeit sparen, den Materialverschleiß minimieren und tolle professionelle Endergebnisse mit nur wenig Aufwand erzielen? Mit einem Hobbyplotter!

Du kannst dir eine breite Palette vielseitiger Designs schaffen und so für jeden Kreativnotfall gewappnet sein. Vergessene Geburtstagsgeschenke können mit einem Hobbyplotter im Handumdrehen erstellt werden und die Deko für den gemeinsamen Osterbrunch ist auf jeden Fall gesichert.

Im Buch erfährst du alles, was du über das Plotten wissen musst. Du lernst den Unterschied zwischen verschiedenen Geräten, Werkzeugen und Tools. Außerdem lernst du eine Vielzahl unterschiedlicher Materialien kennen und weißt schließlich, wofür Hitzepressen eingesetzt werden.

Mit den vielen hier vorgestellten Kreativprojekten kannst du das erlernte theoretische Wissen direkt in der Praxis umsetzen und mit deinem Hobbyplotter sofort loslegen. Du findest in den Kreativprojekten tolle Ideen für das ganze Jahr.

Lass uns direkt eintauchen in die Welt des Plottens!

Lisa

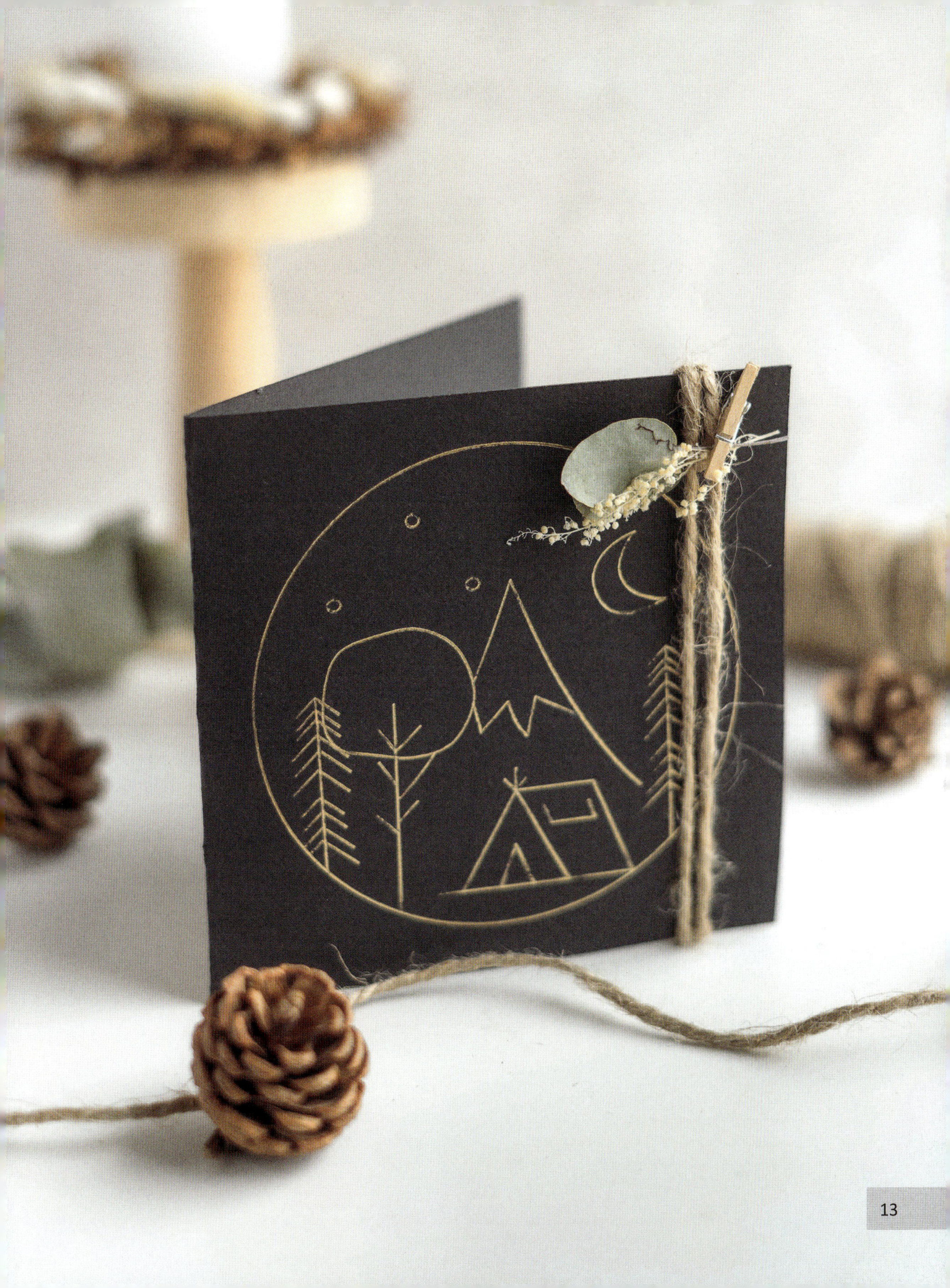

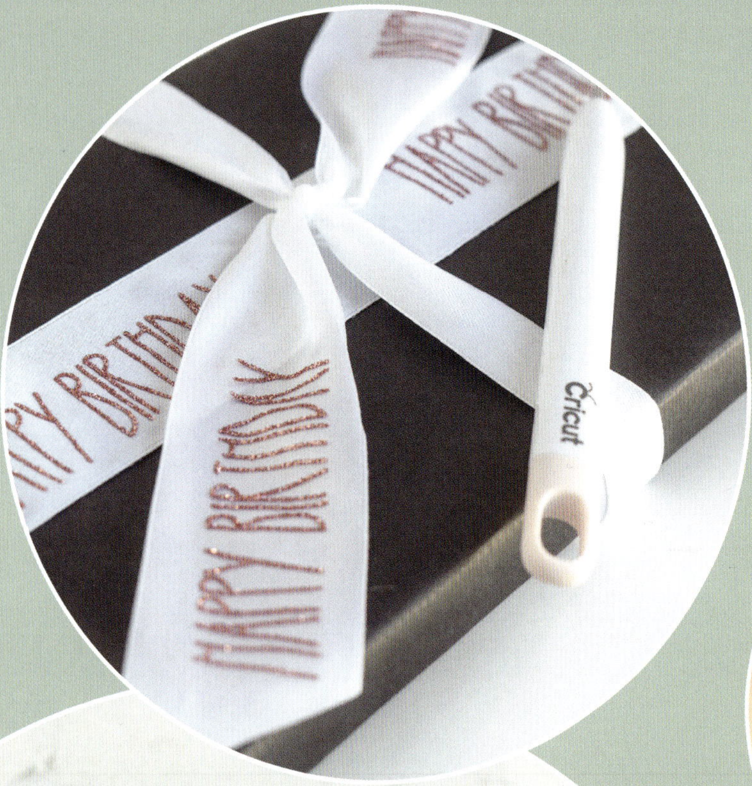
HAPPY BIRTHDAY
HAPPY BIRTHDAY
Cricut

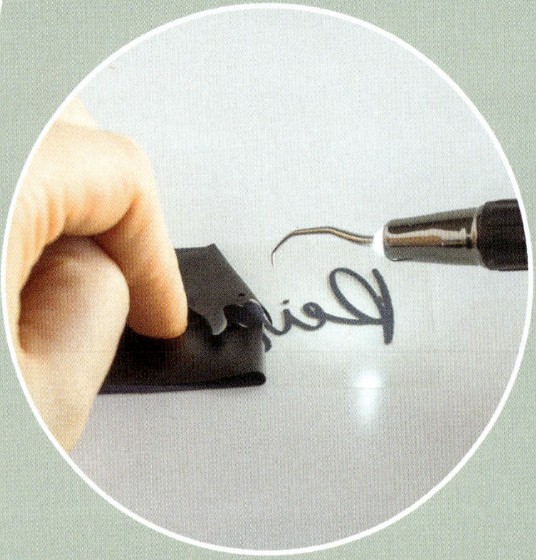

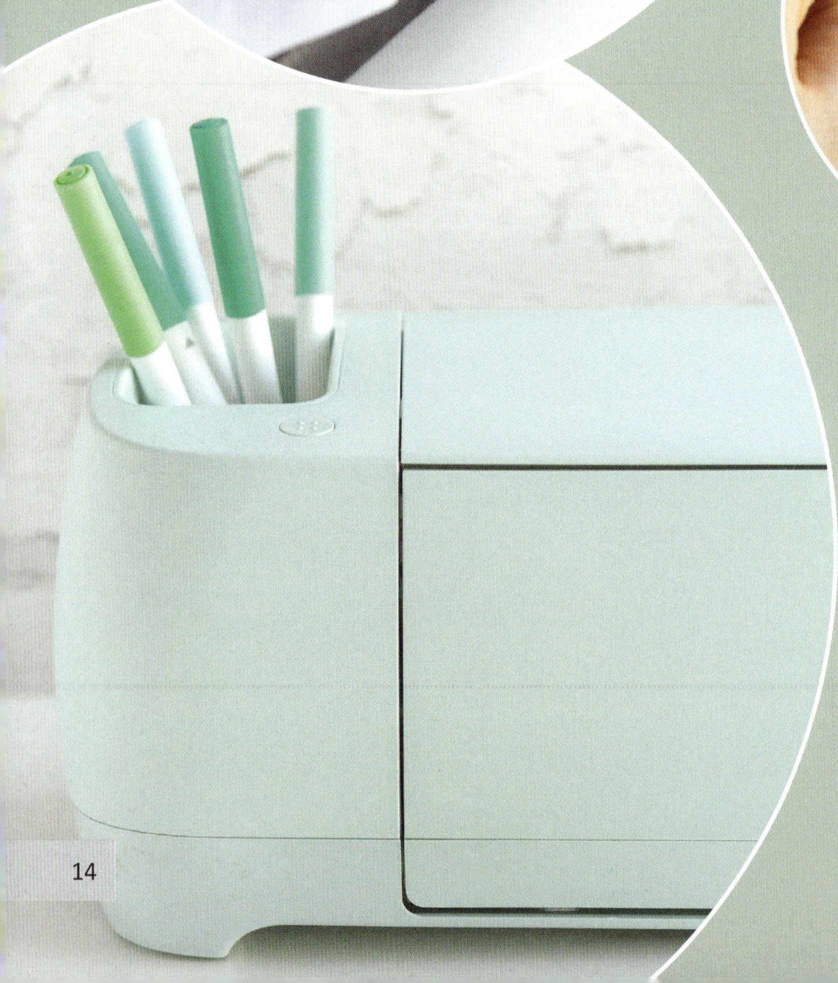

Grundlagen

Was ist plotten?

Wenn kreative Bastler*innen von einem sogenannten Plotter sprechen, werden sie häufig missverstanden. Denn der Begriff wird auch für Großformatdrucker verwendet. In unserem Fall handelt es sich um sogenannte Schneidplotter oder auch Hobbyplotter. Diese sind perfekt für alle kreativen Köpfe und für viele Bastelnerds gar nicht mehr wegzudenken.

Einfach gesagt ist ein Plotter ein Ausgabegerät. Doch im Gegensatz zu einem Drucker arbeitet ein Plotter nicht Zeilenweise, sondern fährt die Grafiken an den Linien nach. Auch wenn es Schneideplotter heißt, kann ein solches Gerät, je nach Modell, weit mehr als nur schneiden. Durch das Einsetzen verschiedener Messer und Tools kann die Verarbeitungsform stark variieren. Unterschiedlichste Materialien von dünner Folie bis zu dickem Balsaholz werden einwandfrei verarbeitet.
In die Geräte von Cricut kannst du außerdem einen Stift einsetzen, welcher zum Schreiben und Zeichnen verwendet werden kann. All das tut der Plotter präziser, als es eine Hand je hinbekommen würde.

Hobbyplotter eignen sich durch ihre vielen Einsatzmöglichkeiten optimal als Ergänzung für Hobbys wie Basteln, Nähen, Scrapbooking oder Sticken.

Was ist Cricut?

Cricut ist eine der bekanntesten Marken sogenannter Hobbyplotter. Durch die große Auswahl an Werkzeugen, kannst du mit den Geräten zum Beispiel schneiden, falzen, schreiben und dekorativ zaubern. Im Design Space, der im Lieferumfang enthaltenen kostenlosen Bearbeitungssoftware von Cricut, kannst du eigene Designs erstellen, externe Kunstwerk hochgeladen oder im Programm Designs kaufen.

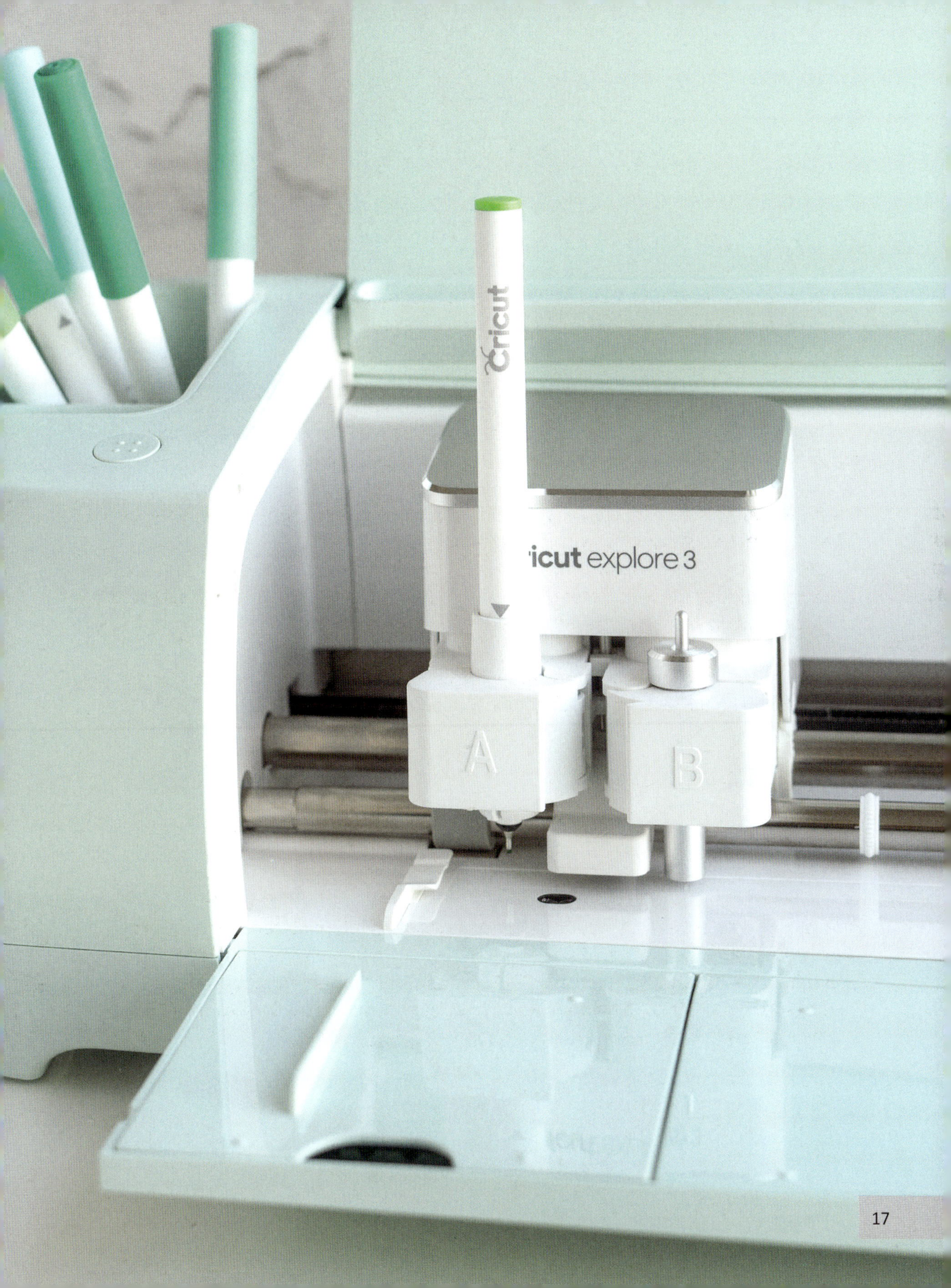
Cricut
ricut explore 3
A
B

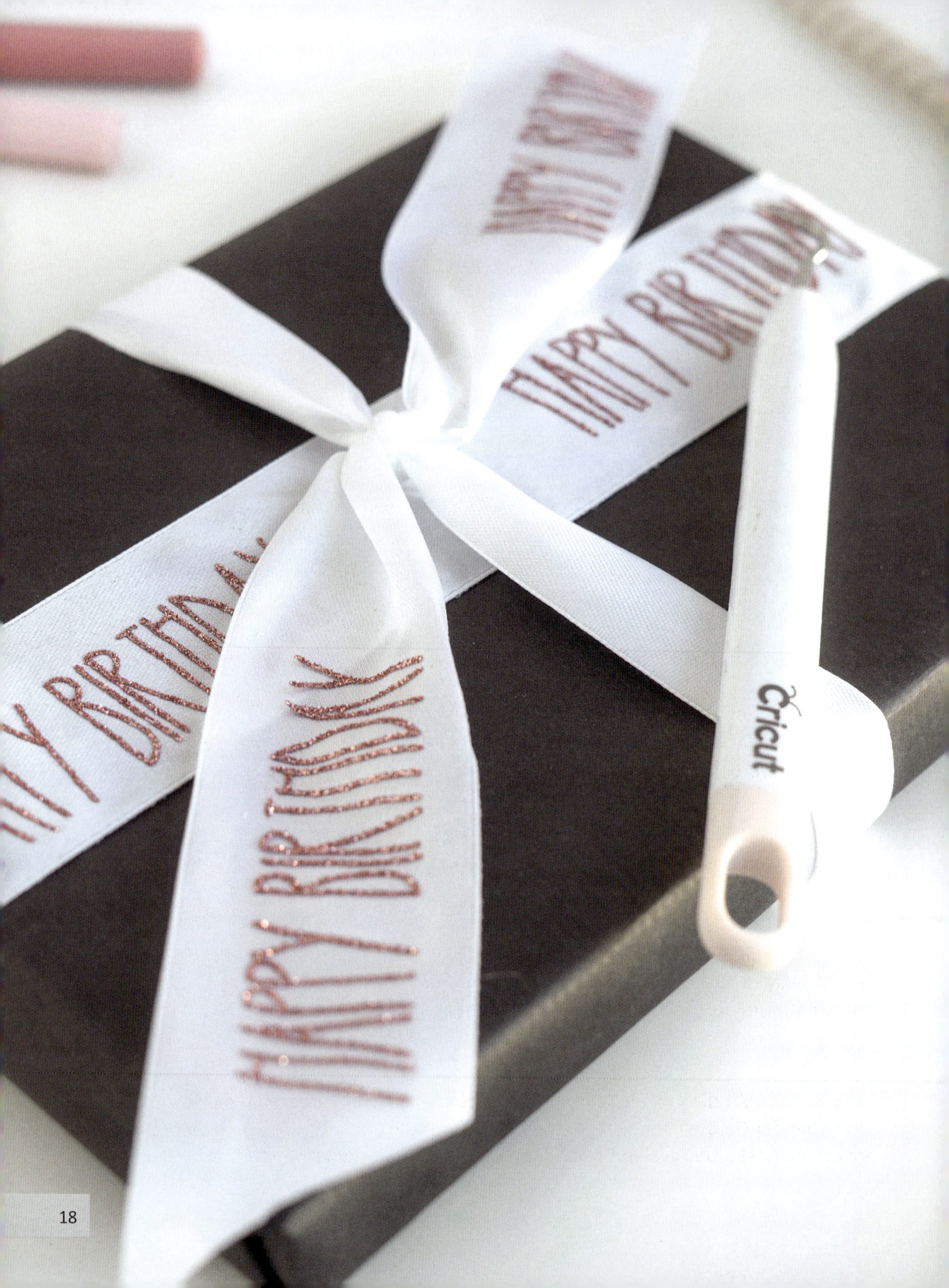
HAPPY BIRTHDAY
HAPPY BIRTHDAY
Cricut

Plotter 1x1

DESIGN SPACE
Design Space wird zum Bearbeiten und Erstellen von Motiven genutzt. Die kostenlose Software gibt es als Desktop- und Mobilversion.

TESTSCHNITT
Ein kleines Motiv (z. B. Quadrat) wird vom Plotter in die Ecke der Folie geschnitten, um die gewählten Schnitteinstellungen zu überprüfen.

ENTGITTERN
Entgittern ist das Freilegen des Motivs. Es werden alle nicht benötigten Teile des Materials entfernt.

ENTGITTERHAKEN
Mit dem Entgitterhaken kann das Material, zum Beispiel Folie leichter entgittert werden. Er ist vorne häufig leicht gebogen und spitz, um auch sehr kleine Teile entfernen zu können.

RAKEL
Mit einem Rakel kann das Motiv glatt gestriffen werden. Hierfür kann auch ein Lineal verwendet werden.

PRINT THEN CUT
Das Motiv wird zuerst mit einem Drucker gedruckt und danach mit dem Plotter geschnitten.

SINGLELINE-SCHRIFT
Bei Singleline-Schriften, auch Oneline- oder Outline-Schriften, arbeitet der Plotter nur mit der Konturline. Diese Schriften enthalten keine Fläche.

SNAPMAT
SnapMat ist über die mobile Design Space Version möglich. Hierbei wird die Schneidematte mit der Gerätekamera abgescannt und das Layout als virtuelle Schneidemattenvorschau erstellt. Designs und Texte können so ideal angeordnet werden.

Vektor vs. Pixel

Um einen Hobbyplotter in Gänze zu verstehen, ist es wichtig, sich mit Vektoren und Pixeln auseinanderzusetzen. Wie bereits erwähnt, fährt ein Plotter Grafiken an den Linien, auch Vektoren genannt, nach.

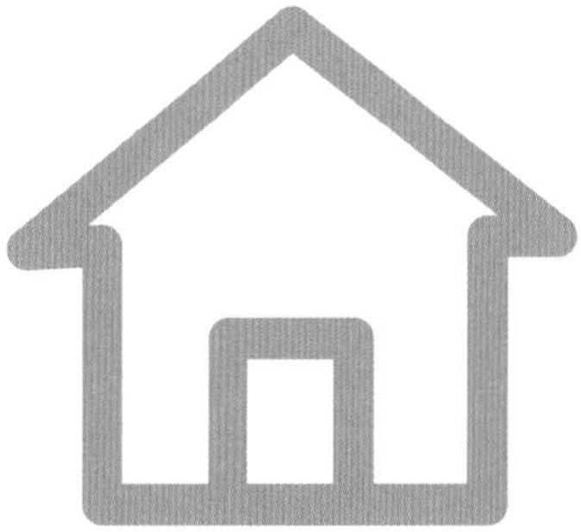

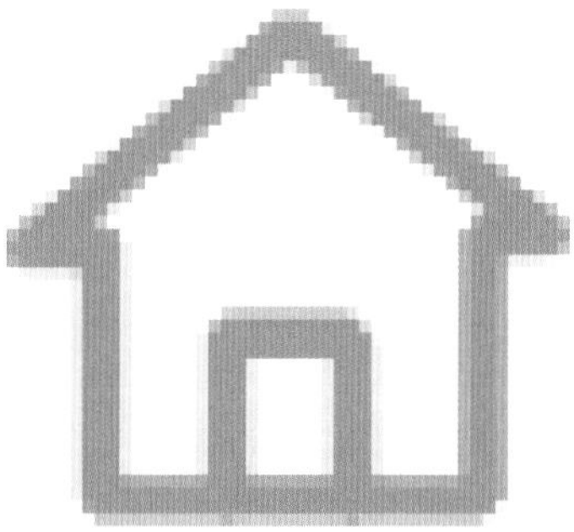

Vektor
Besteht aus Primitiven (z. B. Linien) und ist unendlich skalierbar.

Beispiele der Verwendung:

- Logodesign
- Plotten

Beispiele von Dateitypen:

- .svg
- .dxf

Raster
Besteht aus Pixeln und verpixelt bei der Skalierung.

Beispiele der Verwendung:

- Fotografie
- Kunstszene

Beispiele von Dateitypen:

- .jpg
- .png

Der größte Unterschied zwischen den beiden Dateiformaten ist also die Skalierbarkeit (Anpassung der Größe). Vektoren können im Gegensatz zu Pixelgrafiken unendlich vergrößert und verkleinert werden, ohne an Qualität zu verlieren. Das ist gerade bei Logos wichtig. Für das Plotteruniverum ist jedoch nur wissenswert, dass die Verarbeitung mit dem Hobbyplotter in Vektordateien erfolgt.

Im Design Space gibt es die Möglichkeit, auch Pixelgrafiken (z. B. .png) upzuloaden und diese dann in ein plottfähiges Motiv umzuwandeln. Hier musst du allerdings mit Qualitätsverlusten, wie zum Beispiel welligen Schneidelinien, rechnen.

Schriften installieren

Nach einer Weile im Plotteruniversum kommen viele Bastelnerds an erste gestalterische Grenzen und möchten das Portfolio an Möglichkeiten erweitern. Eine tolle Alternative, den Designs eine individuellere Note zu verleihen, können hier neue und ausgefallene Schriftarten sein.
Schriften können für private Zwecke im Internet kostenlos gedownloadet und auf dem Gerät installiert werden. Außerdem gibt es auch eine Reihe an kostenpflichtigen Schriften, welche teilweise auch den gewerblichen Gebrauch erlauben (beachte hierfür die Lizenzbedingungen beim Kauf/Download).

UND SO EINFACH GEHT´S:

1. Lade die Schriftartdatei herunter.

2. Öffne die gezippte Datei. Klicke hierfür mit der rechten Maustaste auf den ZIP-Ordner und wähle »Alle extrahieren«.

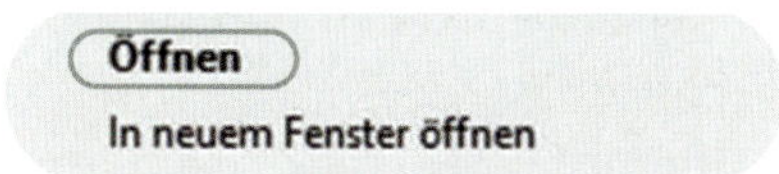

3. Klicke mit der rechten Maustaste auf die Schrift und wähle »installieren«.

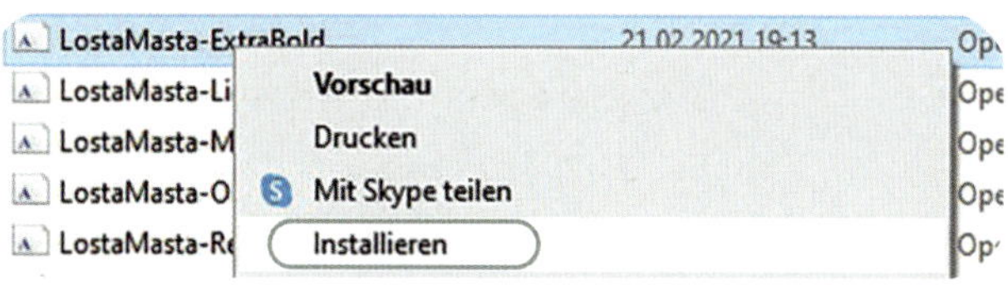

4. Die neue Schrift kannst du nun im Design Space unter Schriftarten wählen. Um die installierte Schriftart leichter zu finden, können die Filter in der grauen Zeile angepasst werden.

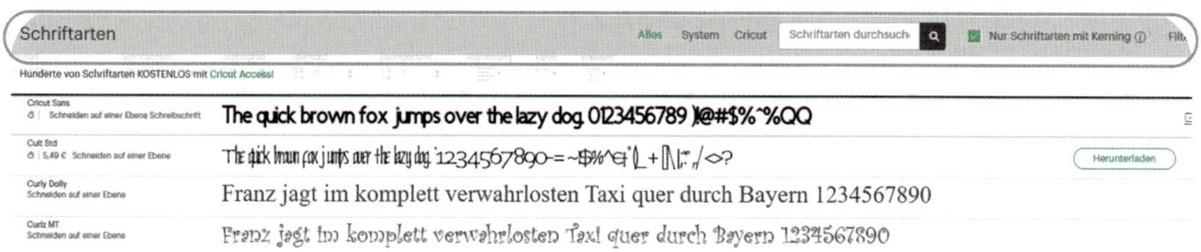

Tipp

Falls die installierte Schrift nicht direkt im Programm erscheint, kann ein Neustart des Design Space helfen.

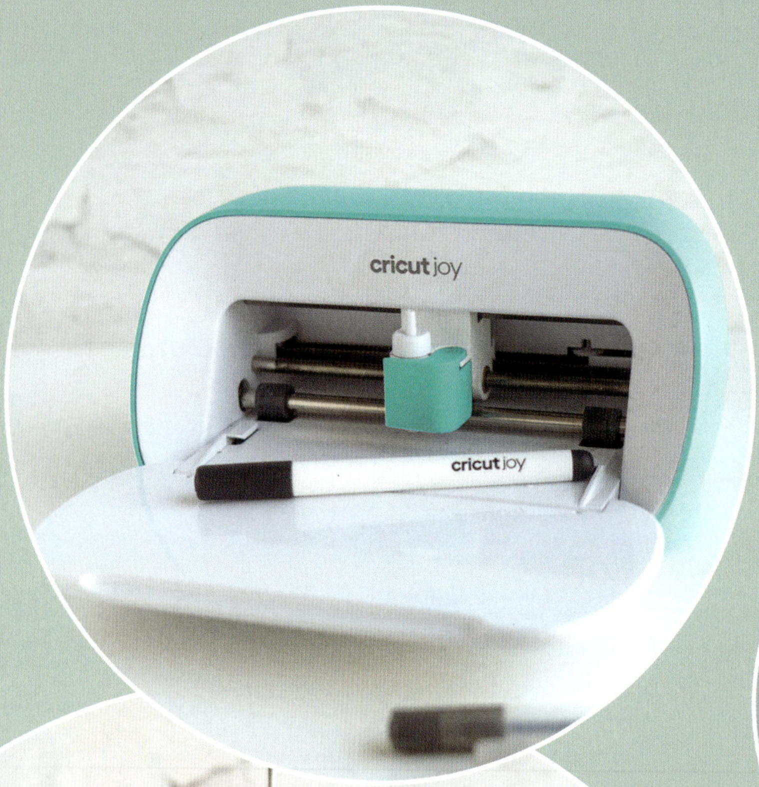
cricut joy
cricut joy

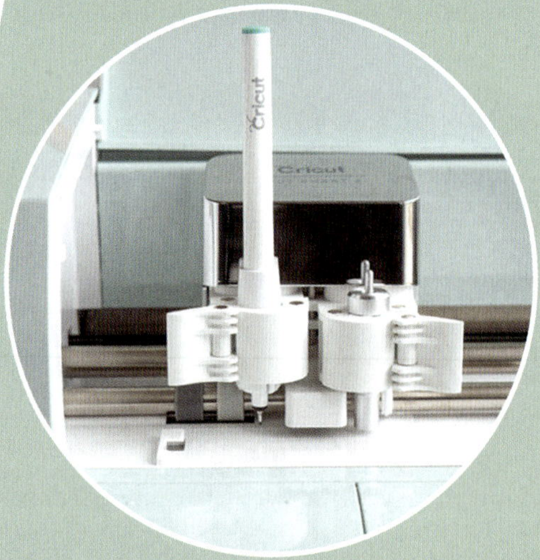
Cricut

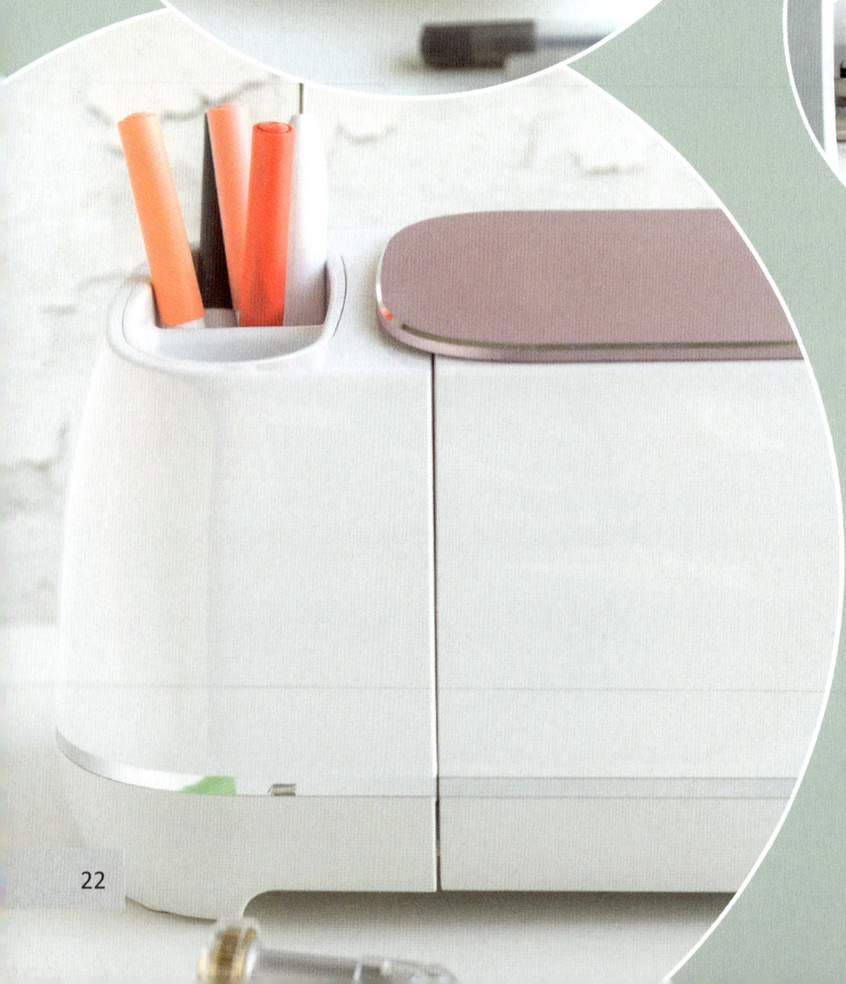

Geräte

Geräte im Vergleich

	CRICUT JOY	CRICUT EXPLORE AIR 2
	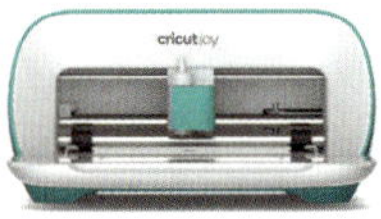	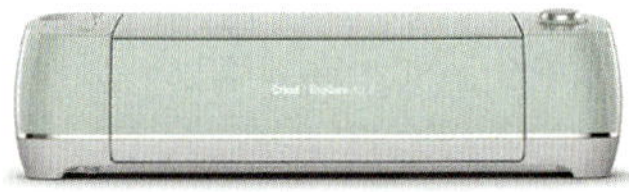
SCHNITTGRÖSSE	11,43 x 16,51 cm bzw. 11,43 x 30,5 cm Mit Smart Material 14 cm breit und bis 6 m lang.	bis 30,5 x 61 cm
MAX. MATERIALDICKE	ca. 1,5 mm	ca. 2mm
PRINT THEN CUT		✓
MATERIAL-LADEART	mit Matte ohne Matte (Smart Material) Kartenmatte	mit Matte Kartenschneidematte
MESSER & TOOLS	Fine-Point Blade Foil Transfer Kit Stift zum Zeichnen	Fine-Point Blade Deep-Point Blade Bonded Fabric Blade Scoring Tool Foil Transfer Kit Stift zum Zeichnen
MASSE	ca. 139 x 214 x 108 mm ca. 1,75 kg	ca. 540 x 240 x 180 mm ca. 4,8 kg

CRICUT EXPLORE 3	CRICUT MAKER	CRICUT MAKER 3
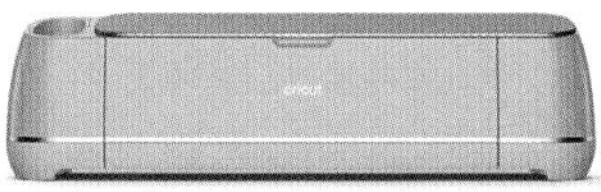	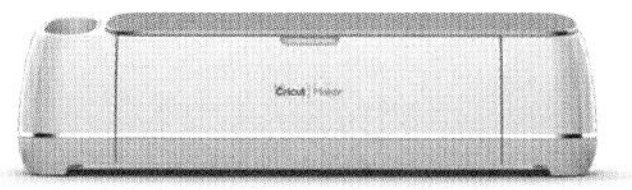	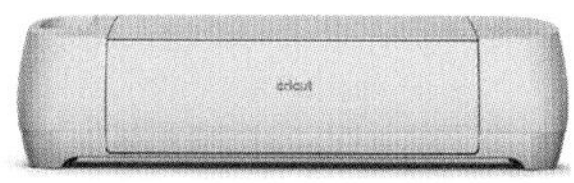
bis 30,5 x 61 cm Mit Smart Material 33 cm breit und bis 3,6 m lang.	bis 30,5 x 61 cm	bis 30,5 x 61 cm Mit Smart Material 33 cm breit und bis 3,6 m lang.
ca. 2mm	ca. 2,4 mm	ca. 2,4 mm
✔	✔	✔
mit Matte ohne Matte (Smart Material) Kartenschneidematte	mit Matte Kartenschneidematte	mit Matte ohne Matte (Smart Material) Kartenschneidematte
Fine-Point Blade Deep-Point Blade Bonded Fabric Blade Scoring Tool Foil Transfer Kit Stift zum Zeichnen	Fine-Point Blade Deep-Point Blade Bonded Fabric Blade Rotary Blade Knife Blade Scoring Tool Debrossing Tool Engraving Tool Perforations Tool Scorring Wheel Foil Transfer Kit Wavy Blade Stift zum Zeichnen	Fine-Point Blade Deep-Point Blade Bonded Fabric Blade Rotary Blade Knife Blade Scoring Tool Debrossing Tool Engraving Tool Perforations Tool Scorring Wheel Foil Transfer Kit Wavy Blade Stift zum Zeichnen
ca. 632 x 274 x 256 mm ca. 7 kg	ca. 560 x 190 x 175 mm ca. 7 kg	ca. 560 x 180 x 157 mm ca. 7 kg

Der Joy

Der kleine Cricut Joy ist für mich der perfekte Alltagsbegleiter. Er ist handlich und kann super einfach überallhin mitgenommen werden. Er passt durch seine kleine Größe außerdem perfekt auf kleinere Schreibtische und muss zum Kreativwerden nicht extra aufgebaut werden.

Den Joy kannst du ganz simpel über Handy- oder Tabletapp verwenden und so in kürzester Zeit tolle DIYs zaubern. Selbstverständlich kannst du den Joy auch über die Desktopversion bedienen.

In den Joy kannst du, ebenso wie in die größeren Geräte, verschiedene Werkzeuge und Tools laden. Der Joy kann zum Beispiel mit dem Messer schneiden, mit dem Stift zeichnen oder mit dem Foil Transfer Kit Metallfolien transferieren.

Mit diesem kleinen Alltagsbegleiter kannst du zum Beispiel ganz einfach individuelle Karten, professionell aussehende Etiketten und personalisierte Aufkleber erstellen.

VORTEILE:

- Smart Material bis 6 m
- Leichtgewicht
- geringer Platzbedarf
- geringe Anschaffungskosten

NACHTEILE:

- nur kleine Designs möglich
- nur + 50 Materialien
- lediglich eine Werkzeugklemme

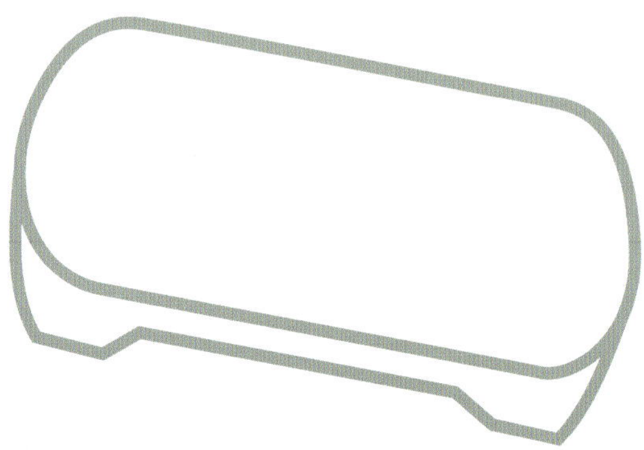

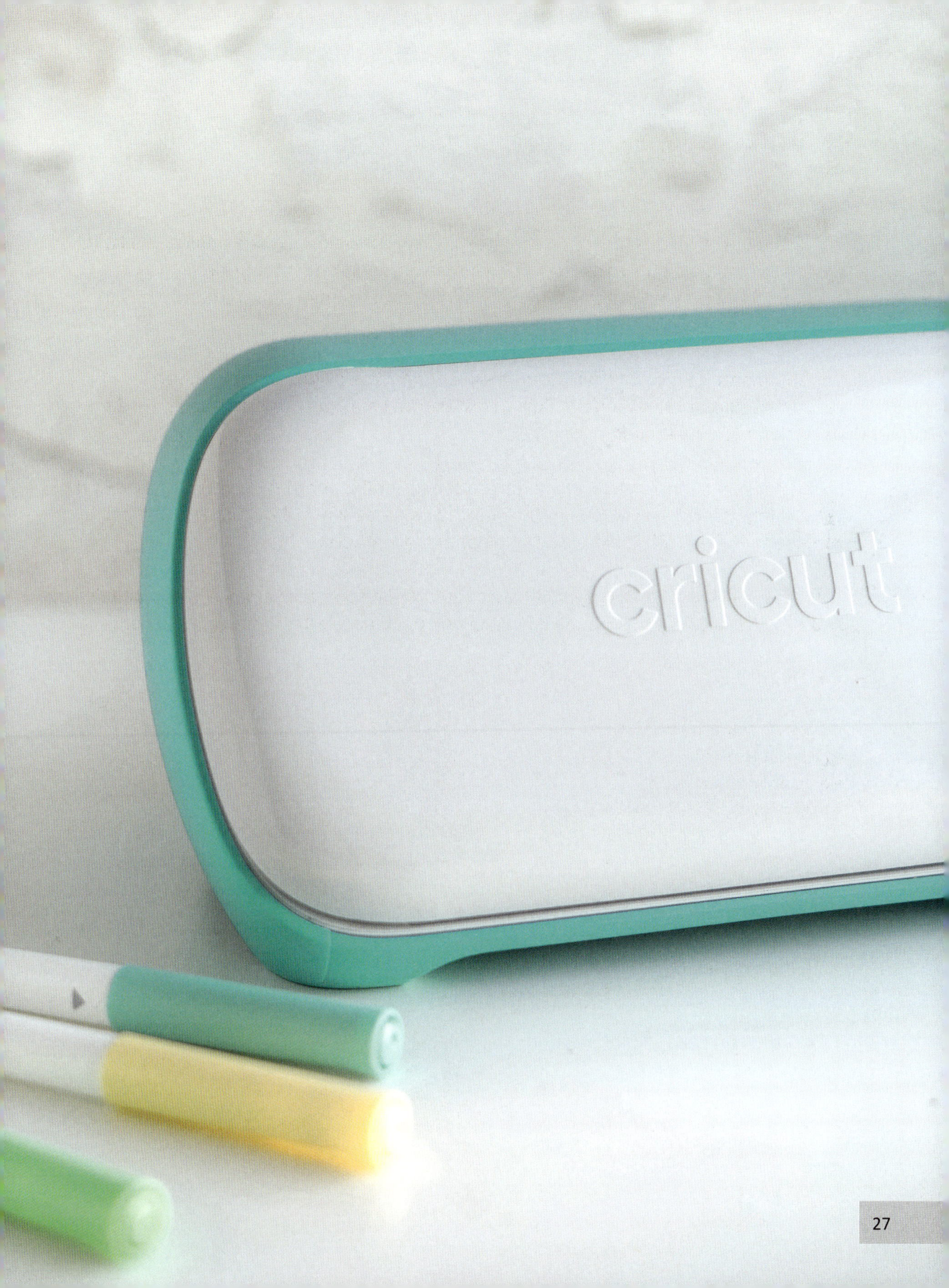
cricut

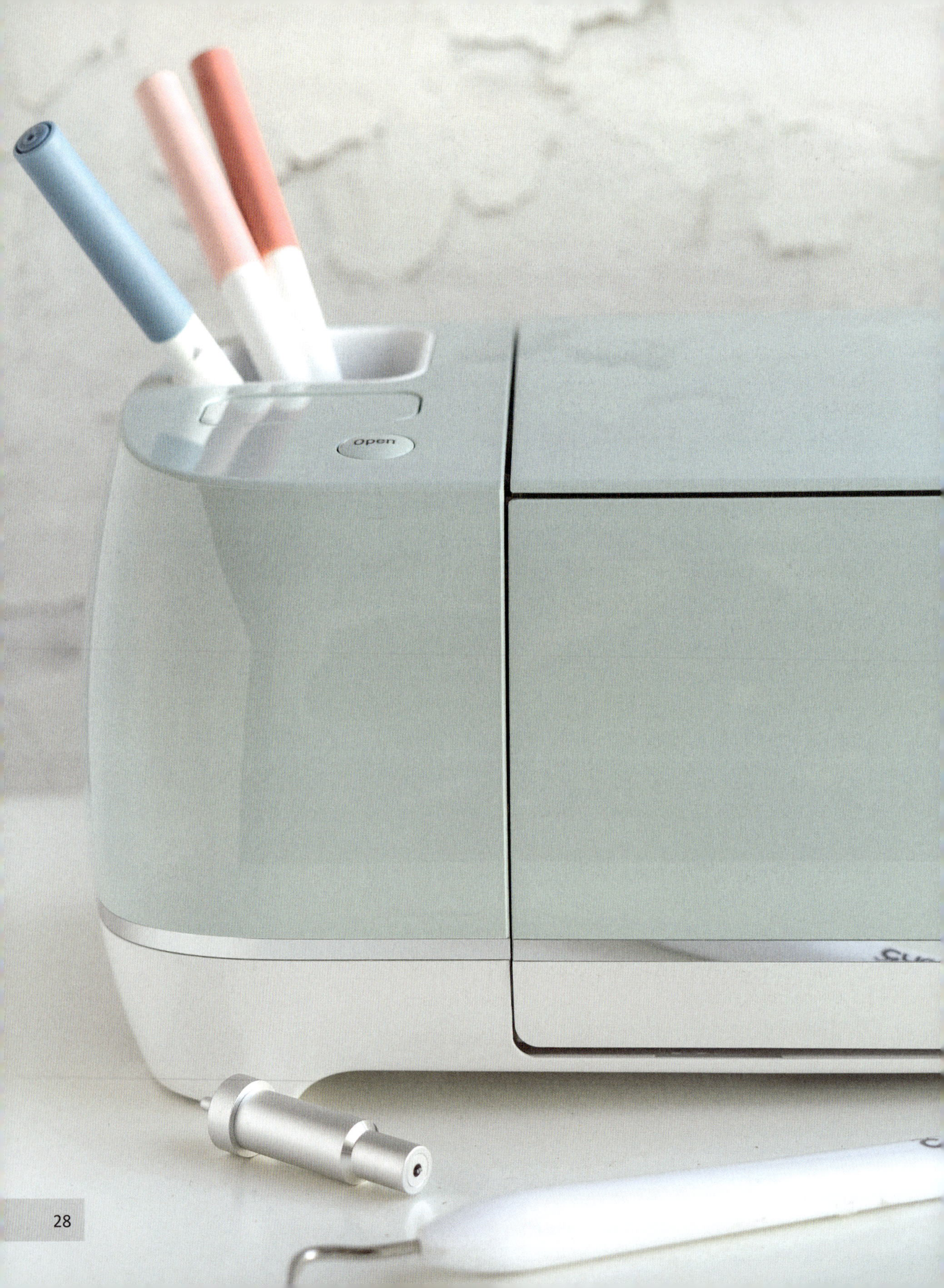
Open

Der Explore Air 2

Der Cricut Explore Air 2 ist das perfekte Hobbygerät. Mit seiner großen Auswahl an Materialmöglichkeiten ist der Explore Air 2 für die Umsetzung sehr vieler deiner Kreativideen der optimale Partner.

Du kannst mit ihm zum Beispiel viele Designs in einem größeren Format aus Vinyl- oder Flexfolie herstellen. Außerdem kannst du mit dem Explore Air 2 auch Papier oder Kork bearbeiten. Durch das Einsetzen der Stifte kannst du vom Gerät zauberhafte Motive zeichnen oder Texte schreiben lassen.

Er bietet dir mehrere Ablagefächern und damit viel Stauraum für Stifte, Messer, Tools und Co.

Über das Drehrad kannst du das Material voreinstellen. Das Gerät kann natürlich auch mit Bluetooth oder mittels Kabel das Programm (Design Space) am Handy, Tablet oder Desktop steuern.

VORTEILE:

- größere Designs möglich
- + 100 Materialien
- »print then cut« möglich
- mehrere Messer und Tools nutzbar
- 2 Werkzeugklemmen
- mittelhohe Anschaffungskosten

NACHTEILE:

- kein Arbeiten mit Smart Material möglich
- erhöhter Platzbedarf

Der Explore 3

Der Cricut Explore 3 ist das schnelle Hobbygerät. 2021 wurde der Explore 3 von Cricut auf den Markt gebracht.

Mit seiner matten mintgrünen Oberfläche besticht der Plotter durch seinen hochwertigen Look und passt damit super in dein Bastelzimmer.

Dieses Gerät kann mit höherer Geschwindigkeit schneiden und ist ebenso für Smart Material kompatibel. Er bewältigt große Schnitte mit mehreren Werkzeugen in einem Arbeitsgang. Du kannst mit ihm wie gewohnt Material auf der Schneidematte bearbeiten.

Vorteile:

- größere Designs möglich
- + 100 Materialien
- »print then cut« möglich
- mehrere Messer und Tools nutzbar
- 2 Werkzeugklemmen
- Smart Material bis 3,6 m möglich
- 2x schnellere Schneidegeschwindigkeit
- mittelhohe Anschaffungskosten

Nachteile:

- erhöhter Platzbedarf

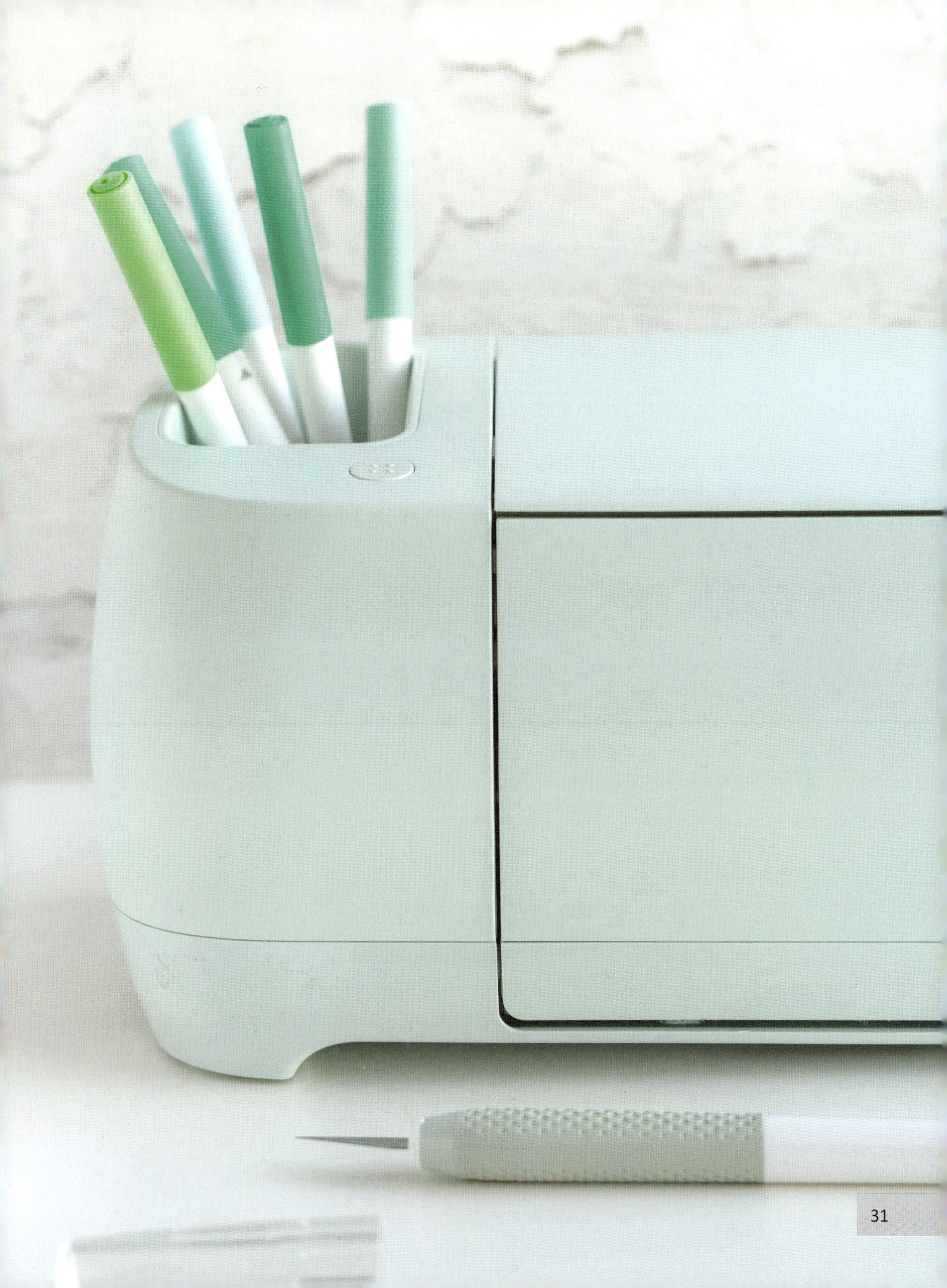

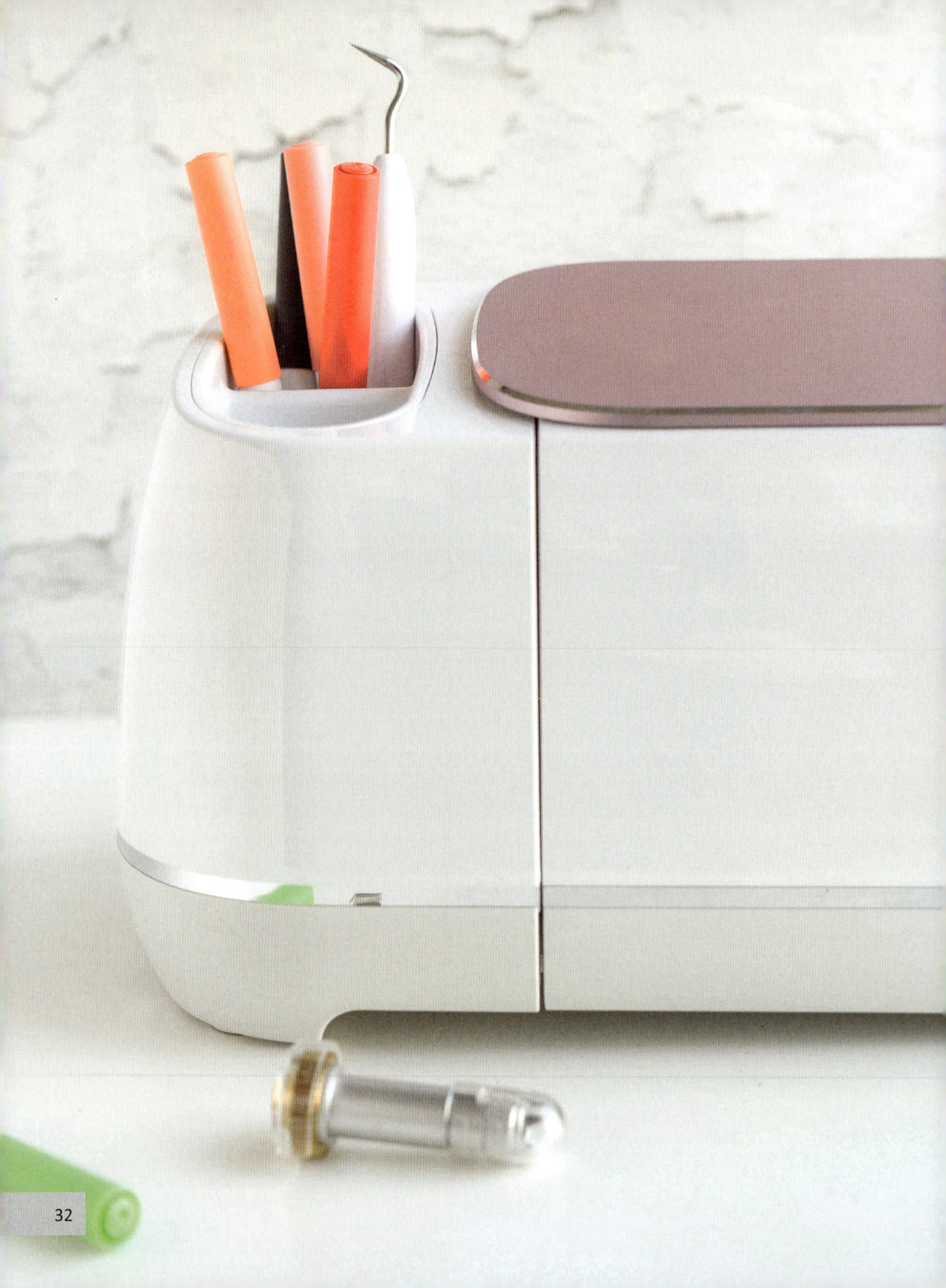

Der Maker

Mit dem Cricut Maker holst du dir den rundum Alleskönner von Cricut. Er schneidet mühelos auch dickere Materialien wie zum Beispiel Leder oder Balsaholz und bietet dir somit sehr viele Möglichkeiten, kreativ zu werden.

Den Maker gibt es in Rosé und Champagner, wobei die Farbe keinen Unteschied in den Funktionen macht.

VORTEILE:

- Designs bis 30,5 x 61 cm
- + 300 Materialien
- »print then cut« möglich
- größte Messer- und Toolauswahl
- 2 Werkzeugklemmen

NACHTEILE:

- kein Smart Material möglich
- größte Außenmaße und daher hoher Platzbedarf
- höherer Anschaffungspreis

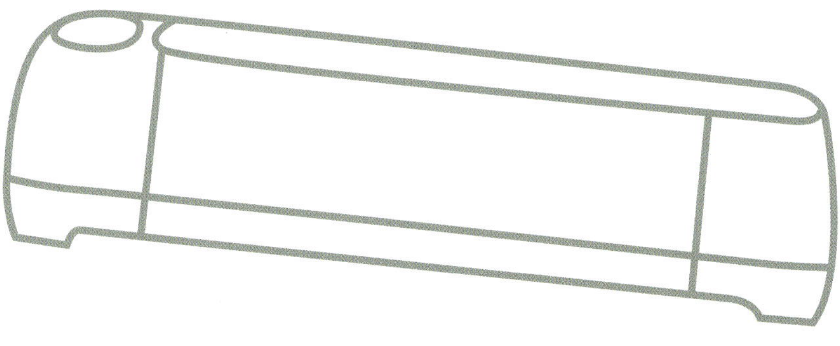

Der Maker 3

Der Cricut Maker 3 ist der schnelle Alleskönner von Cricut.
Er kam 2021 auf den Markt.

Er bearbeitet Material auf der Schneidematte ebenso wie Smart Material. Das Gerät kann mit höherer Geschwindigkeit schneiden und durch die Smart-Material-Kompatibilität große Schnitte in einem Arbeitsgang bewältigen.

Mit dem Maker 3 bist du auf jeden Fall für jede Plotteridee gewappnet.

VORTEILE:

- Designs bis 30,5 x 61 cm
- \+ 300 Materialien
- »print then cut« möglich
- größte Messer- und Toolauswahl
- 2 Werkzeugklemmen
- Smart Material bis 3,6 m
- 2x schnellere Schneidegeschwindigkeit

NACHTEILE:

- erhöhter Platzbedarf
- höchster Anschaffungspreis

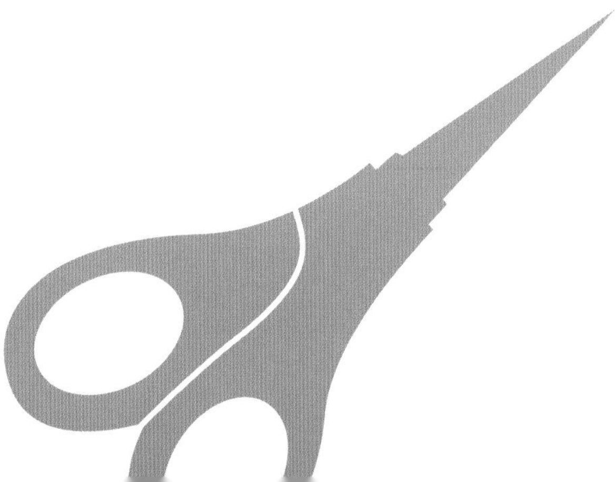

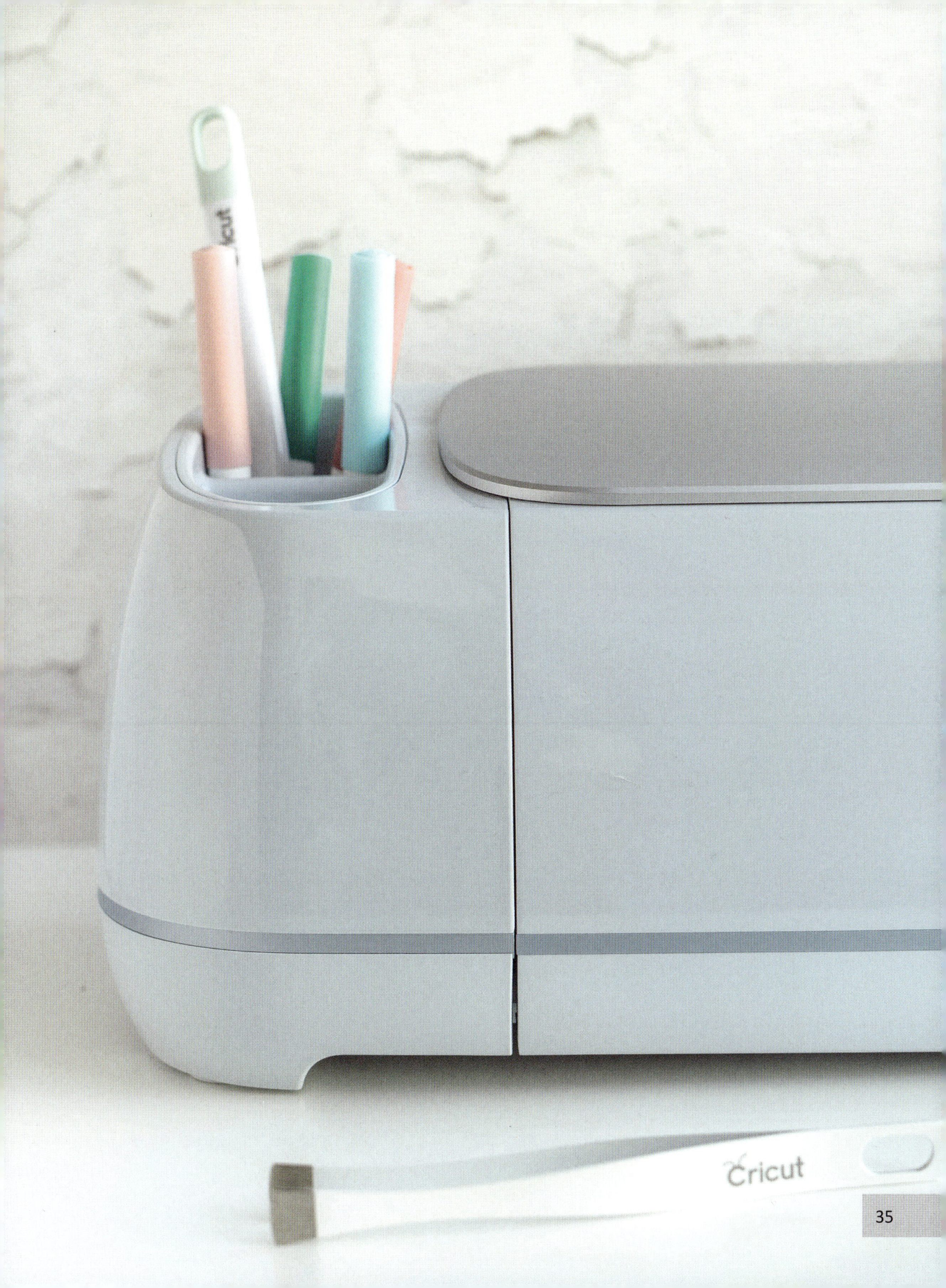
Cricut
Cricut

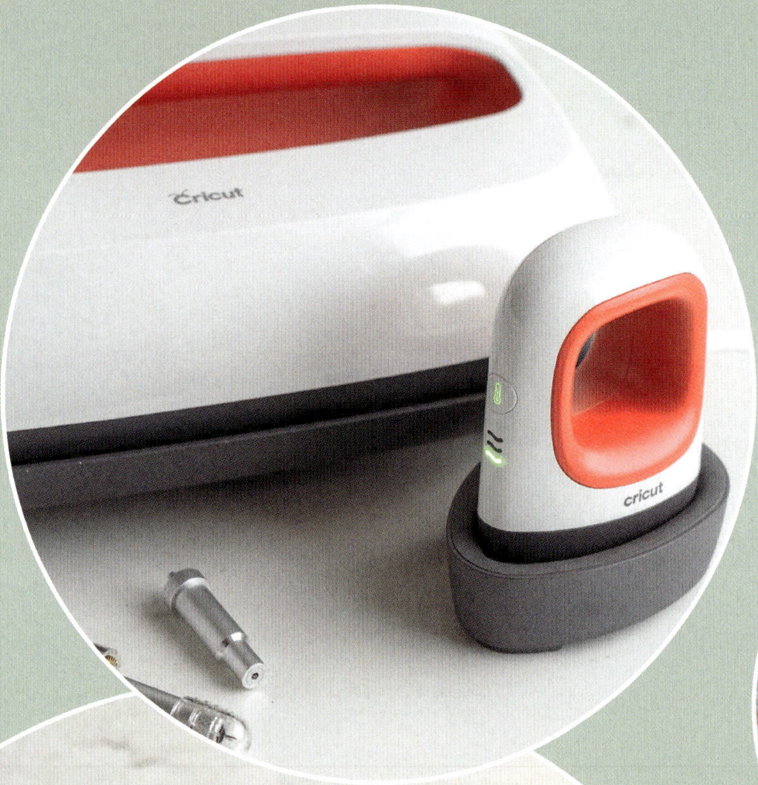
Cricut
cricut

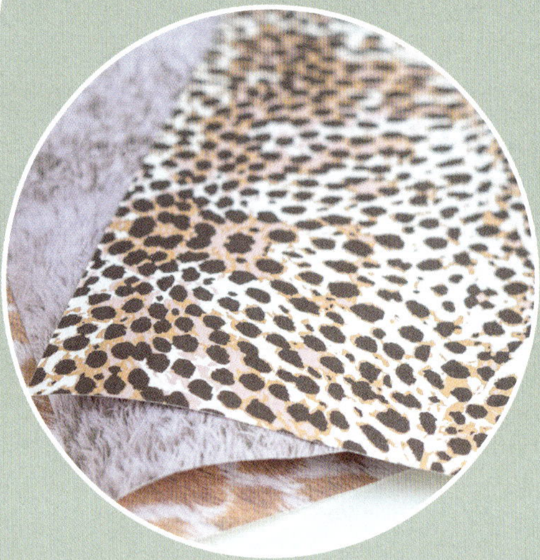

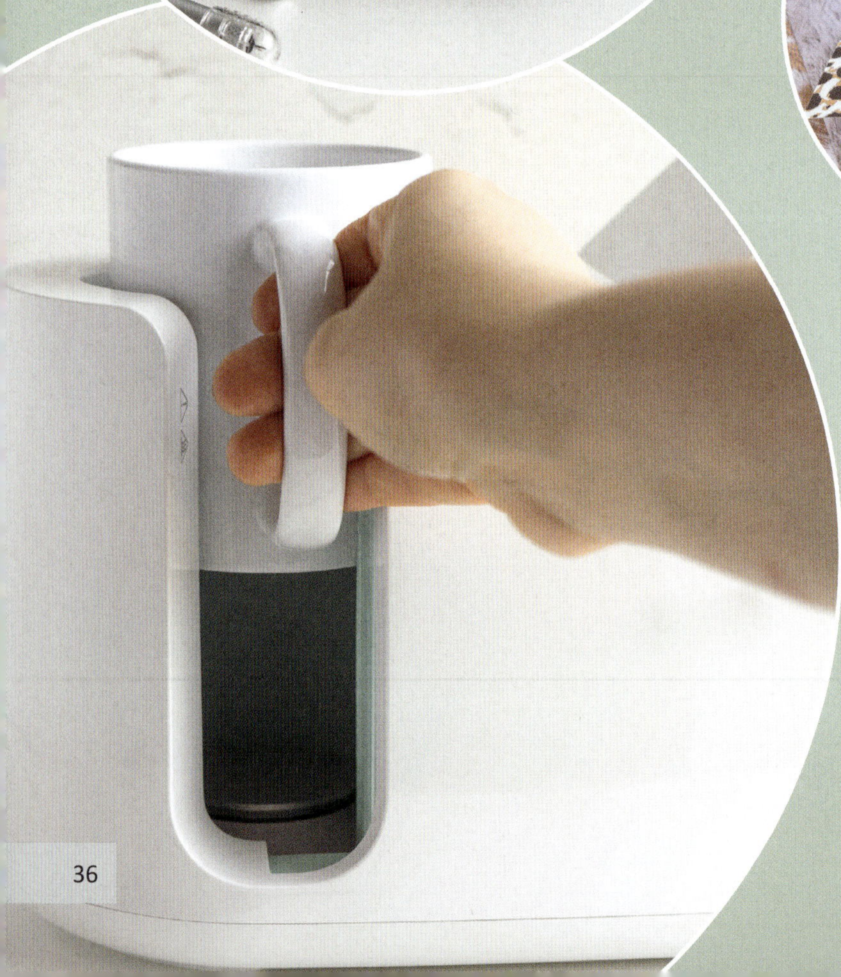

Zubehör

Schneidematten

Schneidematten verwendest du zur Stabilität des Materials. Die Matte führt das Material durch die Rollen des Plotters. Für die unterschiedlichen Materialien gibt es perfekt angepasste Schneidematten. Diese unterscheiden sich hauptsächlich in der Klebekraft. Differenziert werden sie durch ihre Farbe.

Für die jeweiligen Geräte gibt es unterschiedlich große Schneidematten. Die Matten für Explore und Maker haben die gleichen Maße. Für den Joy werden kleinere Matten verwendet. Außerdem gibt es für jedes Gerät sogenannte Kartenschneidematten, welche speziell für Klappkarten entwickelt sind. Ihre Oberfläche ist wie die der normalen Schneidematten leicht klebrig. Die Karte wird seitlich eingeschoben und das Werkzeug beziehungsweise der Stift bearbeitet nur die obere Kartenseite und die untere Seite bleibt unversehrt.

Übersicht

LIGHTGRIP
Für dünne Materialien wie z. B. Folie oder Papier

MEDIUMGRIP
Für z. B. dickeres Papier oder Folien

STRONGGRIP
Für dickes Material wie z. B. Karton oder Balsaholz

FABRICGRIP
Für z. B. Stoff oder Transparentpapier. Eine hohe Festigkeit und Dichte mit einem leichten Klebstoff.

RASTER

Auf allen Schneidematten befindet sich ein aufgedrucktes Raster. Dieses spiegelt sich auch im Design Space wieder. Das Motiv kannst du digital auf die gewünschten Rasterlinien legen. Es wird danach auf der Schneidematte vom Gerät bearbeitet.

An den Seiten des Rasters sind zwei Linieale aufgedruckt. An der oberen linken Kante befindet sich die Inch-Angabe und an der rechten unteren Kante das Metrische System in Zentimeter. Die Matte kann beliebig gedreht werden.
Wichtig: Achte im Design Space auf die dazu passenden Einstellungen.

REINIGUNG

Schneidematten können durch häufiges Verwenden ihre Klebekraft verlieren. Es ist wichtig, die Matten gut zu pflegen, damit du lange Freude daran hast. Alle Schneidematten werden mit einer Klarsichtfolie geliefert. Diese kannst du hervorragend zum langfristigen Schutz der Klebefläche verwenden. Decke die Klebefläche einfach nach jedem Gebrauch wieder mit der Klarsichtfolie ab. Außerdem solltest du direkt nach dem Gebrauch alle Materialreste gründlich entfernen.

Bei intensivem Gebrauch wird die Matte, auch bei sehr pfleglicher Nutzung, die Klebekraft irgendwann verlieren. In den meisten Fällen kannst du der Schneidematte mit etwas Spülmittel und Wasser zu neuer Klebekraft verhelfen. Das Ganze lässt du anschließend einfach komplett trocknen und schon kannst du die Matte wieder verwenden.

ZU STARKE KLEBEKRAFT

Gerade nagelneue Schneidematten weisen manchmal eine zu starke Klebekraft auf. Das kann zu Beschädigungen und zerissenen Materialien führen. Wenn selbst auf der LightGrip Matte das Material zu stark kleben sollte, kannst du ein Stück Stoff ein paar Mal auf die Klebefläche pressen und so die Klebekraft etwas reduzieren.

Tipp

Es sollte immer die Matte vom Material gelöst werden, um eine Wellung oder Beschädigungen des Materials zu vermeiden.

Folien & Materialien

VINYL

Die selbstklebende Vinylfolie oder auch Klebefolie gibt es in verschiedenen Ausführungen. Hier wird zwischen ablösbar und permanent, matt und glänzend unterschieden. Grundsätzlich kannst du die Vinylfolie auf allen glatten, staub- und fettfreien Oberflächen, wie zum Beispiel Glas, verwenden. Die Folie wird auf der Schneidematte im ungespiegelten Zustand geschnitten und das Motiv anschließend auf dem Trägermaterial (Papierrückseite) von den unerwünschten Folienstücken befreit.

TRANSFERFOLIE / TRANSFER TAPE

Die Transferfolie oder auch Übertragungsfolie wird nach dem Entgittern auf die Vinylfolie gestriffen und das gesamte Motiv so von dem Trägermaterial (Papierrückseite) abgelöst. Das Motiv kannst du mit Hilfe der Transferfolie auf dem gewünschten Untergrund platzieren. Transferfolien sind in der Regel durchsichtig und haben manchmal aufgedruckte Hilfslinien, um das Motiv optimal auszurichten.

FLEX & FLOCK

Wärmeübertragungsfolien, Iron-On oder auch Thermotransferfolien genannt, werden durch Wärme auf hitzebeständige Untergründe, wie zum Beispiel Stoff, übertragen. Die Folie wird gespiegelt auf dem Trägermaterial (Folienrückseite) geschnitten. Es wird zwischen Flex (glatte Oberfläche) und Flock (flauschige Oberfläche) unterschieden. Beachte beim Übertragen mit der Transferpresse ungedingt die Herstellerangaben zur Pressdruck, -dauer und -temperatur.

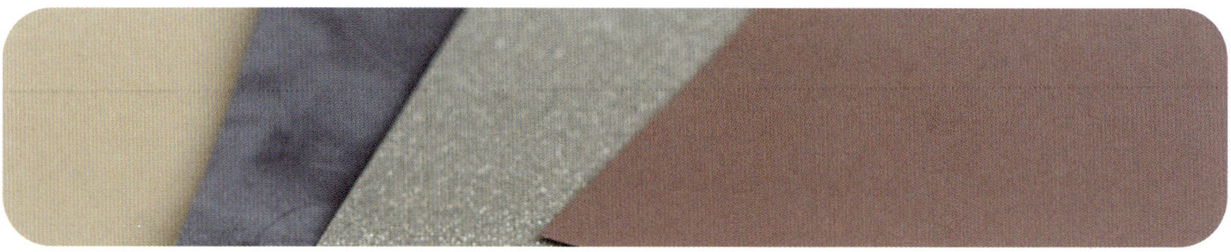

FOIL TRANSFER SHEET

Diese Folie ist nicht zu verwechseln mit der Transferfolie. Für das Foil Transfer Sheet wird das Foil Transfer Kit benötigt. Mit dem Foil Transfer Tool aus dem Kit prägst du die hauchdünnen metallischen Folien-Sheets auf den Untergrund. Dadurch erhält zum Beispiel Papier einen schimmernden Hingucker. Im Folienset sind üblicherweise Klebestreifen zum Befestigen enthalten.

INFUSIBLE INK & SUBLIMATIONSPAPIER

Im Gegensatz zur Wärmeübertragungsfolie verbindet sich das Infusible Ink dauerhaft mit dem Untergrundmaterial. Das Sheet ist aus Papier und nicht aus Folie. Durch die Sublimationsfarbe wird ein Abblättern, Ablösen oder eine Faltenbildung vermieden. Die Sheets sowie entsprechende Stifte (Pens) kannst du auf Textil nutzen und seit 2021 mit Hilfe der Mug Press (s. S. 46) auch auf Tassen übertragen. Die meisten Sheets haben auffällige Muster und Farben, welche nach dem Übertrag intensiver werden. Es gibt sie auch einfarbig in zum Beispiel Schwarz oder Weiß. Die Farbsättigung kommt wie erwähnt erst nach der Übertragung richtig zur Geltung.

Wichtig: Stoff muss mindestens 65 Prozent Polyester enthalten. Bei reiner Baumwolle wäscht sich die Farbe aus.

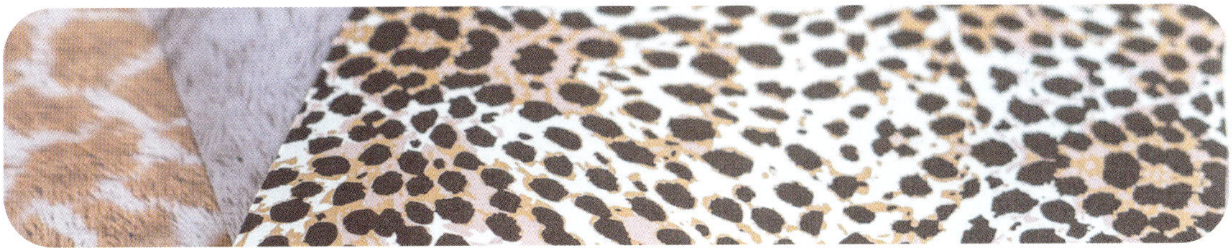

SMART MATERIAL

Smart Materialien sind speziell für das Arbeiten ohne Schneidematte konzipiert.
Das Material kannst du einfach in den Plotter laden und es geht los. Aktuell können der Joy, Explore 3 und Maker 3 mit dem smarten Material arbeiten. Hier wird nochmals in der Größe unterschieden. Die Maße 33 cm x 9 cm werden für den
Explore 3 und Maker 3 und die kleinere Variante mit 13,9 cm x 30,4 cm für den Joy verwendet.

B

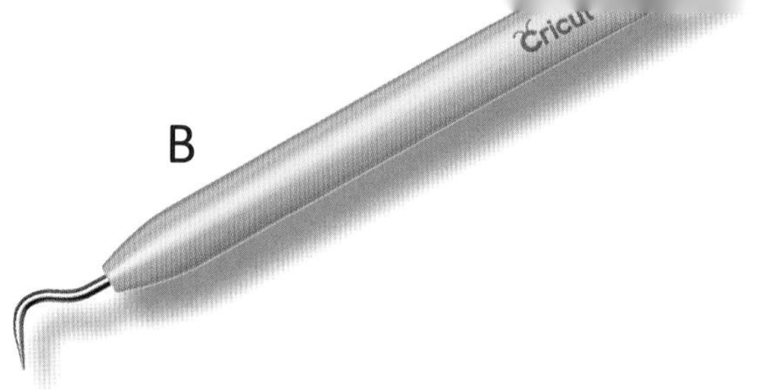

Werkzeuge

APPLIKATOR
Der Handroller (oder Applikator) wird ähnlich dem Rakel verwendet. Mit ihm können Materialien sanft auf dem Untergrund festgestreift werden, ohne die Oberfläche zu beschädigen.

ENTGITTERHAKEN (B)
Mit dem Haken können Motive einwandfrei vom übrigen Material befreit werden.

(FLACH)PINZETTE (E)
Pinzetten können das Entgittern und Platzieren von Motiven erheblich erleichtern.

RAKEL (C)
Das Rakel wird zum Abstreichen oder Abkratzen von überschüssigem Material und zum Übertragen von Folien verwendet.

ROLLENHALTER
Mit dem Rollenhalter kann Meterware leichter verarbeitet werden. Er rollt das Material gleichmäßig auf und ab.

SCHERE (A)
Die scharfe spitze Schere ist perfekt, um sämtliches Material durchzuschneiden.

SCORING STYLUS (D)
Der Ritzstift wird in dem Maker und dem Explore zum Beispiel zum Falzen verwendet. Neben diesem kann auch ein Messer in den Plotter eingesetzt werden. So wird in einem Schritt geschnitten und gefalzt. Das Scoring Stylus kann auch per Hand verwendet werden.

SPACHTEL (F)
Mit dem Spachtel kann Material ohne Beschädigungen von der Matte gelöst werden.

TRUECONTROL-MESSER
Das Skalpel wird zum Schneiden von verschiedenen Materialien verwendet. Die Klingen können berührungslos getauscht werden.

A

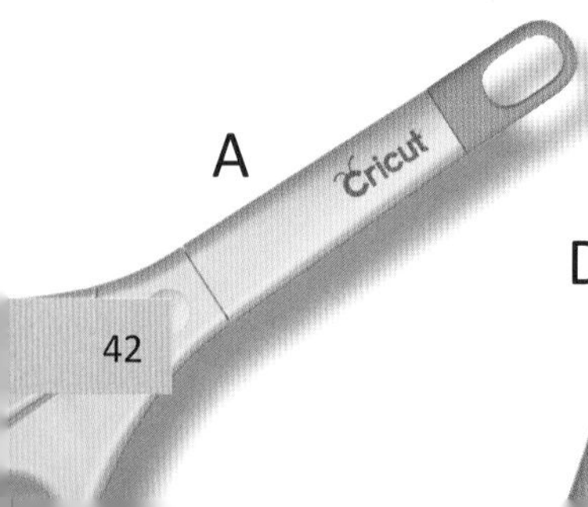

D

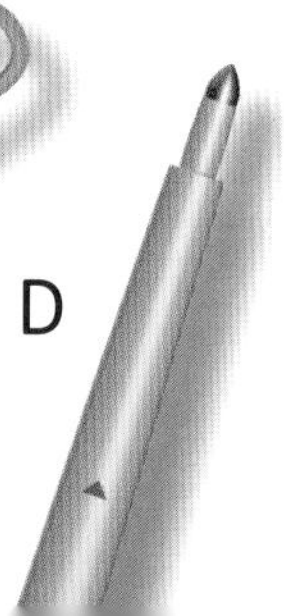

C

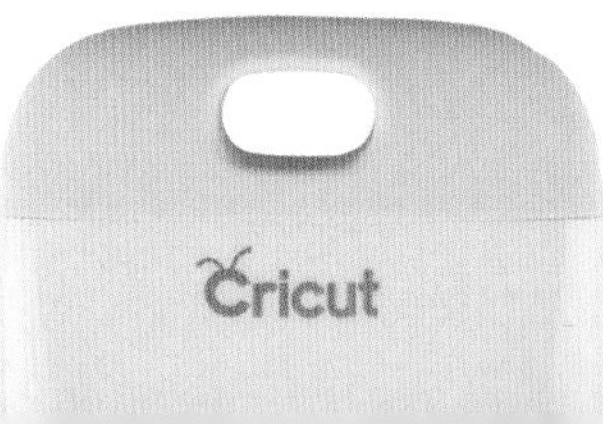

F

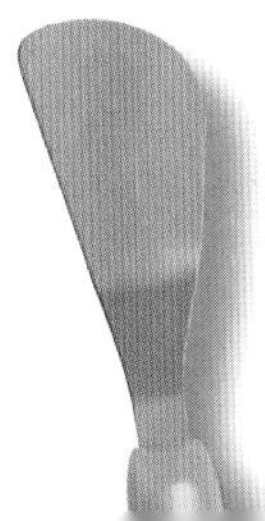

E

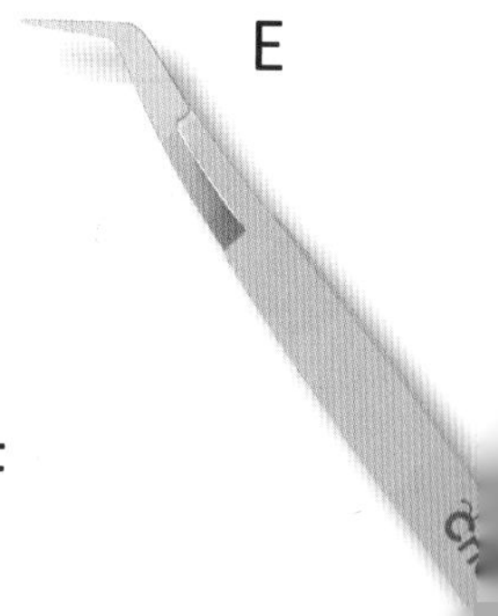

Stifte & Marker

Wie bereits erwähnt, können alle Cricut Geräte von Joy bis Maker3 nicht nur schneiden, sondern auch zeichnen beziehungsweise schreiben.
Wichtig: Für die einzelnen Geräte gibt es spezielle Stifte, die sich in der Halterung unterscheiden.
Um ein Motiv zeichnen statt schneiden zu lassen, musst du im Arbeitsbereich des Design Space zwei Einstellungen vornehmen. Zum einen stellst du den Betrieb auf »zeichnen« um und wählst anschließend den exakten Stift aus. Die Angaben F-C sind auf der Rückseite der Stifte aufgedruckt.

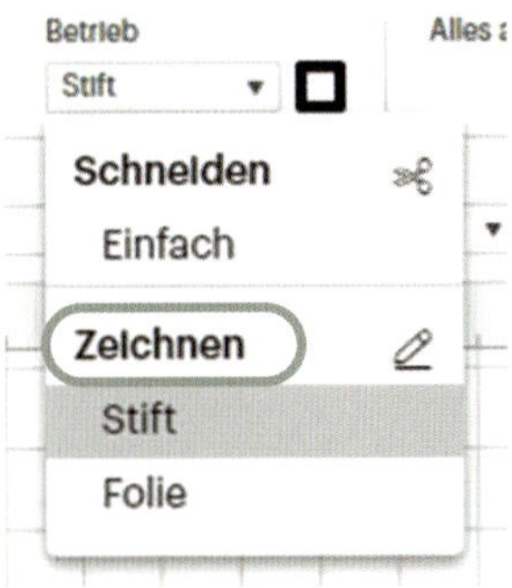

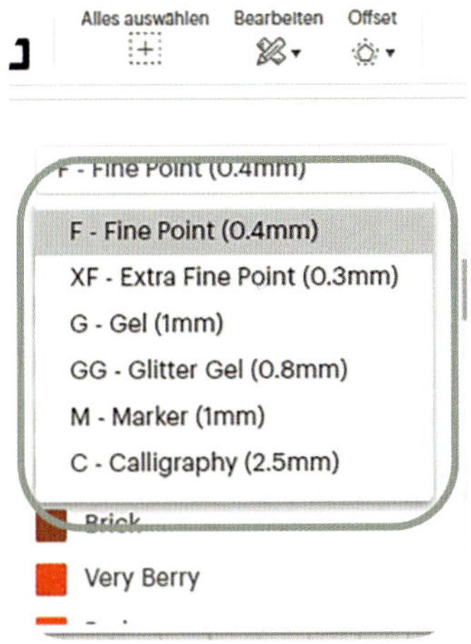

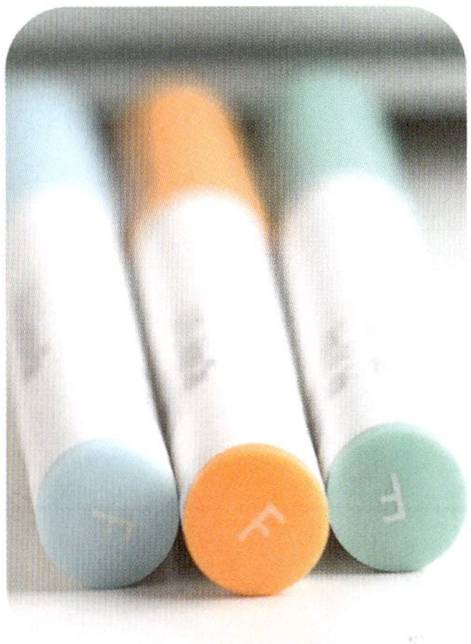

PENS

Es gibt Stifte mit dünnen und dicken Spitzen, als normalen Fineliner oder als Gelstift. Mit diesen lassen sich gerade Geschenkkarten wunderschön gestalten.
Washable Fabric Pens können nach dem Waschen wieder komplett verschwinden. Diese eignen sich zum Beispiel hervorragend für Schnittmustermarkierungen oder Sticklinien.

INFUSIBLE INK PENS

Die Infusible Ink Pens werden, wie die Infusible Ink Sheets, durch Hitze auf den Untergrund übertragen. Das Motiv kannst du einfach auf handelsübliches Druckerpapier zeichnen. Es wird anschließend mit der Transferpresse auf den Untergrund übertragen. Die Pens können auf verschiedenste Untergründe, wie zum Beispiel Stoff, Tassen und Ähnliches, gepresst werden. **Wichtig:** Stoff muss mindestens 65 Prozent Polyester enthalten. Bei reiner Baumwolle wäscht sich die Farbe aus.

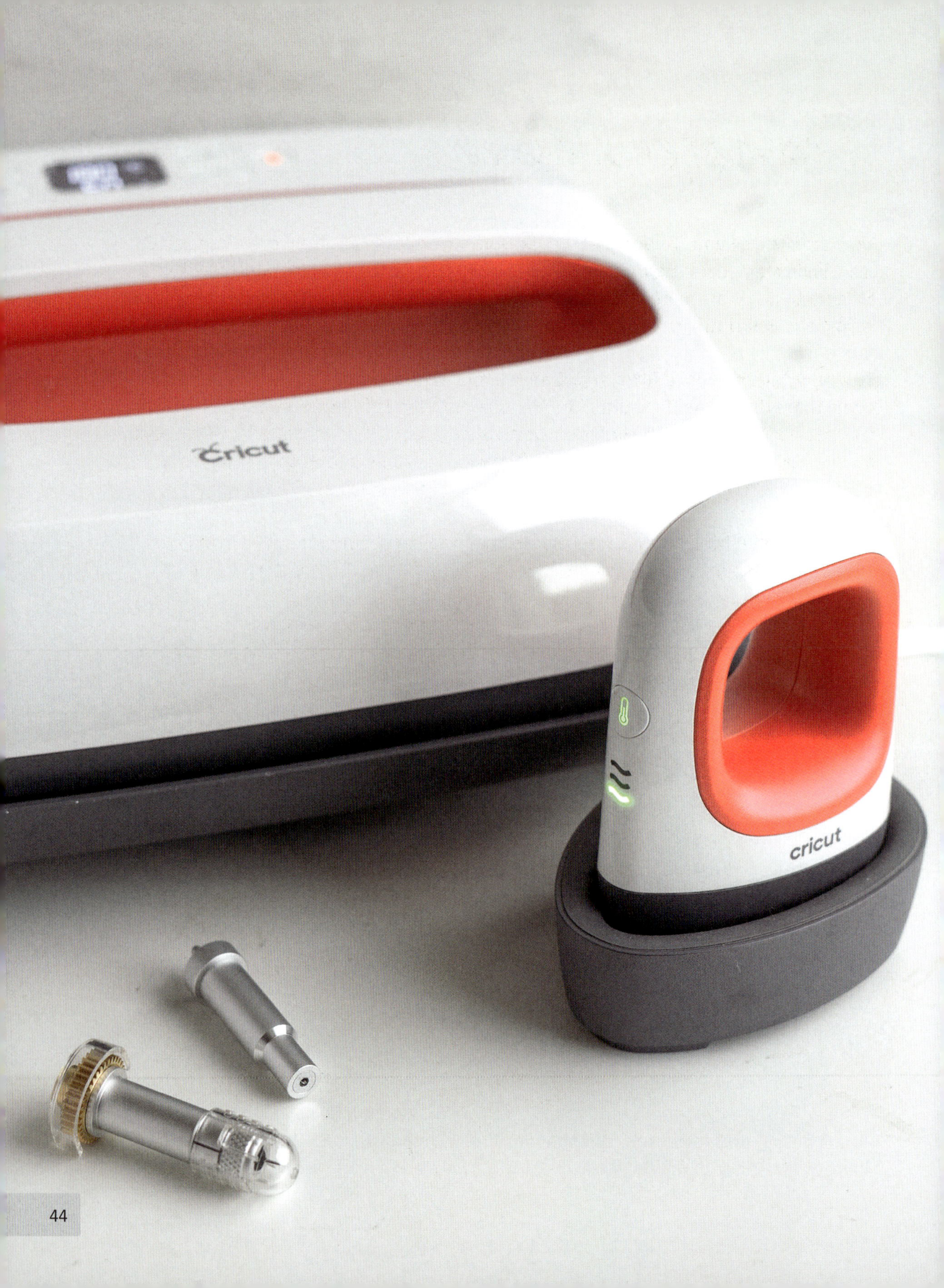

Cricut
cricut

Transferpressen

Der klare Vorteil von Transferpressen gegenüber einem handelsüblichen Bügeleisen ist die Möglichkeit, die Presstemperatur und -zeit genau einzustellen. Außerdem hat die Heizplatte der Wärmepressen eine einheitliche Temperatur. Das Motiv wird so gleichmäßig auf den Untergrund übertragen und die Haltbarkeit dadurch um einiges erhöht.

Es gibt unterschiedliche Arten und Größen von Transferpressen. Vorteile kann allerdings jedes der Modelle bieten. Für eine Übertragung auf zum Beispiel Basecaps kann eine kleine Presse wie die MiniPress weitaus vielversprechender sein. Mit ihr kannst du auch schwierigere Ecken wunderbar beheizen. Für flächendeckendere Motive auf zum Beispiel einem Hoodie eignen sich größere Modelle wie die EasyPress 2 besser.

Das gespiegelte Motiv legst du nach dem Schnitt auf den Untergrund. Für den Ausgleich von Unebenheiten kannst du hier einen hitzebeständigen Untergrund (z. B. EasyPress Matte) verwenden.
Das Motiv wird mit leichtem Druck auf den Untergrund aufgepresst und das Trägermaterial entfernt. Anschließend kann mit einem Backpapier das komplette Motiv noch einmal im Gesamten gepresst werden.

Im Lieferumfang aller Transferpressen von Cricut ist eine isolierte Sicherheitsbasis, die bei Nichtbenutzen zum Schutz der Arbeitsfläche dient, enthalten.

Tipp

Es ist wichtig, die Herstellerangaben der Flexfolien zu beachten, um ein perfektes Ergebnis zu erhalten.

Mug Press

Die Mug Press ist seit 2021 auf dem deutschen Markt erhältlich und wird zum Personalisieren von Tassenrohlingen verwendet. Sie wird in Verbindung mit den Infusible Ink Sheets und Pens (Stiften) verwendet und ist daher als Transferpresse einzuordnen. Sie wurde für ein professionelles Ergebnis auf Tassen entwickelt, welche spülmaschinen- und mikrowellengeeignet sind.

SO EINFACH GEHT´S:

1. Gestalten kannst du das Motiv wie gewohnt im Design Space.
2. Geschnitten werden kann das Motiv dann mit allen Modellen von Joy bis Maker 3.
3. Das Motiv wird um den Tassenrohling gelegt und wahlweise mit einem wärmeresistenten Klebeband befestigt.
4. Der Rohling inklusive Motiv wird in die Presse eingesetzt und die Mug Press wird per Knopfdruck ohne manuelle Temperatur- oder Druckeinstellungen gestartet.

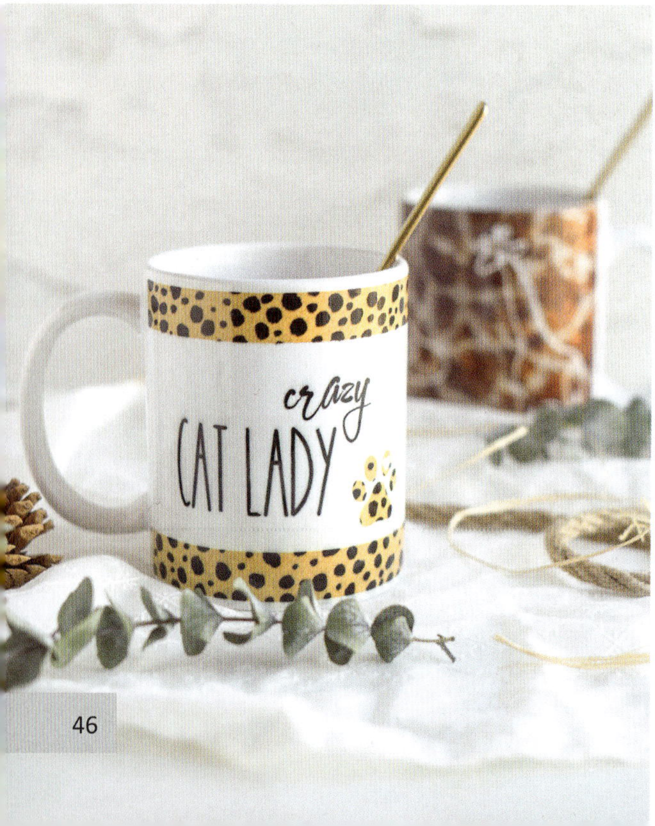

Tipp

Die Presse solltest du nur in gut belüfteten Bereichen verwenden. Bei der Wärmeübertragung entstehen Dämpfe.

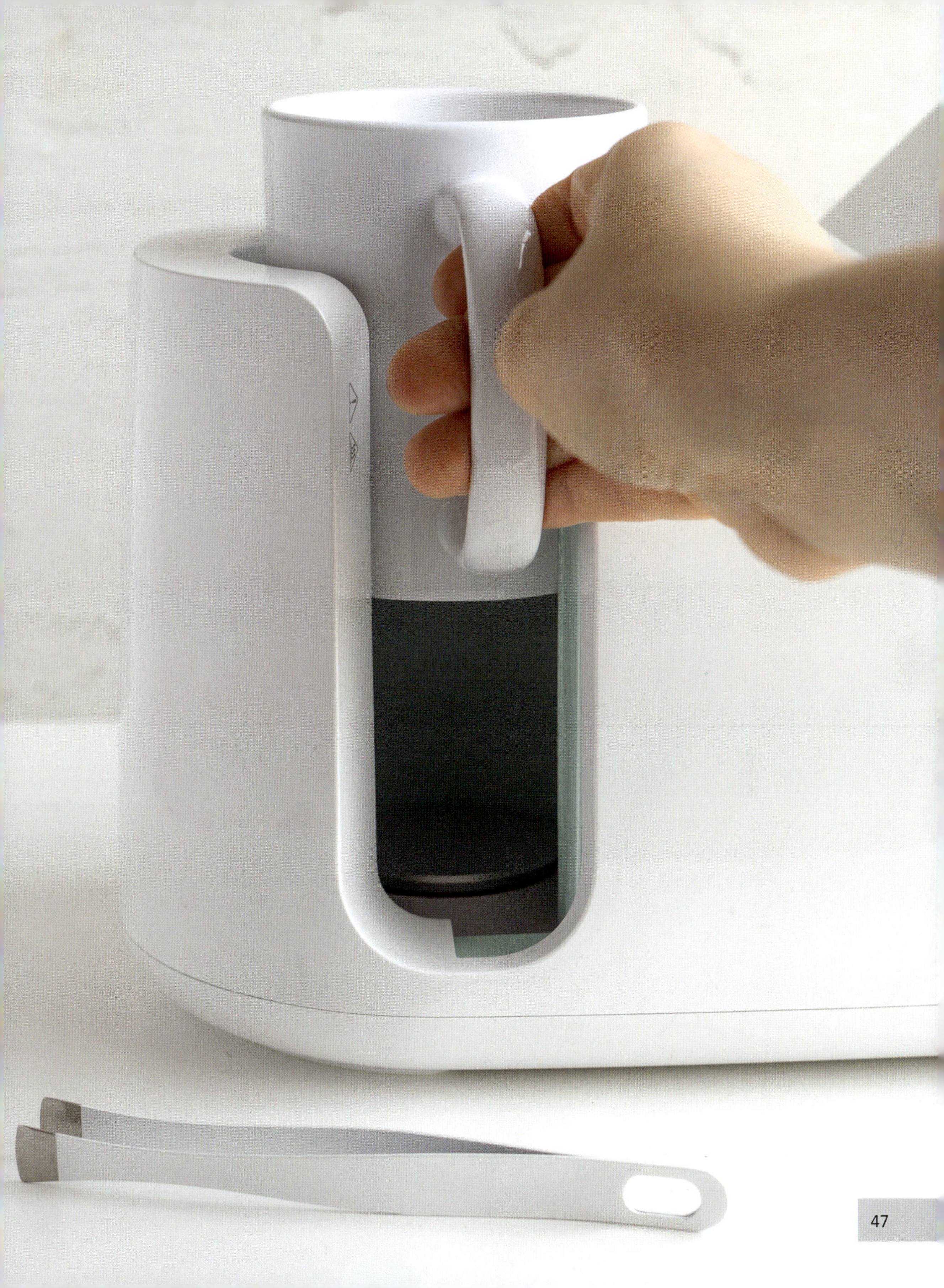

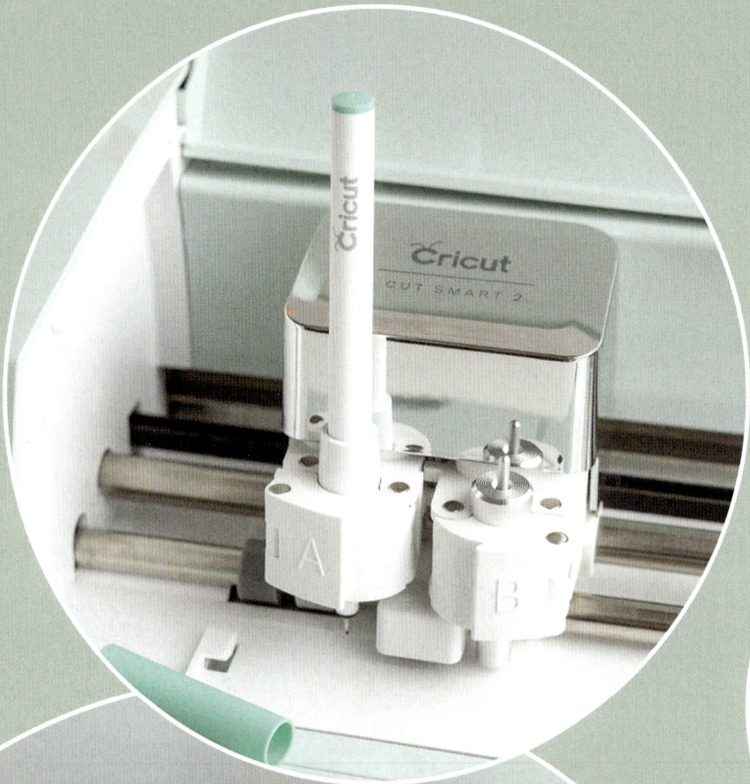
Cricut
Cricut
CUT SMART 2
A
B

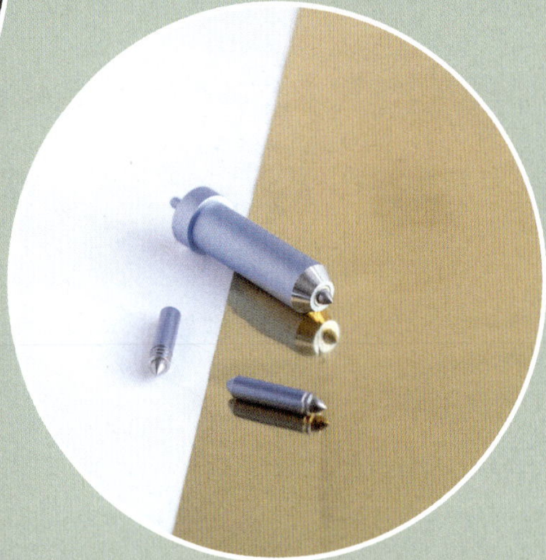

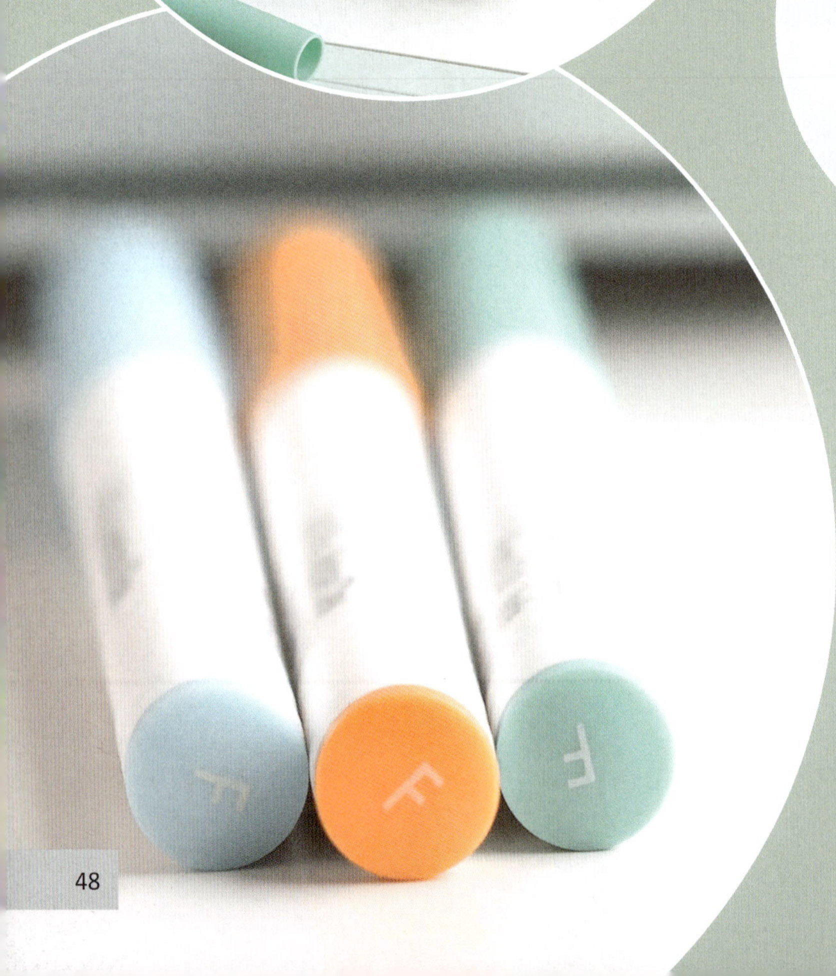

Messer, Tools & Tipps

Werkzeugübersicht

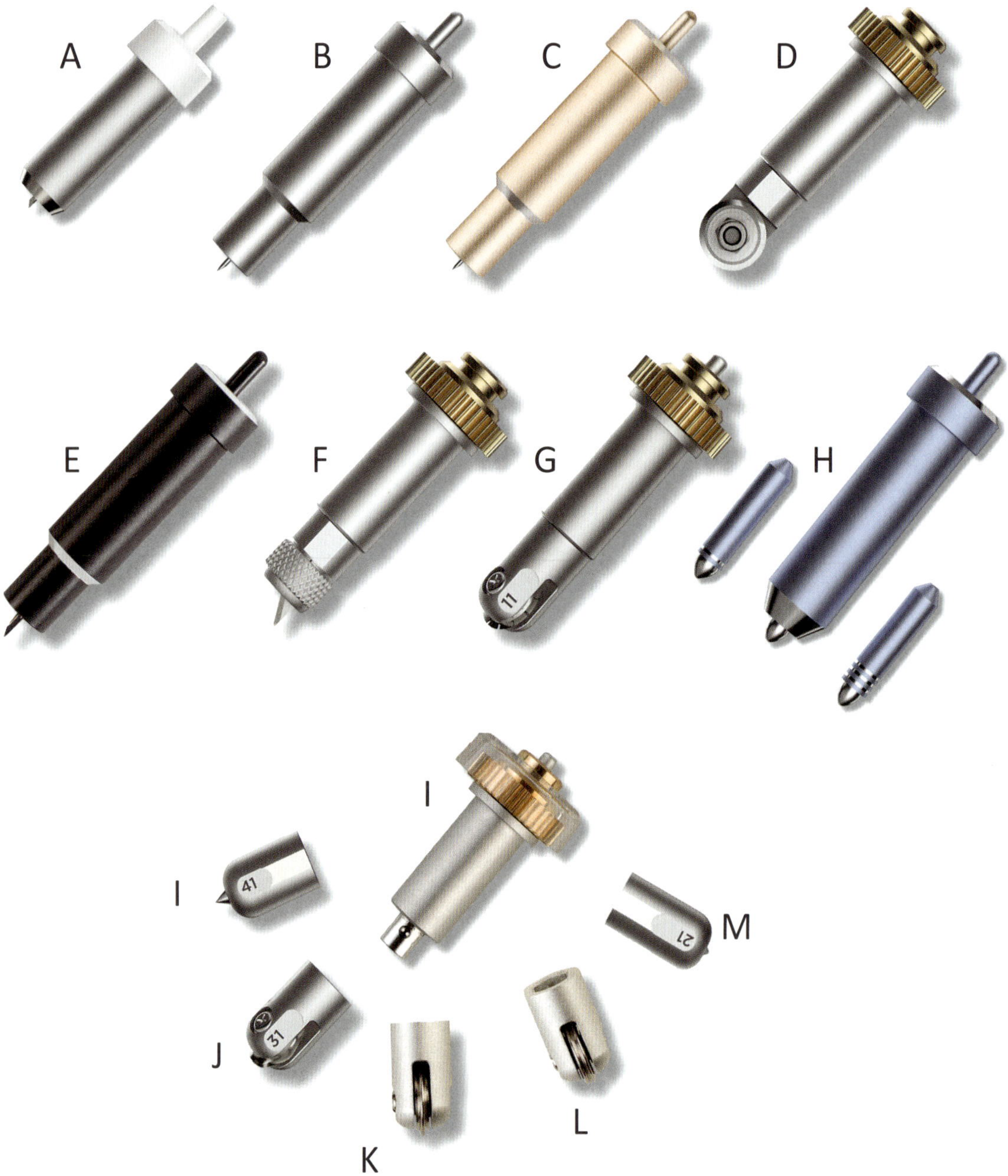

(*) Die Klinge des Messers lässt sich durch einfaches Drücken des Pins wechseln.
(**) Die Klinge des Messers lässt sich an der kleinen Schraube zum Wechseln lösen.

A. JOY BLADE *
Das Schneidemesser ist speziell für den Joy, es ist im Lieferumfang enthalten.

B. FINE-POINT BLADE *
Die Feinschnittklinge ist der Allrounder für dünnere Materialien von Folien über Papier bis Pappe. Sie ist im Lieferumfang der beiden Maker und Explore enthalten.

C. PREMIUM FINE-POINT BLADE *
Die Premium-Feinschnittklinge ist laut Hersteller sehr langlebig. Sie schneidet eine Vielzahl von Materialien und ist verschleiß- und bruchfest.

D. ROTARY BLADE **
Mit der Rollklinge können Stoffe wie zum Beispiel Baumwolle, Leinen oder Jute geschnitten werden. Außerdem eignet es sich hervorragend für Materielien wie Kork.

E. DEEP-POINT BLADE *
Die tiefe Feinschnittklinge schneidet dicke Materialien (z. B. Karton oder Chipboad).

F. KNIFE BLADE **
Mit der Messerklinge lässt sich dickes Material wie zum Beispiel Leder & Balsaholz schneiden.

G. BASIC PERFORATION **
Die Perforationsklinge wird für mühelose und präzise Perforationsschnitte verwendet. Sie muss mit dem QuickSwap-Gehäuse verwendet werden.

H. FOIL TRANSFER TOOL *
Mit Druck kann dieses Tool die Cricut-Metallic-Transferfolie ohne Hitze auf den Untergrund, wie zum Beispiel Papier, prägen.

I. ENGRAVING TIP
Die Gravierspitze ist geeignet zum Gravieren von Stahl, Acryl und Aluminium.

J. WAVE BLADE TIP
Mit diesem Wellenschneidetool werden Wellen in das Material geschnitten.

K. SINGLE SCORING WHEEL
Das Falzrad kann extratiefe Einzelkerblinien auf leichtem bis mittelschwerem Material erzeugen.

L. DOUBLE SCORING WHEEL
Das Doppelfalzrad kann extratiefe Doppelkerblinien auf schwerem Material erzeugen.

M. FINE DEBOSSING TIP
Die Tiefprägespitze prägt das Motiv auf das Material, zum Beispiel Papier oder Pappe.

I. QUICKSWAP HOUSING
Am QuickSwap-Gehäuse werden die Tips und Wheels angebracht.

Werkzeuge einsetzen

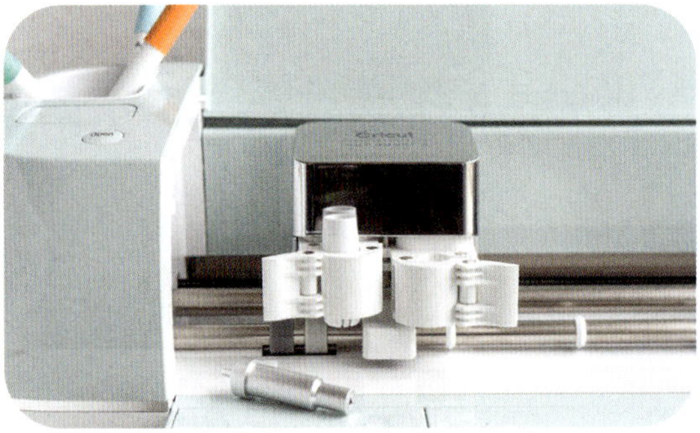

1 Zum Einsetzen von Werkzeugen oder Stiften öffnest du die jeweilige Klammer nach außen.

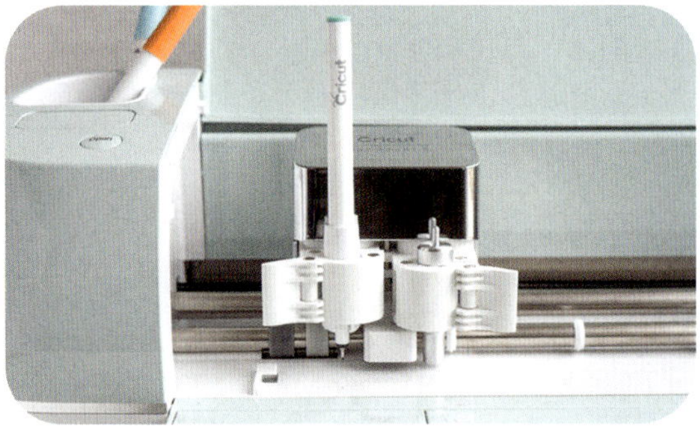

2 Die Kante vom Messer muss beim Einsetzen aufliegen. Bei Messern mit Zahnrad müssen die Zähne ineinander greifen. Stifte werden mit leichtem Druck in die Halterung gedrückt.

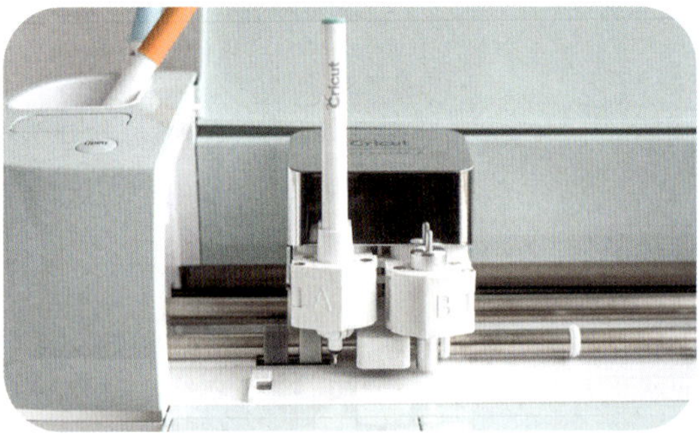

3 Die jeweilige Klammer wird geschlossen und das Werkzeug kann direkt genutzt werden.

Tipp

Stifte werden immer in die Halterung A und Messer/Tools immer in Halterung B eingesetzt.

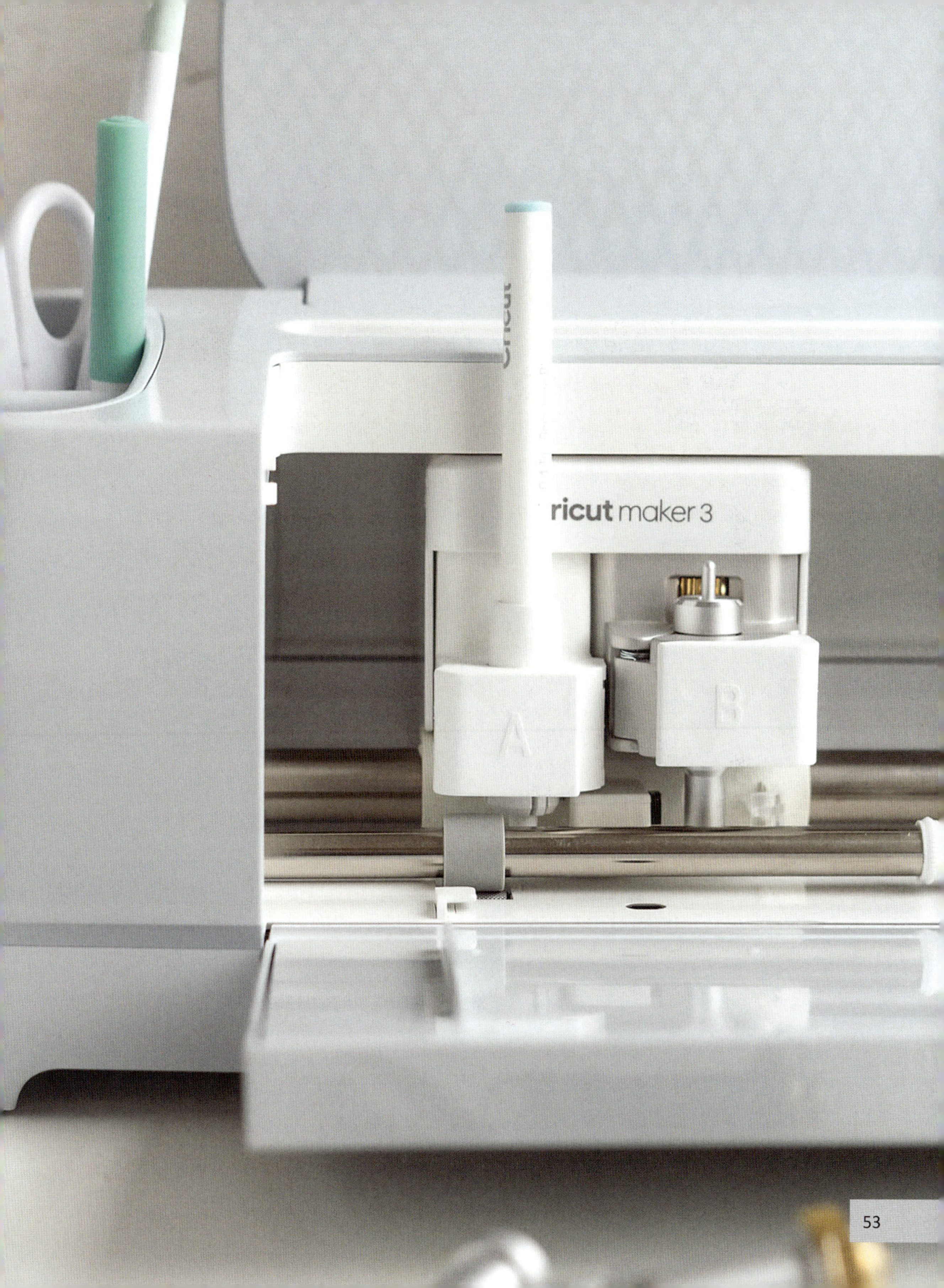
maker 3
A
B

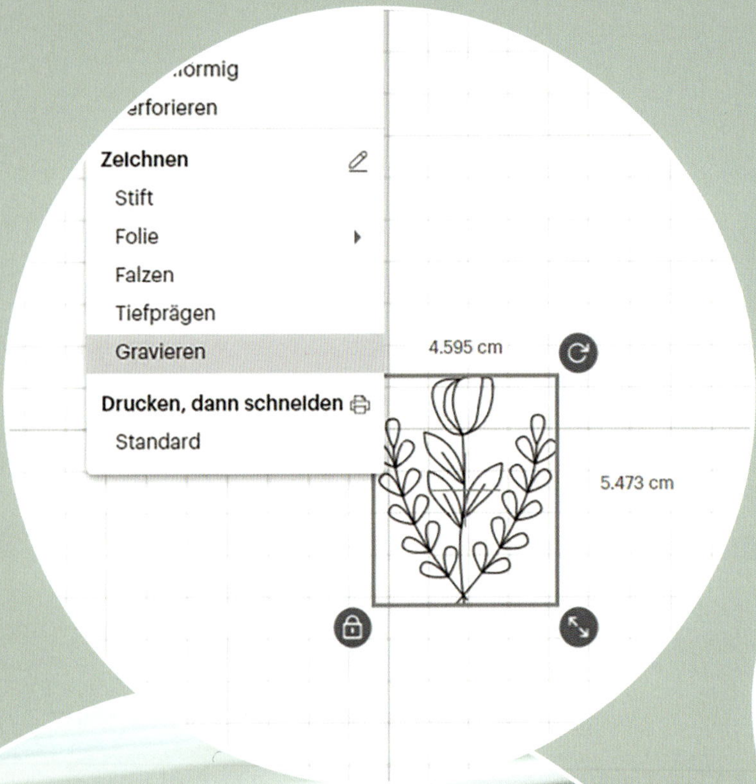
Zeichnen
Stift
Folie
Falzen
Tiefprägen
Gravieren
4.595 cm
Drucken, dann schneiden
Standard
5.473 cm

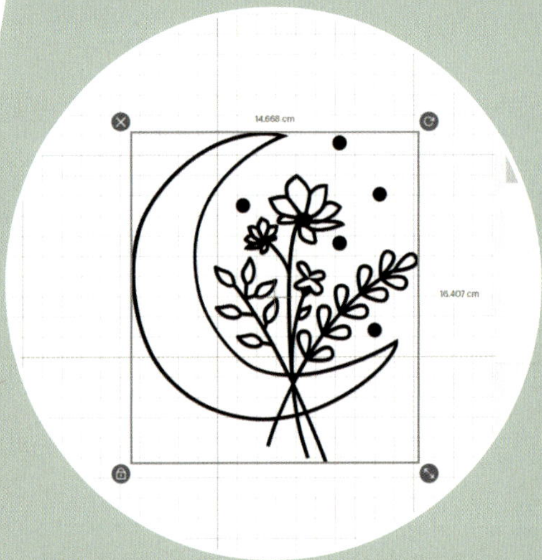
14.668 cm
16.407 cm

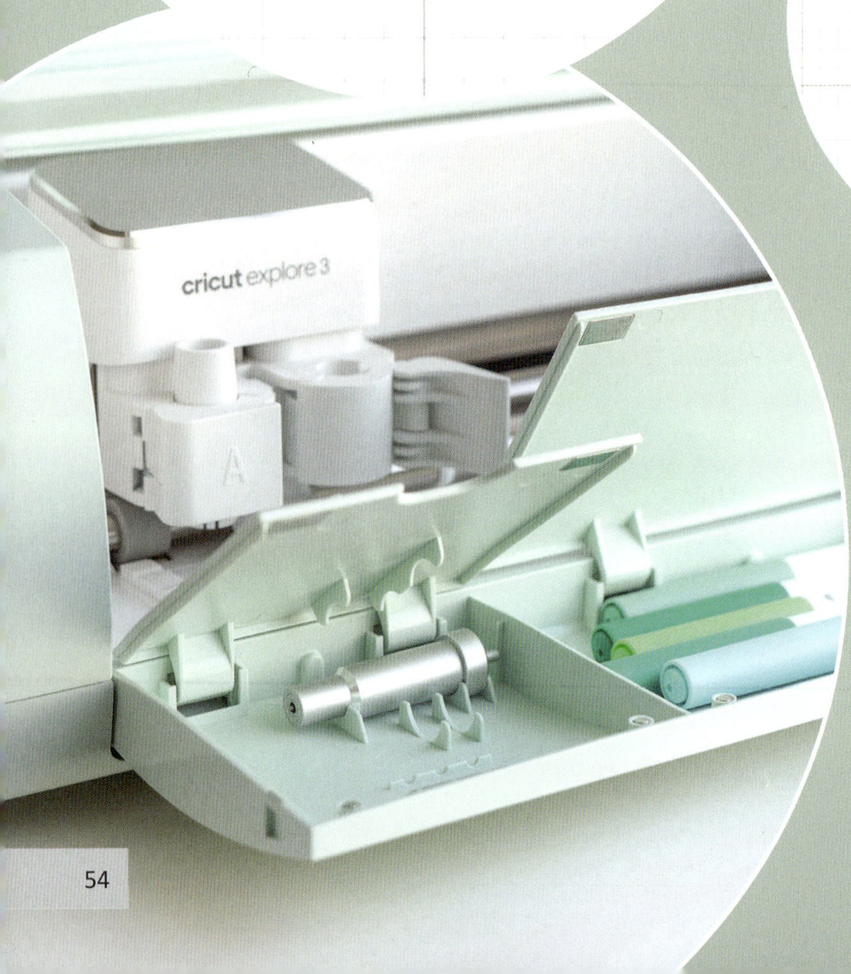
cricut explore 3
A

Design Space

Installation & Registration

Design Space ist die Bearbeitungssoftware für die Maschinen von Cricut. Dort bearbeitest und gestaltest du die Dateien und sendest sie von dort an den Plotter.
Design Space ist cloudbasiert. Dank der Cricut-ID kannst du auf dem Desktop und in der Mobilversion auf den gleichen Arbeitsbereich zugreifen. Du kannst auch offline arbeiten.

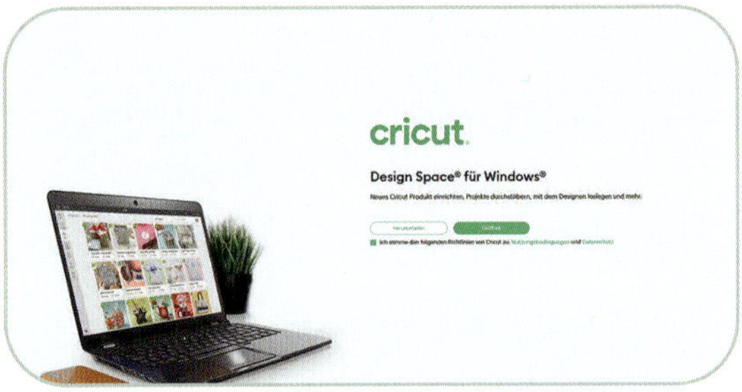

1 Die Software downloadest du unter **cricut.com/setup**.

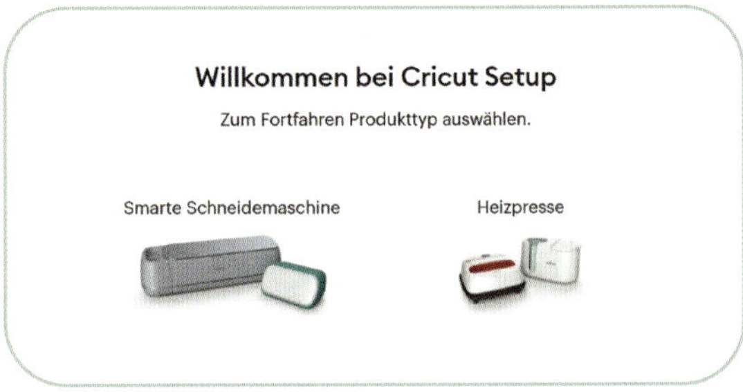

2 Wähle die entsprechende Maschine zum Registrieren aus.

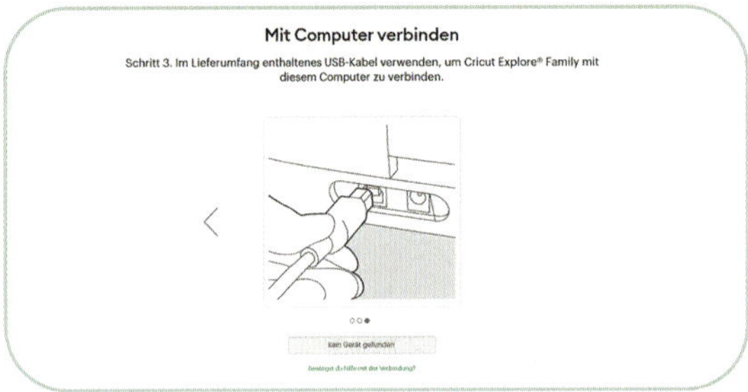

3 Schritt für Schritt führt die Software zur Vorbereitung mit dem Gerät.

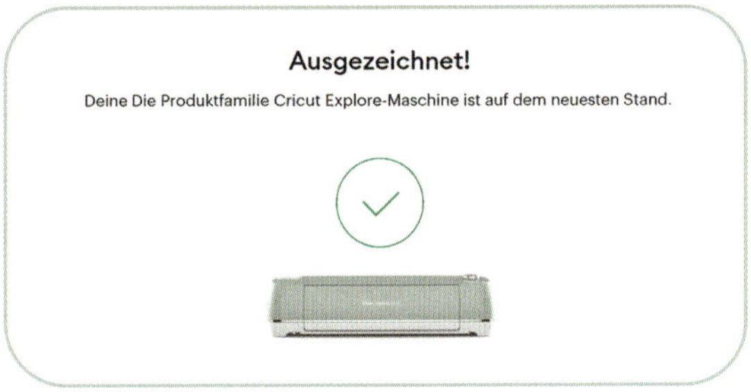

4 Das Gerät wird immer aktualisiert. Dies kann einen Moment dauern.

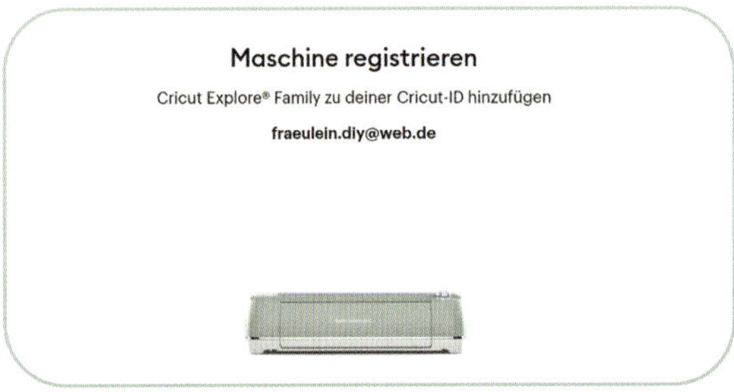

5 Das Gerät wird der Cricut ID ergänzt. Dies kann einen Moment dauern.

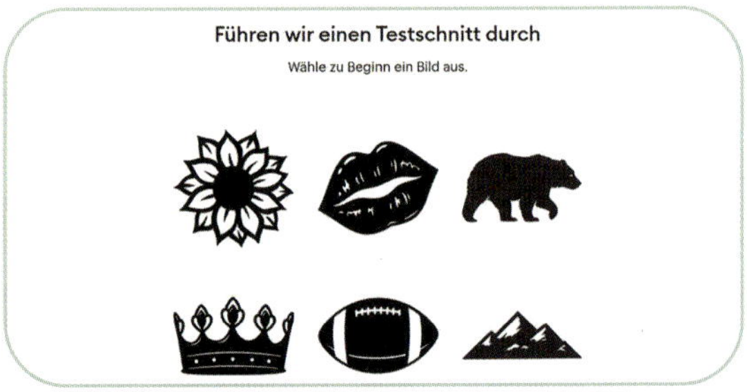

6 Das Programm fordert direkt zum Testschnitt auf. Hierfür wird eines der 6 Motive gewählt.

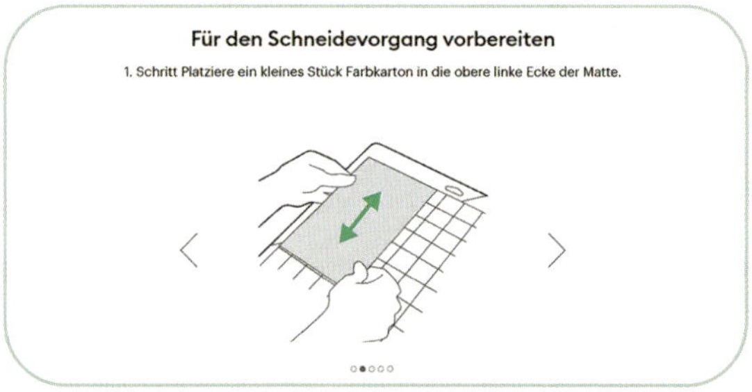

7 Die Software führt Schritt für Schritt zu den richtigen Vorbereitungen.

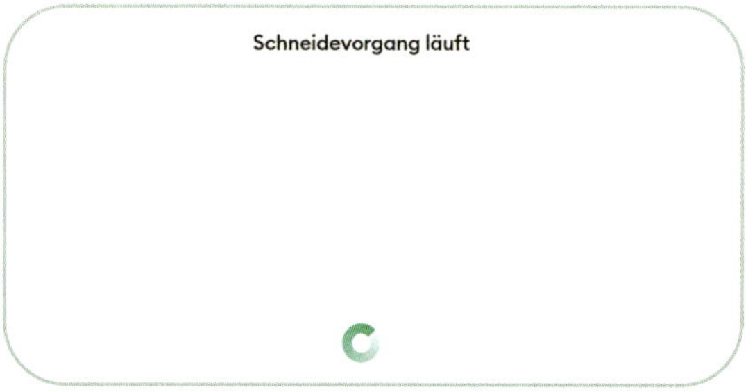

8 Der Schneidevorgang läuft. Dies kann einen Moment dauern.

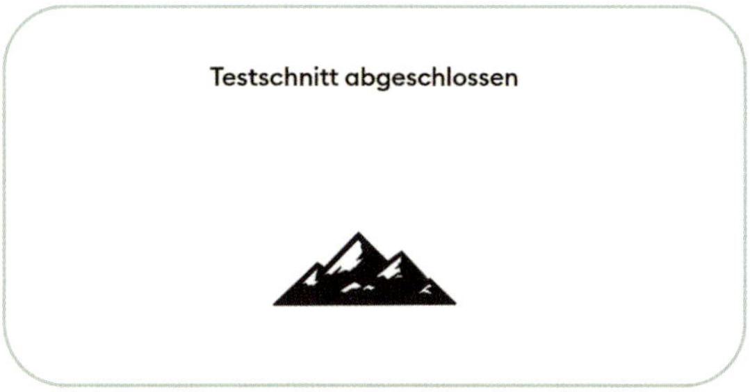

9 Nachdem der Testschnitt abgeschlossen ist, kannst du die Schneidematte auswerfen.

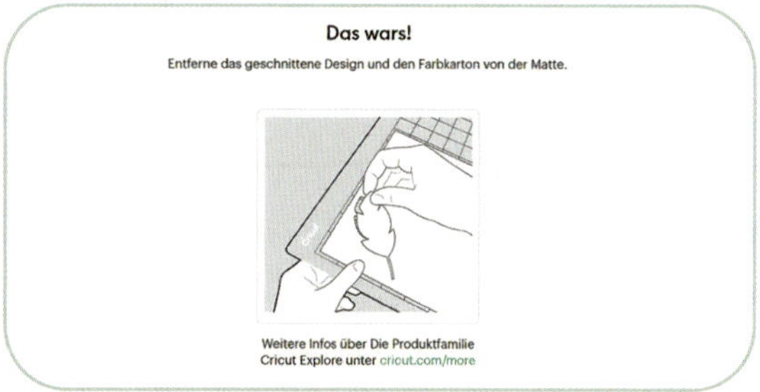

10 Das Design kannst du nun von der Matte entnehmen.

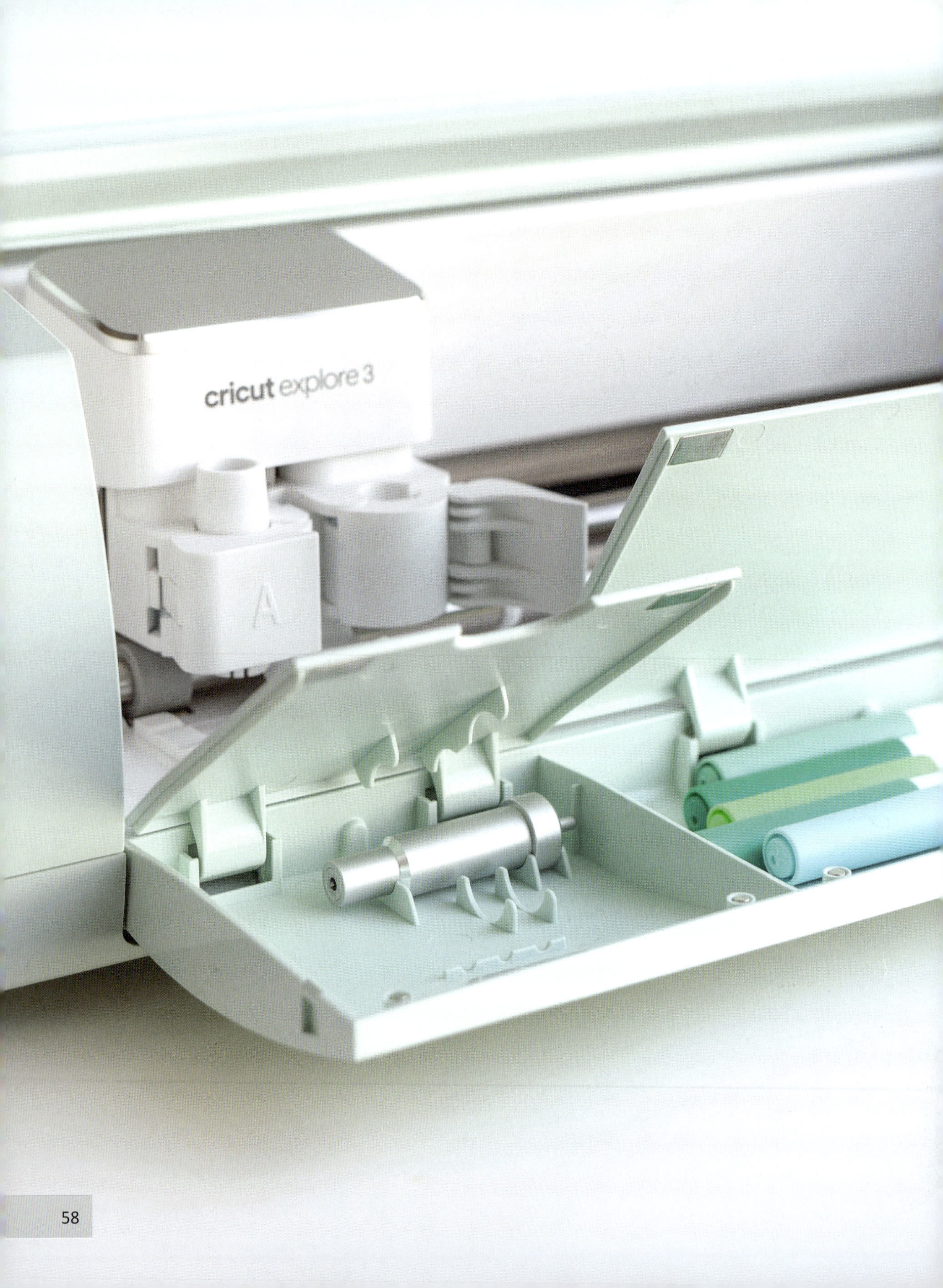
cricut explore 3

Was ist Cricut Access?

Cricut Access ist ein kostenpflichtiges Abonnement von Design Space. Dort erhältst du zusätzlich zu den kostenlosen Dateien Zugriff auf eine ständig wachsende Bibliothek aus Bildern, Schriftarten und Projekten rund um alle saisonalen Themen und vieles mehr.

Im Premium Cricut Access gibt es außerdem nochmal einen prozentualen Nachlass auf Produkte und vergünstigte Versandkosten.

Weitere Informationen zu Cricut Access findest du unter **cricut.com/access.**

Lohnt sich Cricut Access?

Für Vielbastler kann sich Cricut Access lohnen. Gerade wenn sehr viel im privaten Bereich gebastelt wird und die Dateien nicht selbst gezeichnet werden, ist Cricut Access eine tolle Sache.

Arbeitsbereich

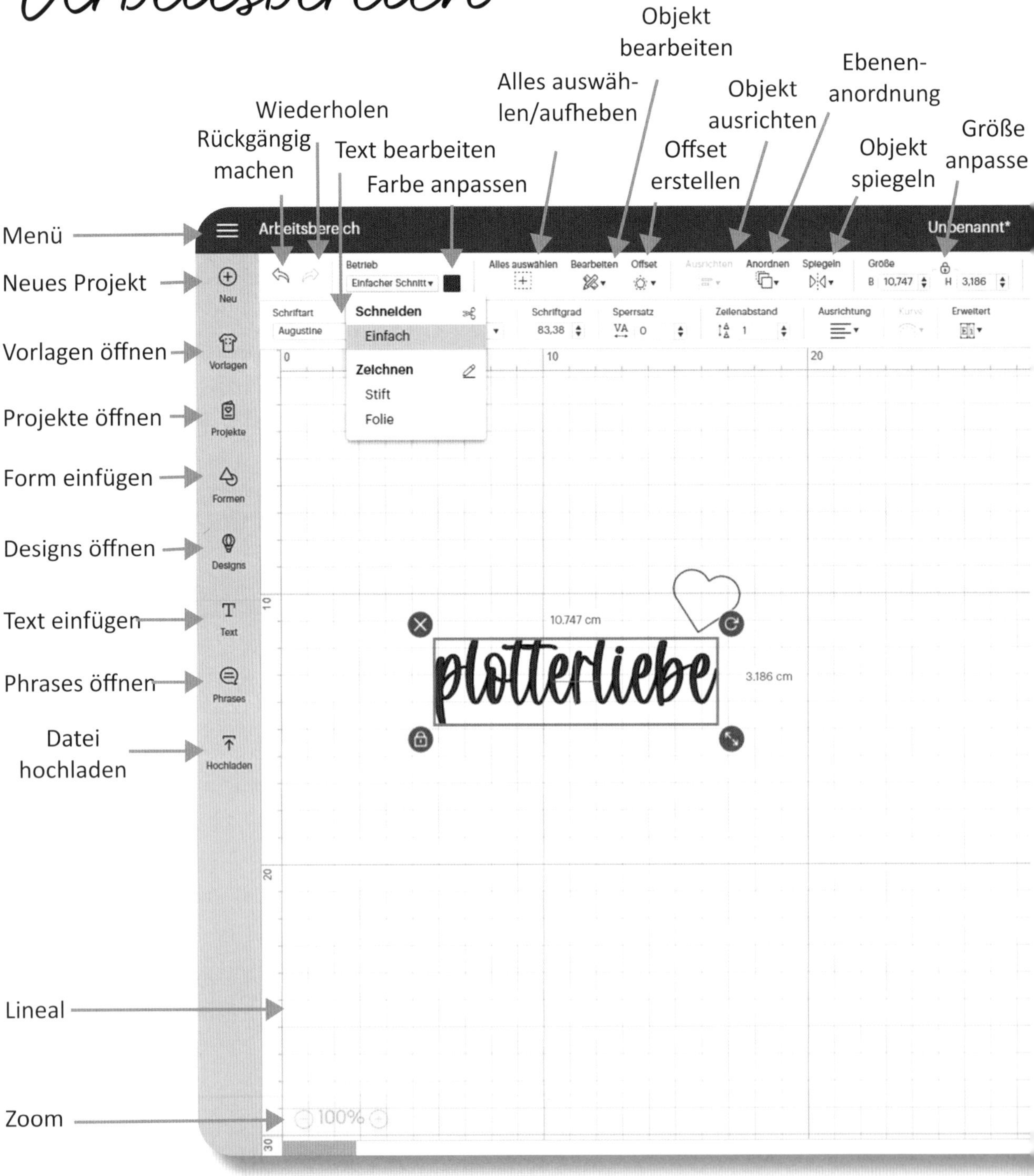

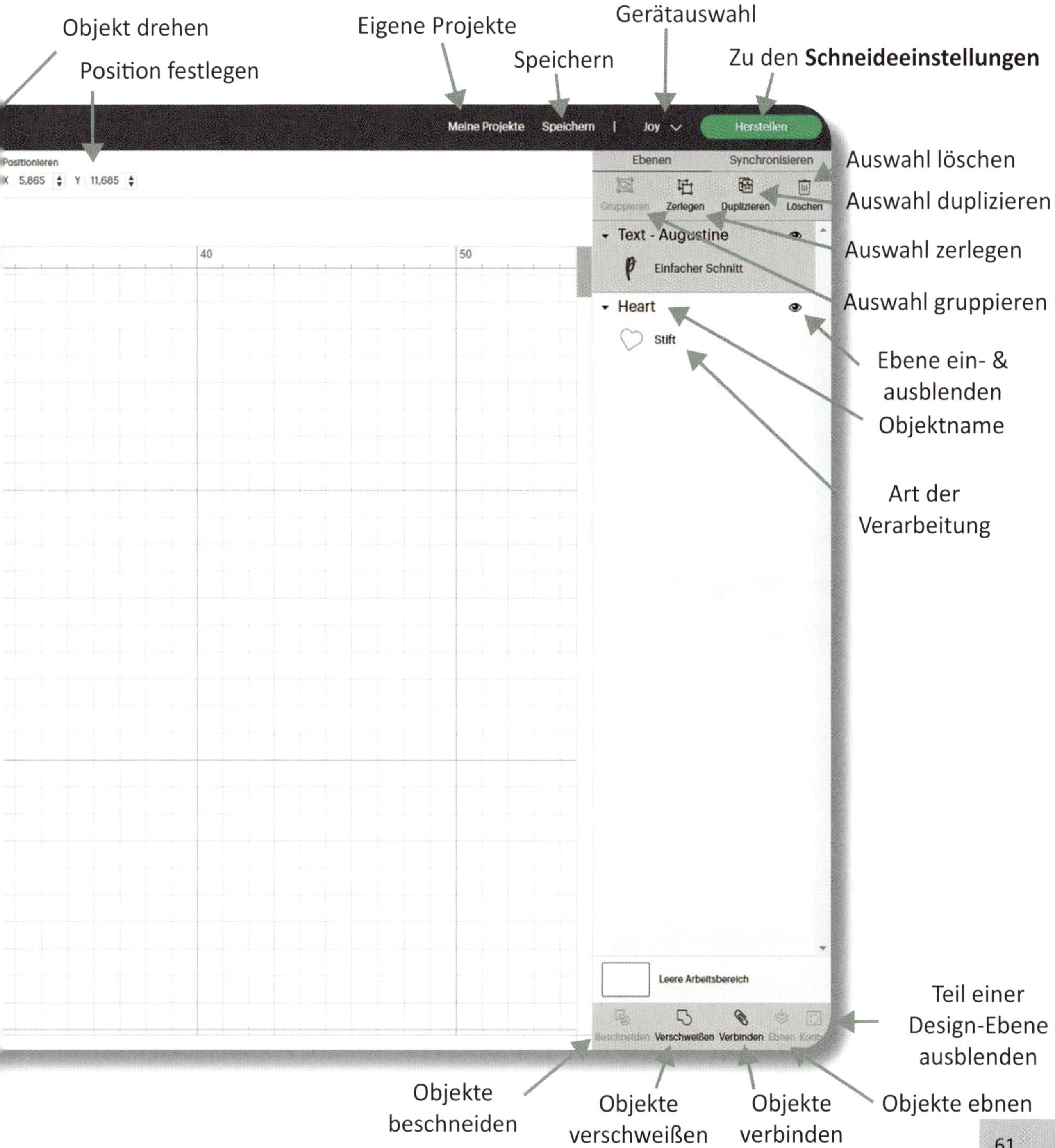
Objekt drehen
Position festlegen
Eigene Projekte
Speichern
Gerätauswahl
Zu den **Schneideeinstellungen**
Meine Projekte
Speichern
Joy
Herstellen
Positionieren
X 5,865
Y 11,685
Ebenen
Synchronisieren
Gruppieren
Zerlegen
Duplizieren
Löschen
Text - Augustine
Einfacher Schnitt
Heart
Stift
Leere Arbeitsbereich
Beschneiden
Verschweißen
Verbinden
Ebnen
Auswahl löschen
Auswahl duplizieren
Auswahl zerlegen
Auswahl gruppieren
Ebene ein- & ausblenden
Objektname
Art der Verarbeitung
Teil einer Design-Ebene ausblenden
Objekte beschneiden
Objekte verschweißen
Objekte verbinden
Objekte ebnen

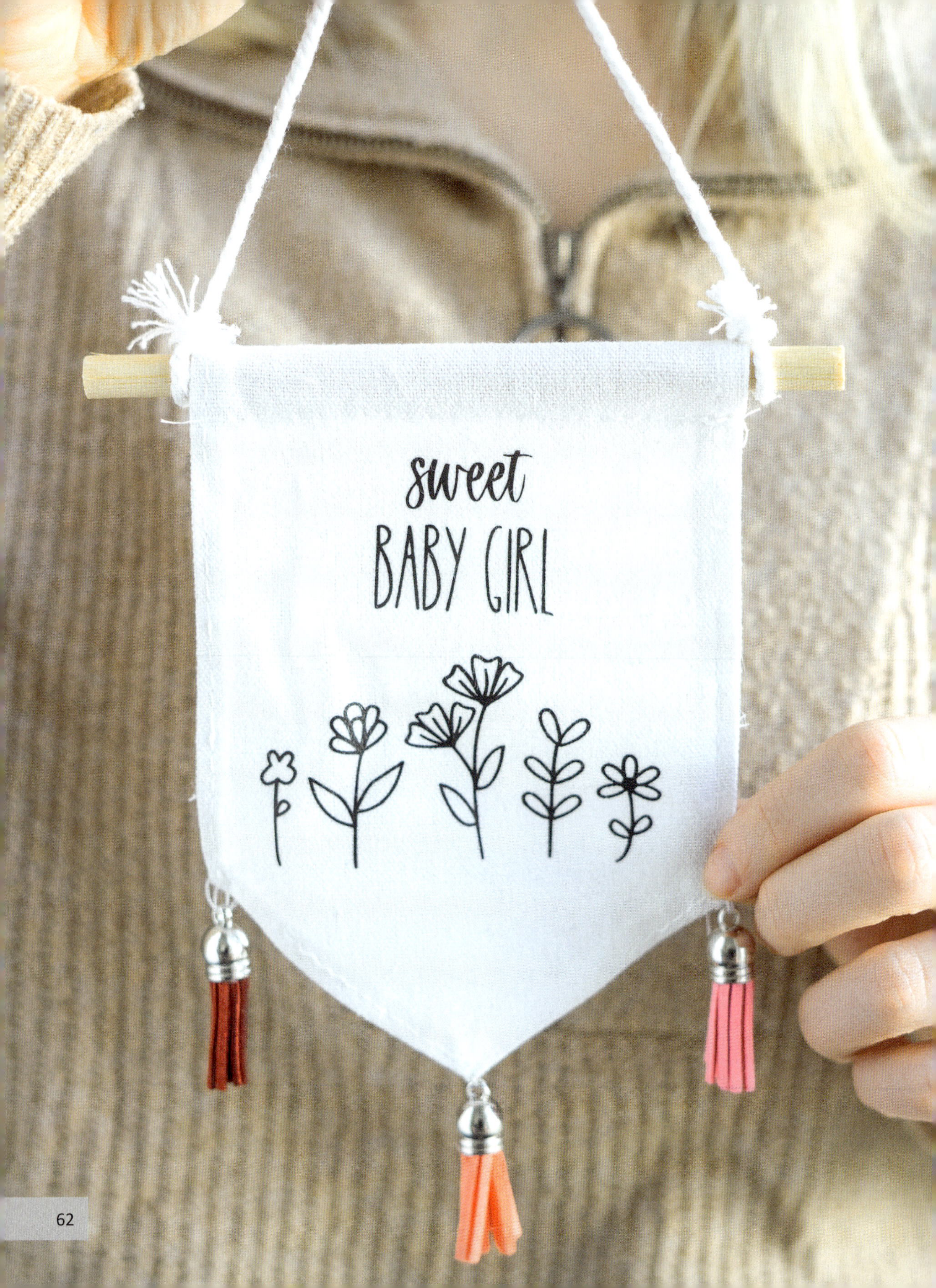
sweet
BABY GIRL

Schneideeinstellungen

Im Bereich der Schneideeinstellungen im Design Space können verschiedene Anpassungen vorgenommen werden. Die wahrscheinlich wichtigste Auswahl ist hier das Einstellen des Grundmaterials.

FAVORITEN EINSTELLEN (A)
Durch das Klicken auf einen leeren Stern kannst du Favoriten hinzufügen. Diese werden anschließend unter dem Reiter »Favoriten« angezeigt.

BELIEBTE MATERIALIEN FINDEN (B)
Die beliebtesten Grundmaterialien kannst du durch einen Klick auf »Beliebt« einfach auswählen.

DIE LISTE ALLER MATERIALIEN DURCHSUCHEN (C)
Du kannst weitere Materialien suchen und zu deiner Favoritenliste aus der Liste aller gespeicherten Materialien hinzufügen.

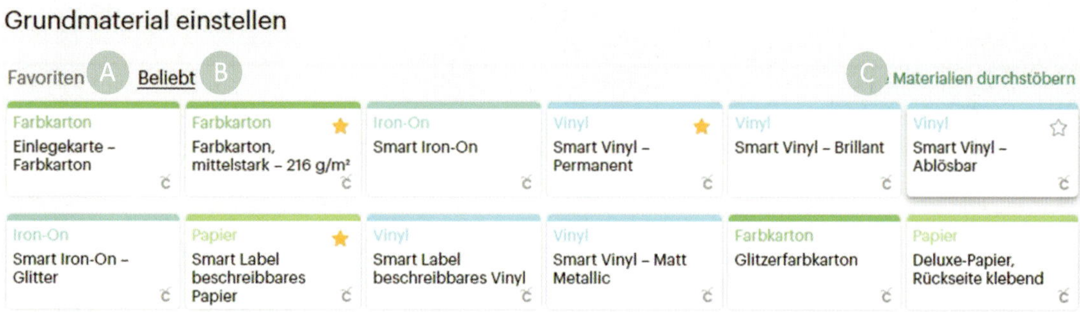

Nachdem das Grundmaterial gewählt wurde, kann die Druckeinstellung noch vorgenommen werden. Gerade bei zum Beispiel sehr empfindlicher Folie lohnt es sich manchmal, die Druckeinstellung auf »Niedrig« zu stellen.
Durch die weiteren Vorbereitungspunkte führt die Software Schritt für Schritt. Sie zeigt je nach Modell die jeweilige Vorgehensweise des Starts mittels Bildern und Text an.

Mobilversion

Design Space kannst du sowohl in der Desktopversion als auch auf dem Tablet oder Handy verwenden; du kannst die Geräte über Bluetooth steuern. Im Grunde sind mobil die gleichen Funktionen möglich wie auf dem Desktop. Zu beachten ist lediglich, dass die einzelnen Befehle teilweise an anderen Plätzen zu finden sind. Die obere Menüleiste der Desktopversion befindet sich in der App auf dem Tablet zum Beispiel am unteren Rand.

Die App verfügt über die sehr praktische SnapMat-Funktion. Hierbei wird die Schneidematte abfotografiert und in der Vorschau angezeigt. So können Motive sehr genau platziert und zum Beispiel Materialreste optimal genutzt werden.

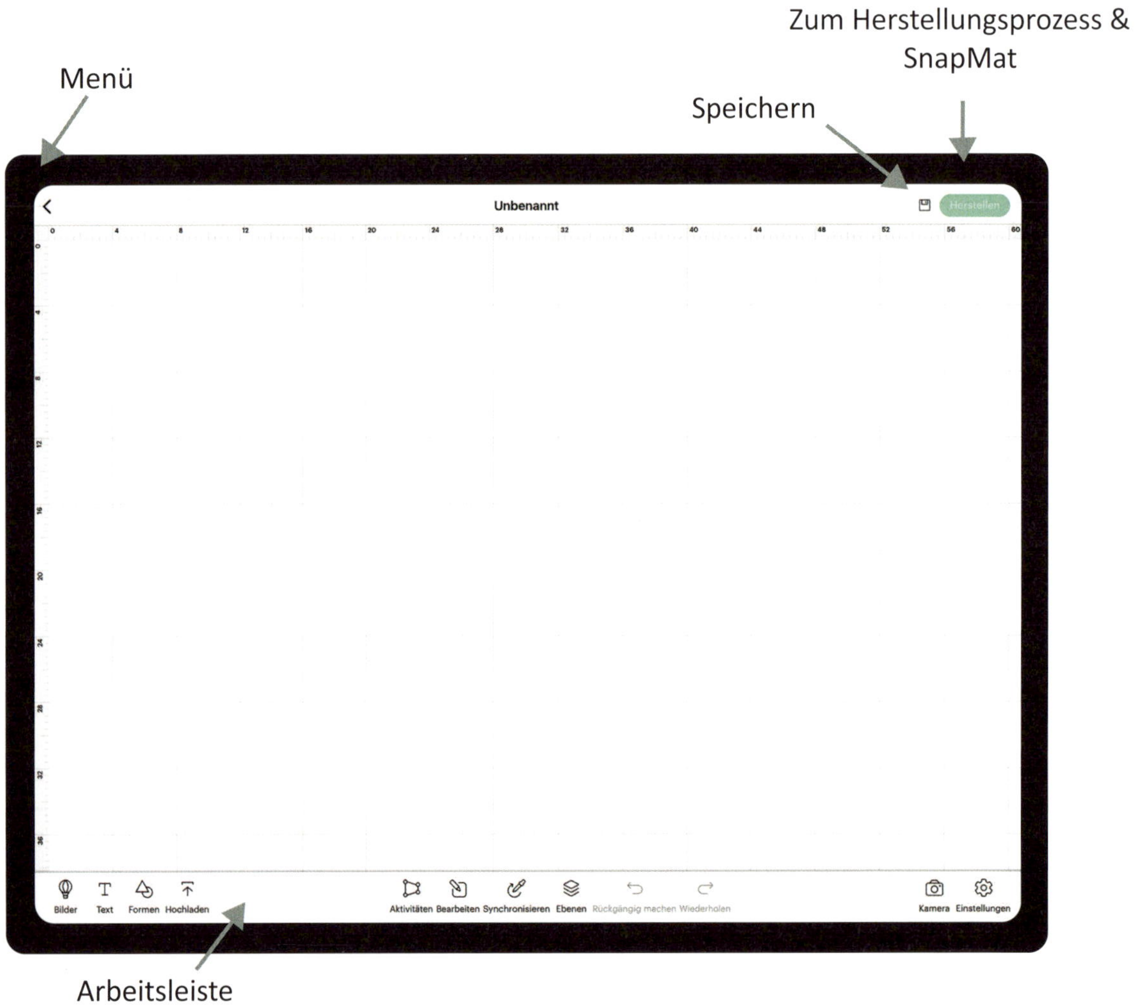

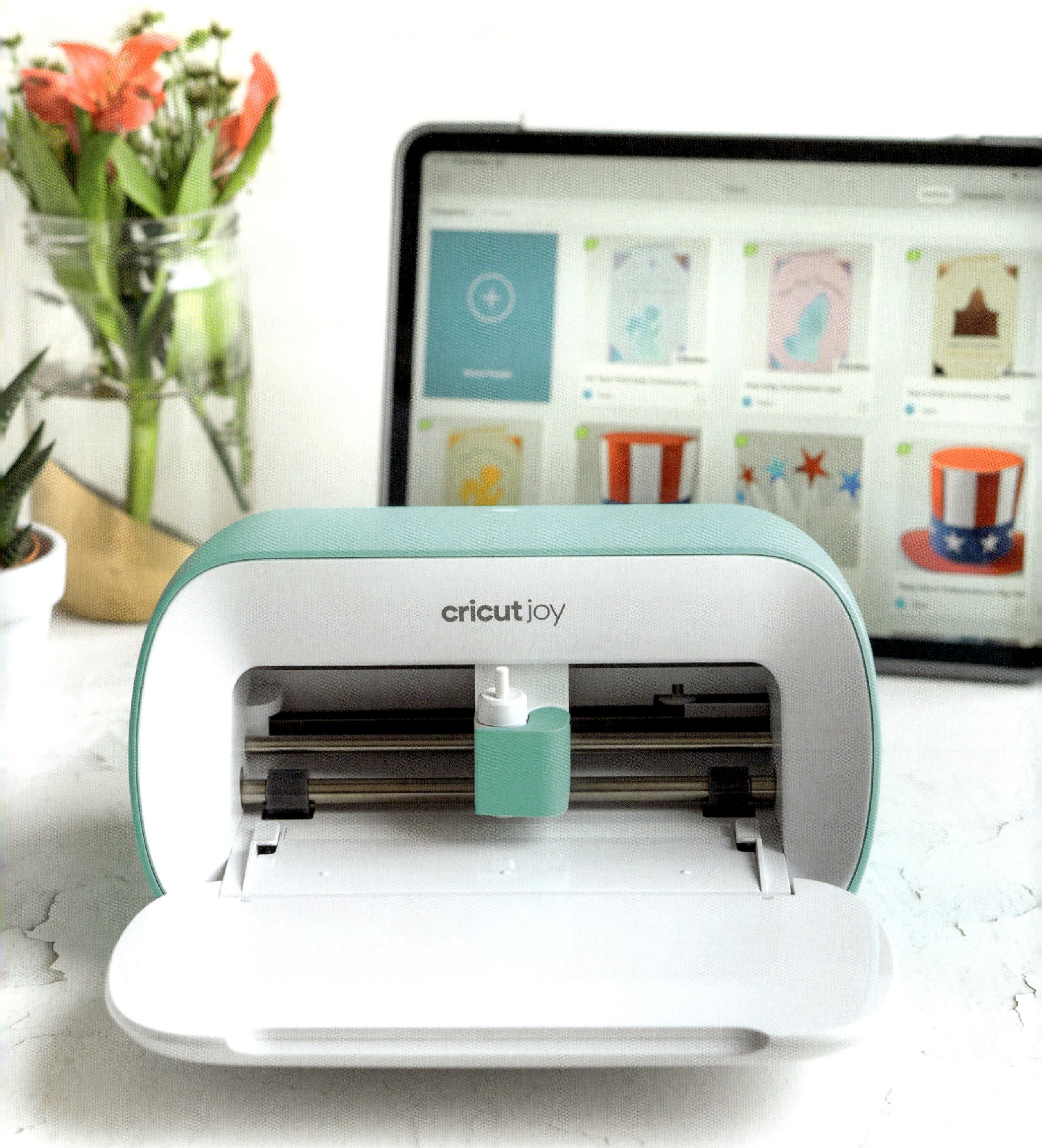
cricut joy

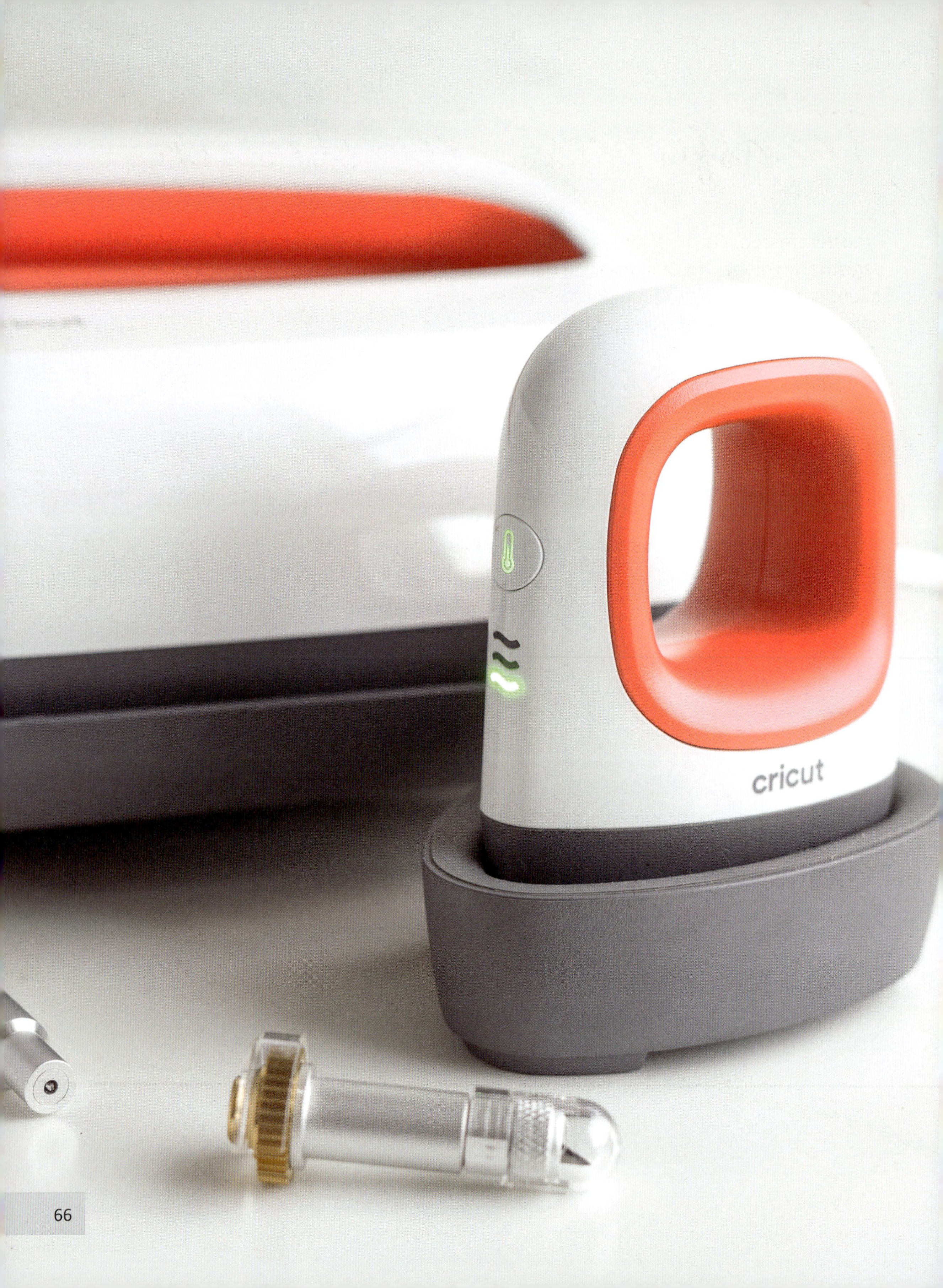
cricut

Transferpresse registrieren

Transferpressen, auch Heizpressen genannt, können wie die Plotter im Design Space registriert werden. Im Gegensatz zu den Plottern ist für die Pressen eine Registrierung allerdings nicht zwingend notwendig. Gerade für die richtigen Einstellungen zum Pressen und für das Downloaden der neuesten Updates kann die Registrierung allerdings von Vorteil sein.

SO EINFACH GEHT´S:

1. Design Space öffnen.
2. Einrichten einer neuen Maschine auswählen.
3. Maschine auswählen.
4. Den Anweisungen auf dem Bildschirm folgen.

Tipp

Die Cricut EasyPress Mini wird nicht registriert.

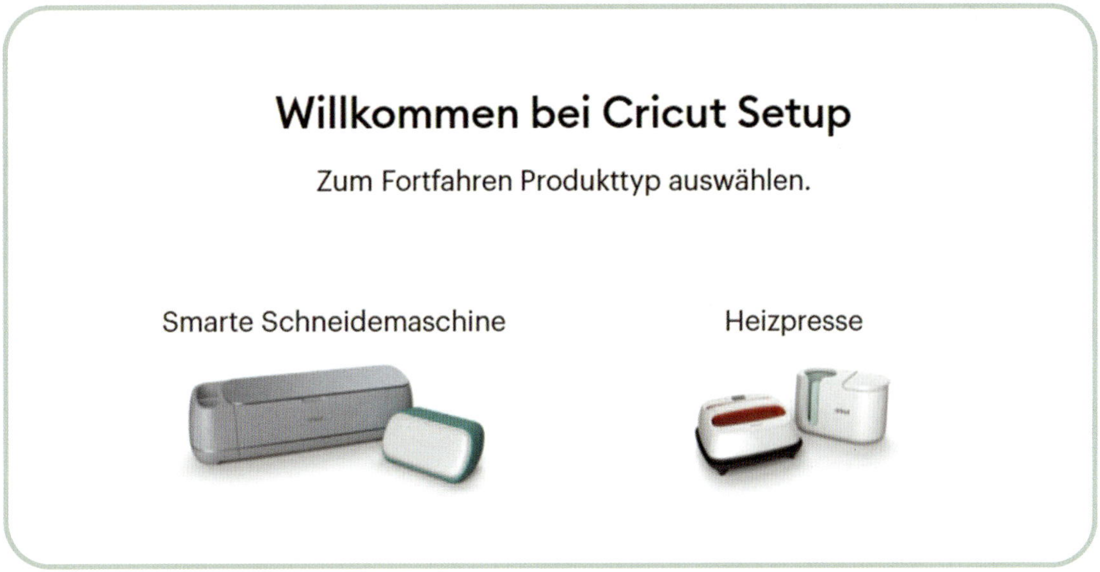

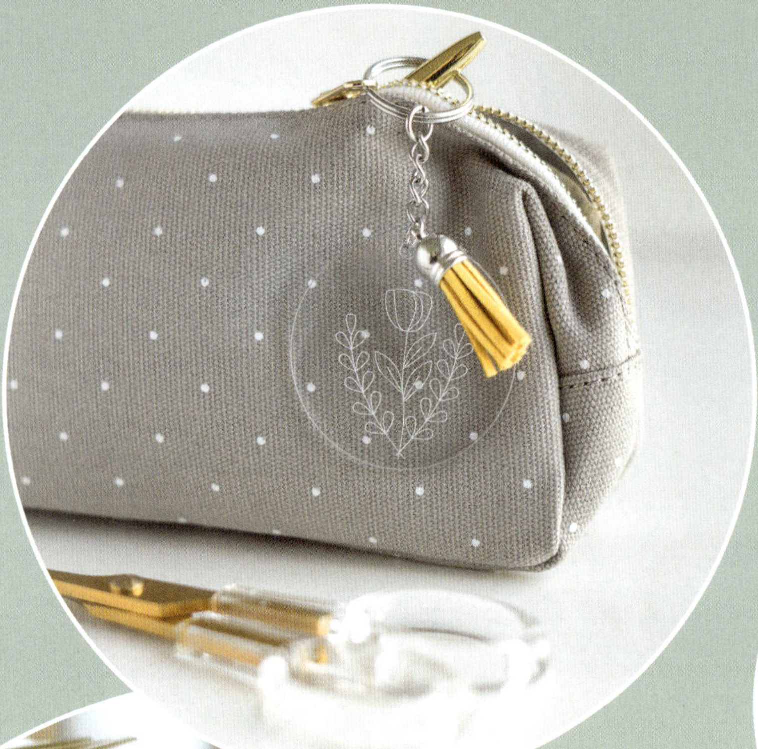

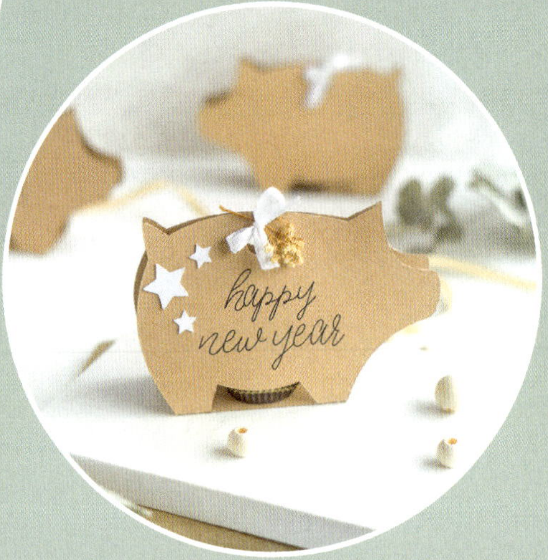
happy
new year

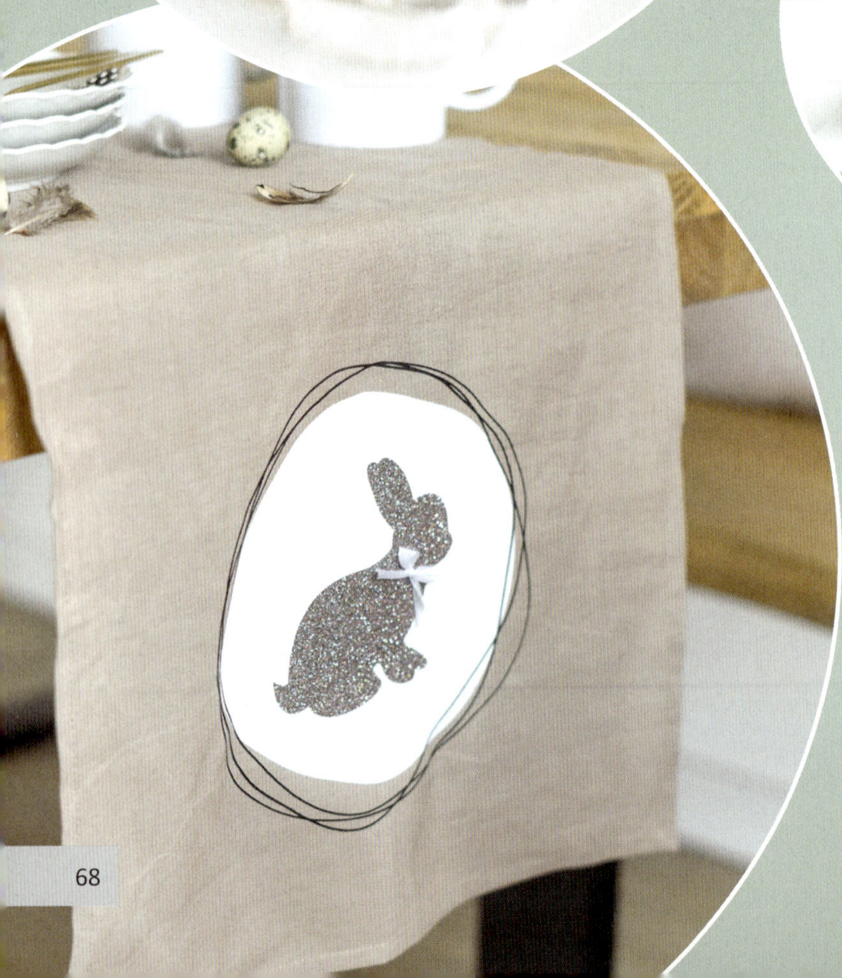

Projekte

Die Dateien
zum Downloaden:
www.m-vg.de/link/plotterdateien

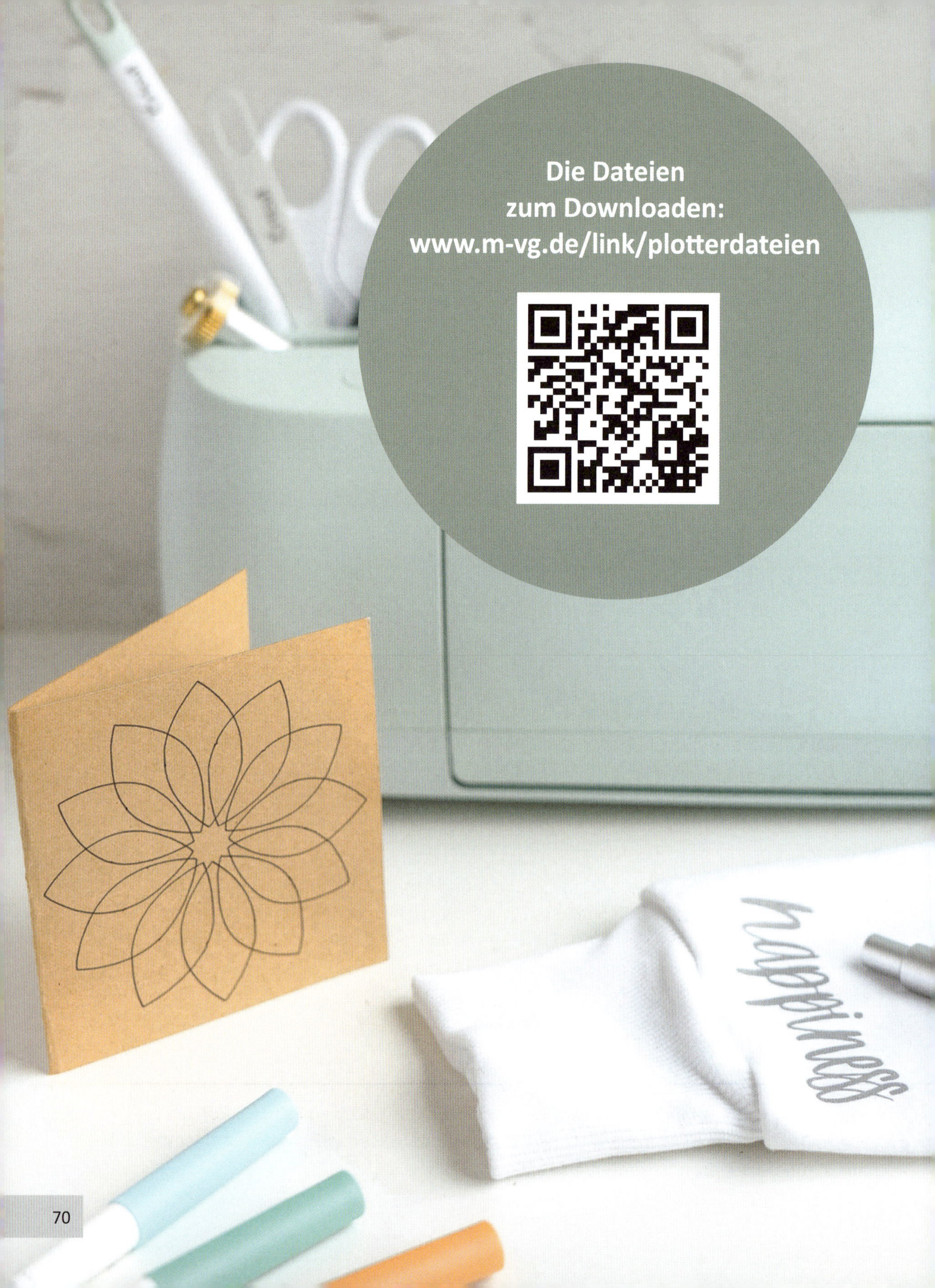

Dateien importieren

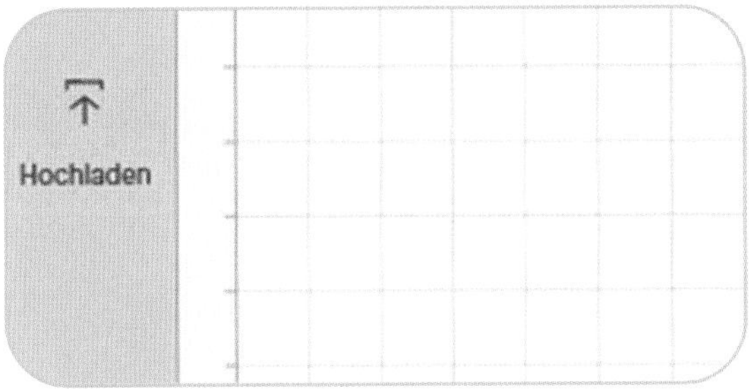

1 Wähle in der linken Leiste der Arbeitsfläche den Hochladenbutton.

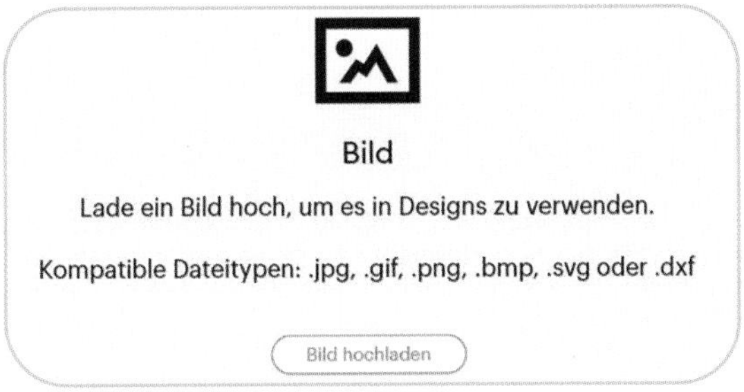

2 Wähle »Bild hochladen«.

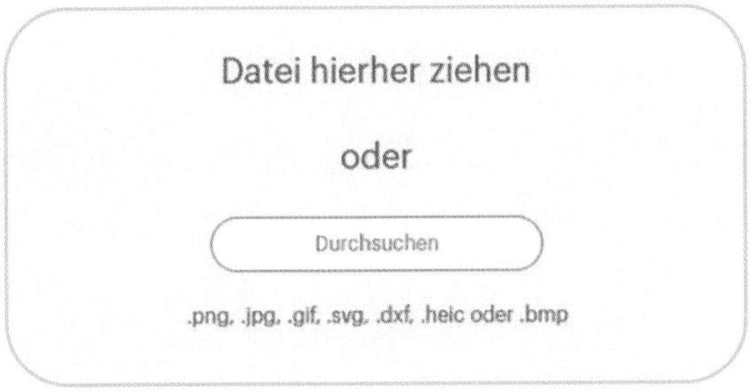

3 Durchsuche den Ordner nach der .svg Datei.

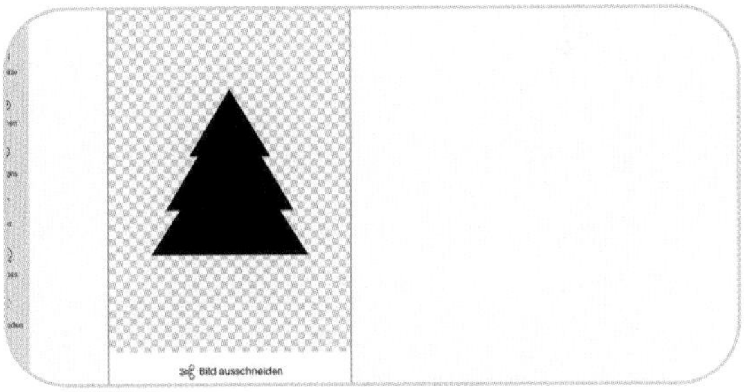

4 Die Datei kannst du nun benennen und anschließend hochladen.

HINWEISE:

Alle Dateien des Buches werden als .svg, .dxf und .png zur Verfügung gestellt. Grundsätzlich wird im Cricut Design Space mit .svg Dateien gearbeitet. Die .dxf Dateien können zum Beispiel für Silhouette Studio, eine weitere mögliche Software, verwendet werden. In alle Plottersoftwares können .png Dateien geladen werden. Hier ist lediglich zu beachten, dass der Schnitt etwas uneben werden kann.

Die Schriften fügst du den Designs extra hinzu.

Nicht alle Projekte sind auch mit jedem Gerät umsetzbar. Unter »Material und Werkzeuge« ist immer aufgelistet, mit welchen Geräten das jeweilige Projekt möglich ist. Wenn der Joy in Klammern gesetzt ist, bedeutet das, dass das Projekt mit diesem Gerät nur in einer kleineren Variante umsetzbar ist.

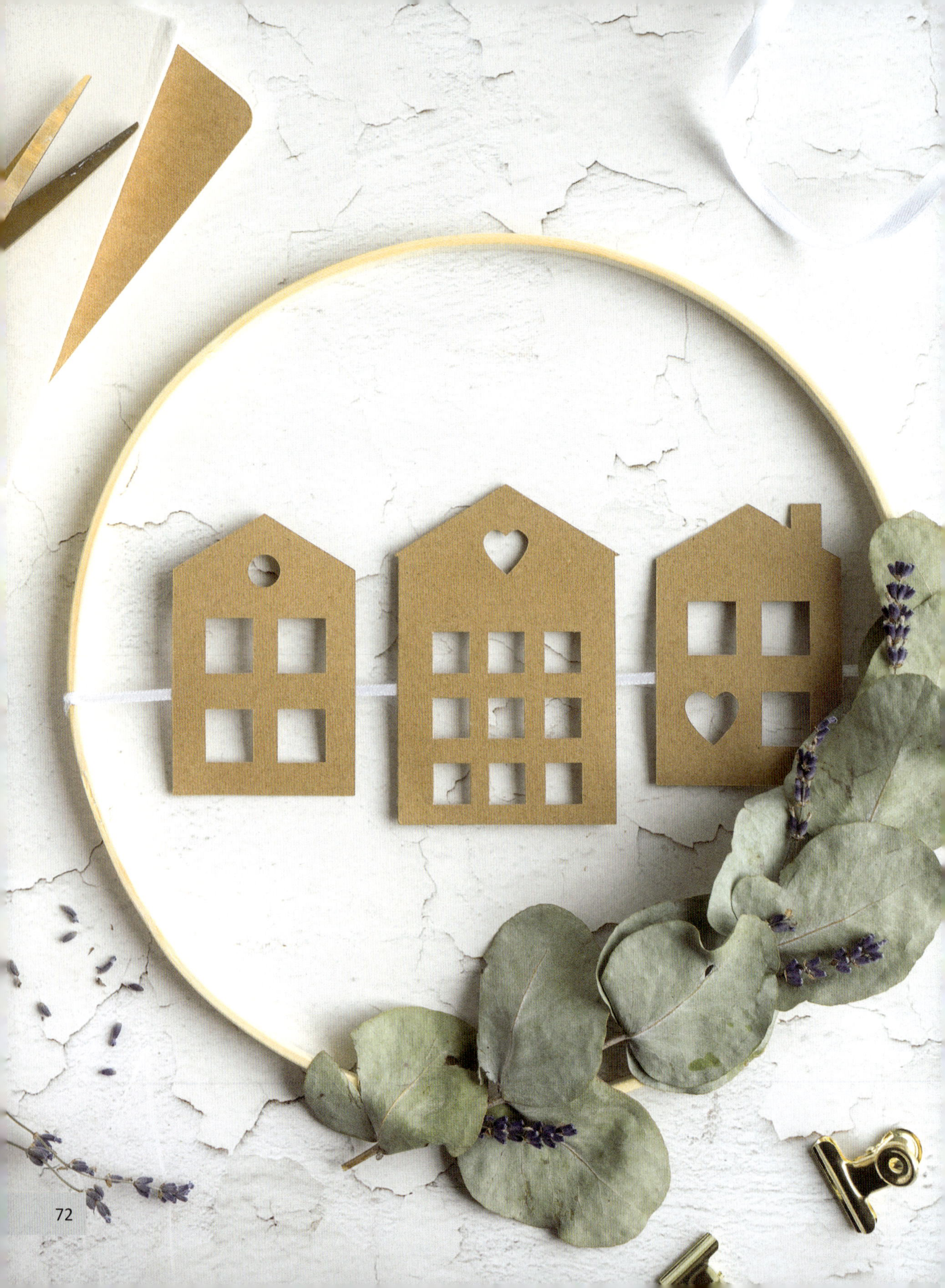

Hübsche Deko für drinnen und draußen

Kränze, Upcycling, Windlichter, Kinderzimmer, Kissen

Sweet-home-Dekokranz

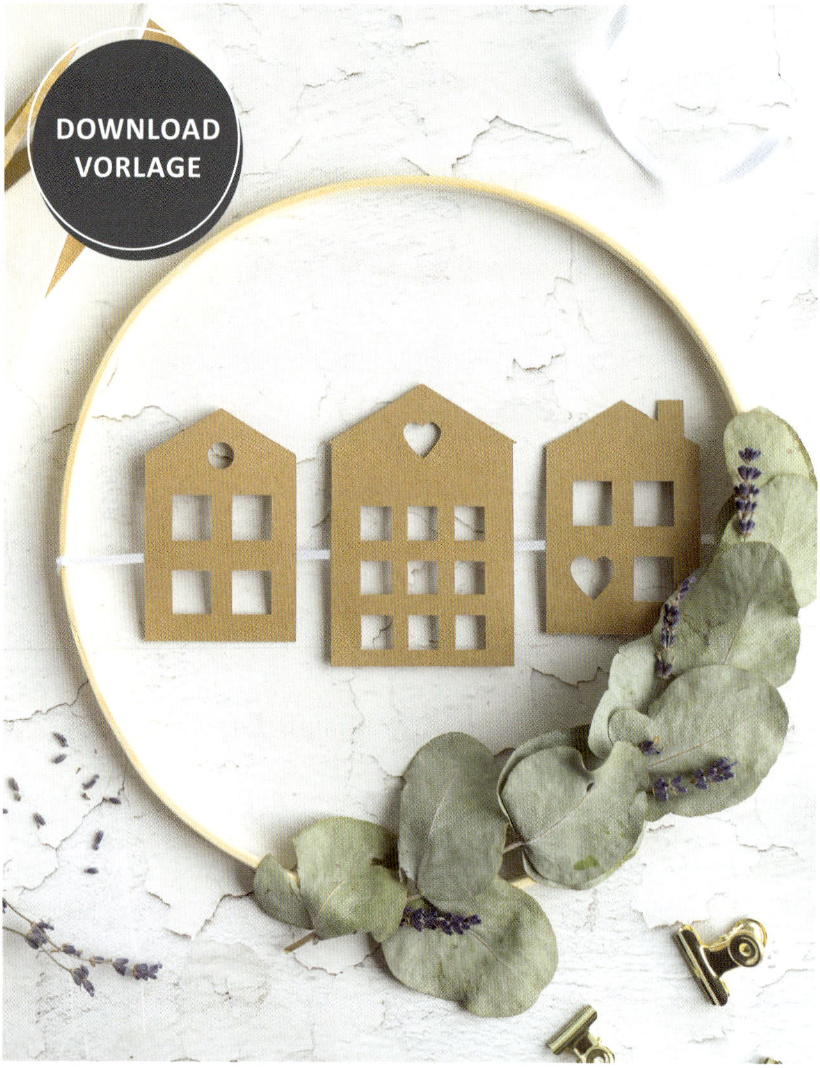

MATERIAL & WERKZEUG

- Gerät: Joy, Explore oder Maker
- Kraftpapier 300 g/qm
- Faden
- Kleber
- Trockenblumen
- Holzring
- Entgitterwerkzeug
- Schneidematte LightGrip
- Rakel/Lineal

HINWEIS:
Messe im Vorfeld die Größe deines Holzrings aus und passe das Motiv im Programm an.

SCHWIERIGKEIT

SO GEHT´S

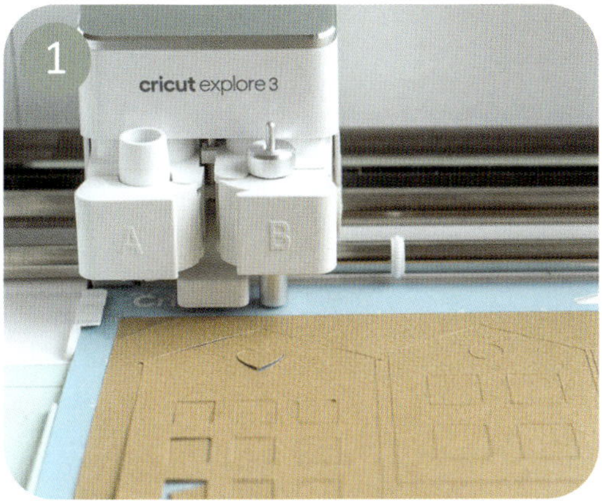

1. Streife das Papier mit einem Rakel oder Lineal auf der Schneidematte fest, um einem Verrutschen des Papieres während des Schnittes vorzubeugen. Starte den Schnitt. Binnen weniger Sekunden sind alle Teile sehr akurat ausgeschnitten.

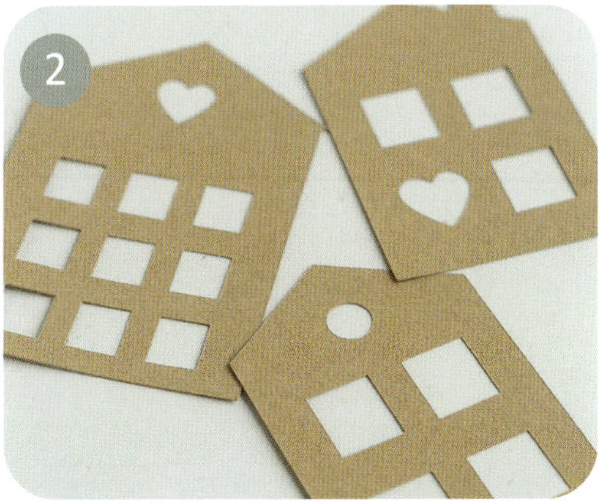

2. Entferne nach dem Schnitt die Matte vom Papier. Mit einem Entgitterwerkzeug kannst du vom Motiv die ausgeschnittenen Innenteile entfernen.

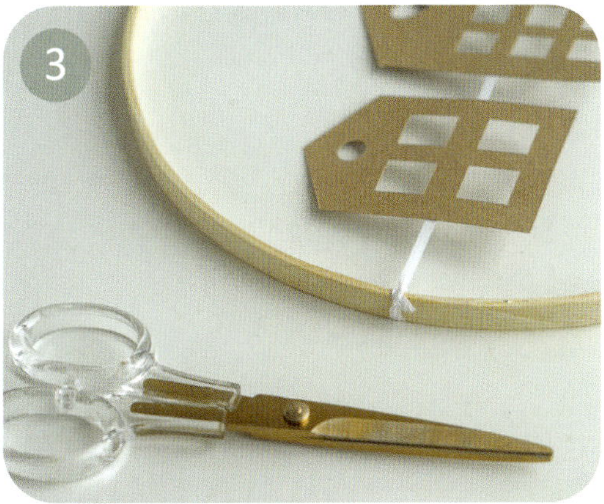

3. Klebe die Häuser auf einen Faden und knote diesen dann am Ring fest. Anschließend kannst du noch ein paar Trockenblumen am Holzring befestigen.

Upcyclingvase

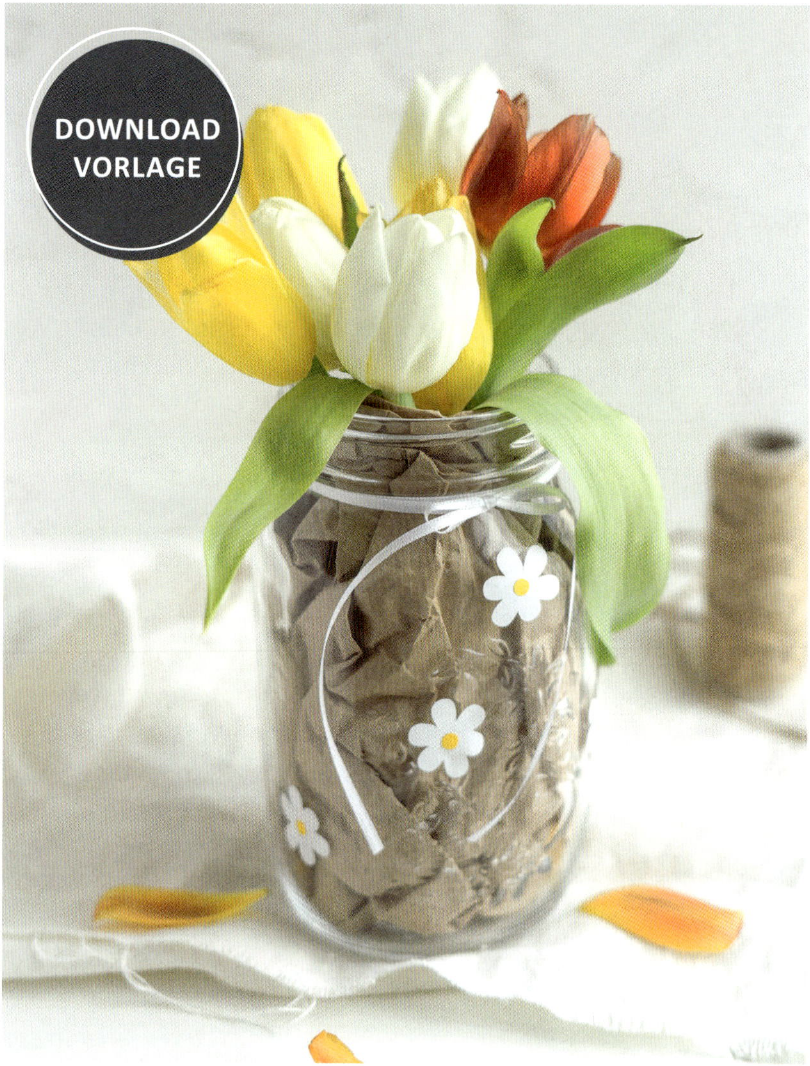

MATERIAL & WERKZEUG

- Gerät: Joy, Explore oder Maker
- Einmachglas
- Kraftgeschenkpapier
- Vinylfolie in Weiß
- Vinylfolie in Gelb
- Schneidematte LightGrip
- Rakel/Lineal
- Schmuckband

HINWEIS:
Die Blüten kannst du aus einfarbiger oder auch mehrfarbiger Vinylfolie schneiden.

SCHWIERIGKEIT

SO GEHT´S

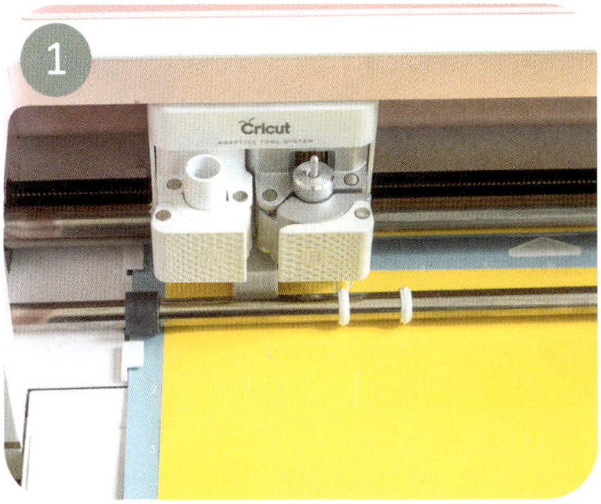

1. Streife die Vinylfolie auf der Schneidematte mit einem Lineal/Rakel oder dem Applikator fest und starte den Schneidevorgang.

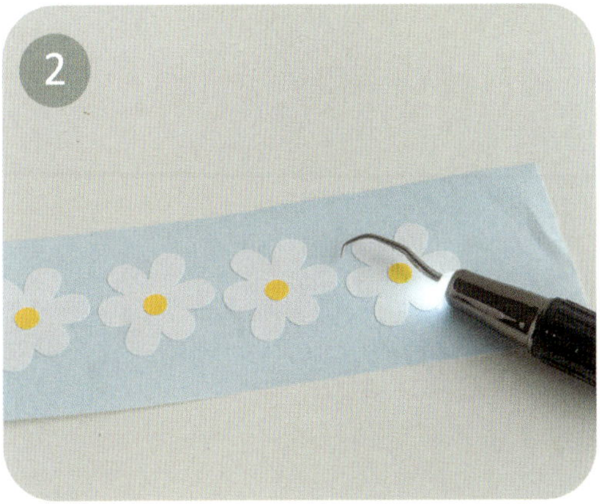

2. Entferne nach dem Schnitt das Material von der Schneidematte. Entgittere anschließend die Blüten und Punkte. Klebe die gelben Punkte in die Mitte der Blüten und bringe die kompletten Blüten anschließend auf das Glas auf.

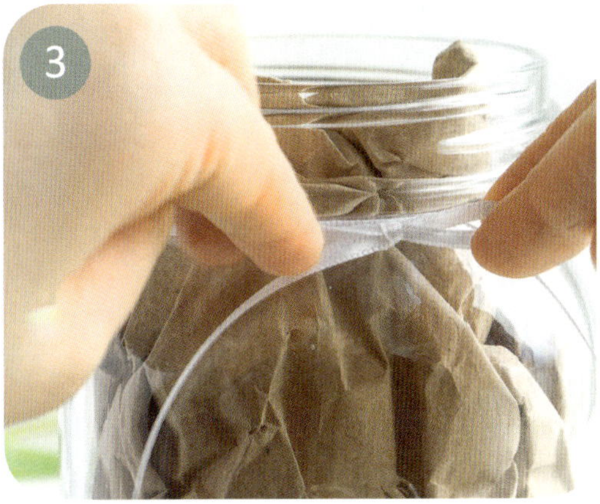

3. Bringe ein Schmuckband an. Lege das Kraftpapier in das Einmachglas und stelle ein kleineres Glas mit Wasser hinein. Die Blumen kannst du nun in die Vase stellen und dein Zuhause damit dekorieren.

Willkommensschild für zuhause

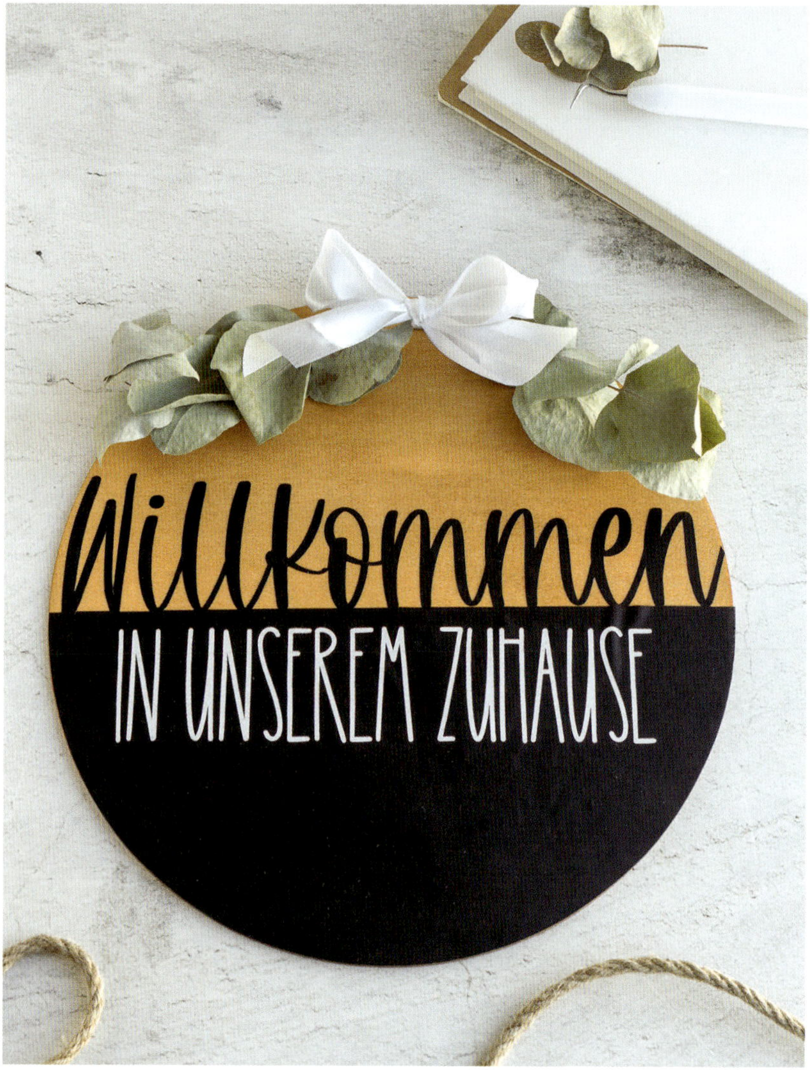

MATERIAL & WERKZEUG

- Gerät: (Joy), Explore oder Maker
- Runde Holzplatte (Holzbeize)
- Vinylfolie in Weiß und Schwarz
- Schmuckband
- Trockenblumen
- Entgitterwerkzeug
- Schneidematte LightGrip
- Transferfolie
- (Schriftart: »Apple Butter«)
- (Schriftart: »Augustine«)

HINWEIS:
Naturholz kannst du mit einer Holzbeize deiner Wahl behandeln, um die Farbe des Holzes dunkler oder heller zu färben.

SCHWIERIGKEIT

SO GEHT´S

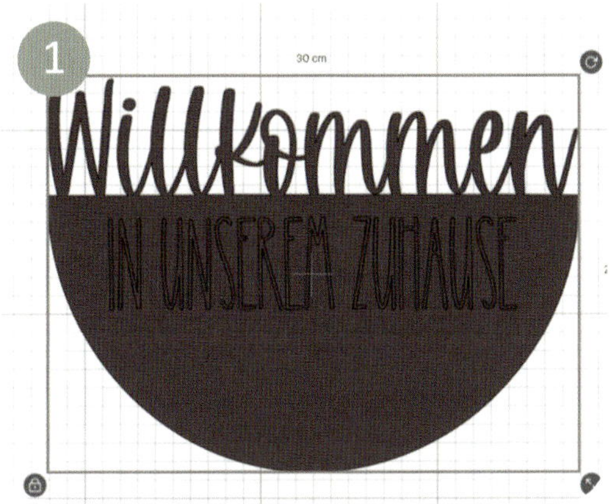

1. Zuerst musst du deine Holzplatte ausmessen. Füge im Programm einen Halbkreis in der passenden Größe unter Formen ein. Anschließend fügst du noch zwei Textbreiche ein und passt diese in der richtigen Position an. Hierbei müssen sich das »Willkommen« und der Halbkreis leicht überlappen. Markiere den Halbkreis und das »Willkommen« und klicke in der rechten Arbeitsleiste »Verschweißen«.

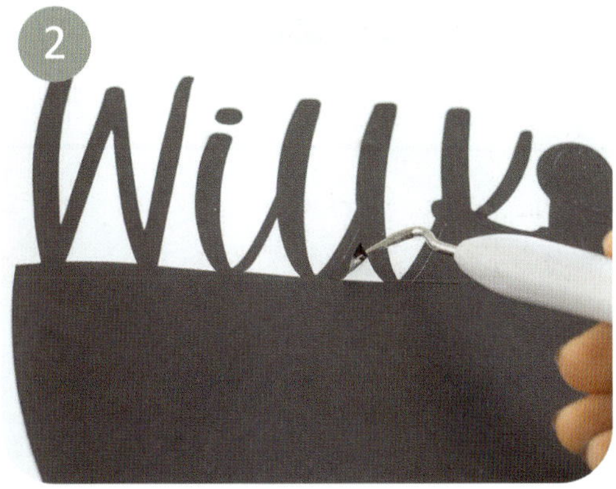

2. Lege das Vinyl auf die Schneidematte und starte den Schnitt. Entgittere anschließend alle Teile und bringe das Motiv mit der Transferfolie auf die Holzplatte. Das Entgitterwerkzeug kann dir beim Übertragen helfen.

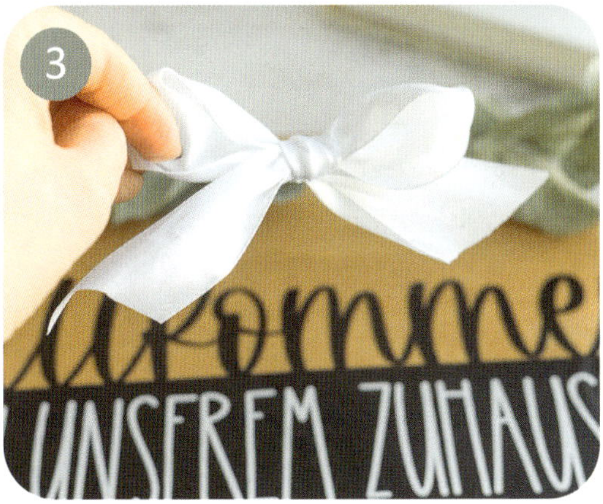

3. Klebe an den oberen Rand der Platte noch ein paar Trockenblumen und eine Schleife.

Ankerwindlicht

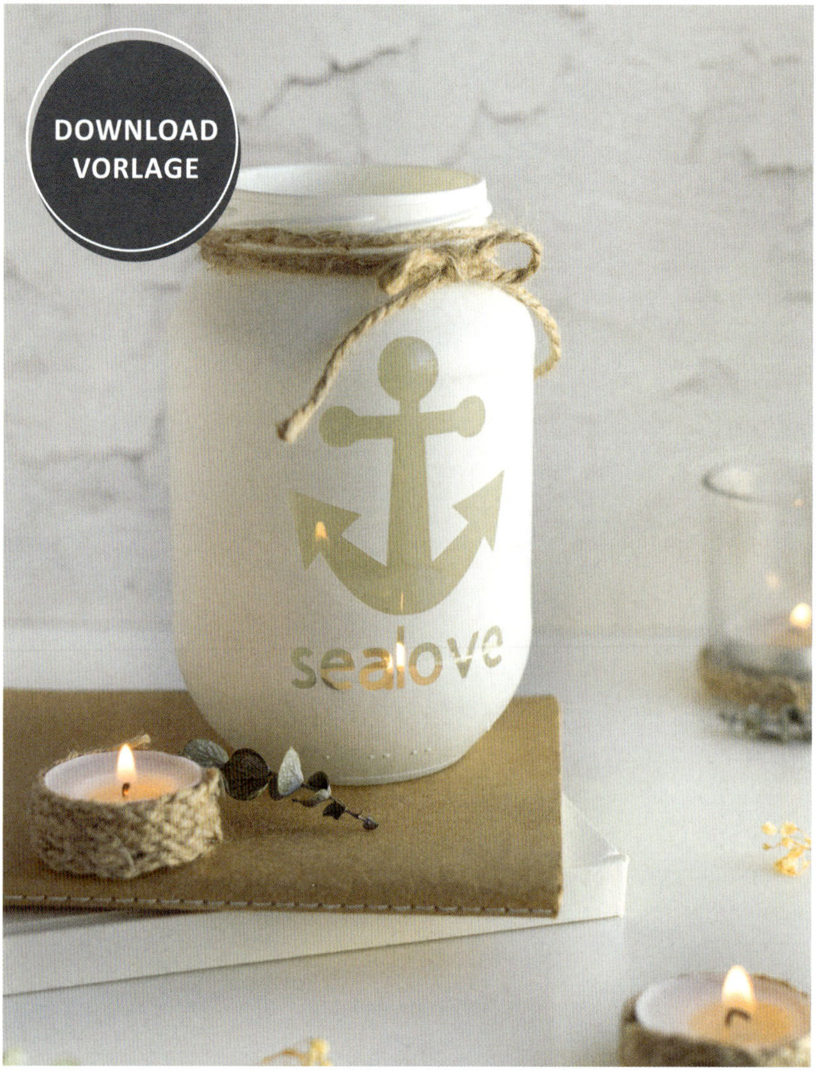

MATERIAL & WERKZEUG

- Gerät: Joy, Explore oder Maker
- Einmachglas
- Vinylfolie
- Transferfolie
- Sprühfarbe
- Juteschnur
- Schneidematte LightGrip
- (Schriftart: »Cricut Sans«)

HINWEIS:
Lass die Sprühfarbe vor dem Entfernen der Vinylfolie komplett trocknen, um ein Verlaufen zu verhindern.

SCHWIERIGKEIT
●○○

SO GEHT´S

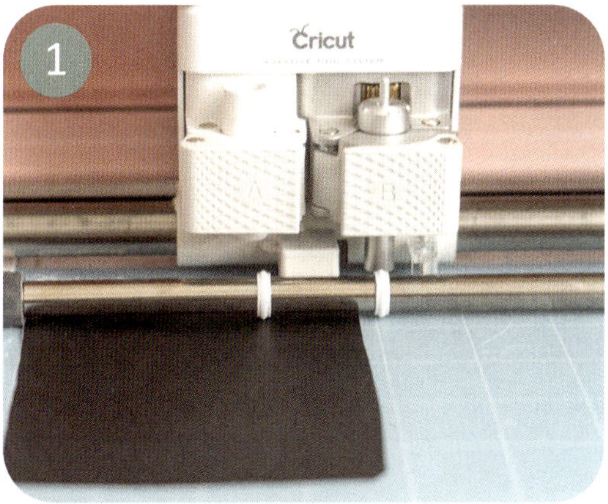

1. Passe die Größe des Motivs im Programm an das Glas an.
   Die Vinylfolie streifst du dann auf die Matte und startest den Schnitt der Folie.

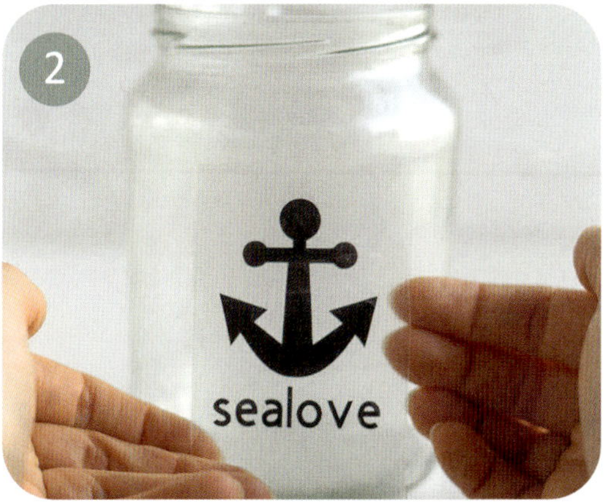

2. Entgittere das Motiv von den überschüssigen Teilen. Übertrage das Design mit der Transferfolie auf das gereinigte Einmachglas und färbe alles mit der Sprühfarbe ein.

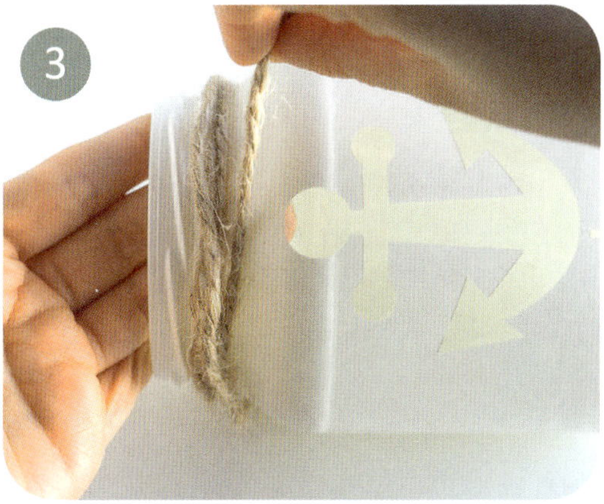

3. Nach der Trocknungszeit kannst du die Vinylfolie entfernen und eine Juteschnur als Deko um das Glas wickeln.

Wimpel zur Geburt

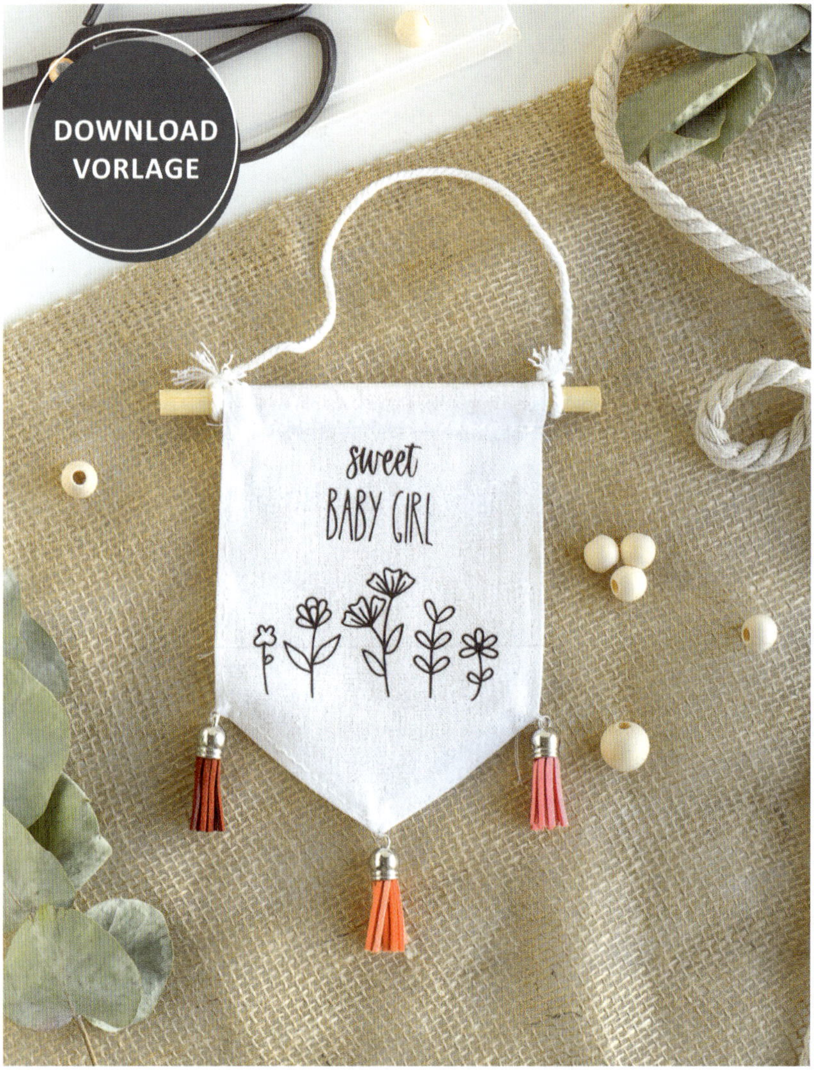

MATERIAL & WERKZEUG

- Gerät: Joy, Explore oder Maker
- Wimpel
- Flexfolie in Schwarz
- Entgitterwerkzeug
- Schneidematte LightGrip
- Rakel/Lineal
- Transferpresse
- (Schriftart: »Apple Butter«)
- (Schriftart: »Augustine«)

HINWEIS:
Den Text kannst du ganz einfach anpassen. Zum Beispiel kannst du den Wimpel auch mit dem Namen personalisieren.

SCHWIERIGKEIT

SO GEHT´S

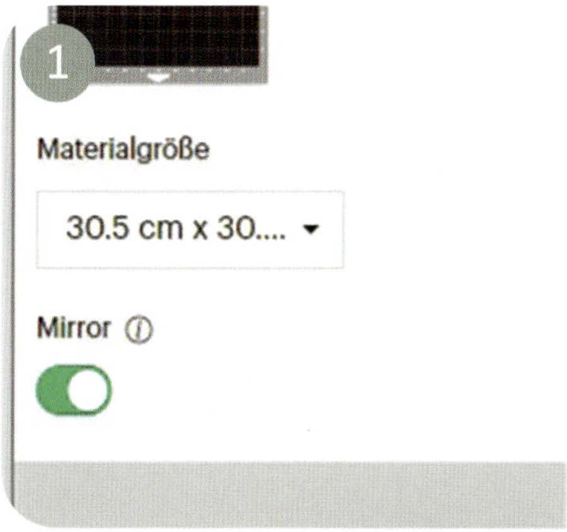

1. Die Flexfolie legst du auf die Schneidematte und streifst sie mit einem Rakel fest, um ein Verrutschen beim Schnitt zu vermeiden. Das Design muss vor dem Schnitt unbedingt gespiegelt werden.

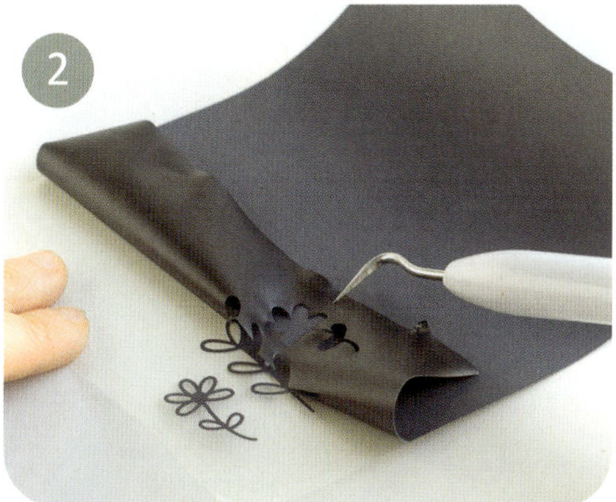

2. Nach dem Schnitt entgitterst du das Motiv von der überschüssigen Folie. Lass dir hier ruhig etwas Zeit. Filigrane Teile sind oft schwieriger zu entgittern als grobe.

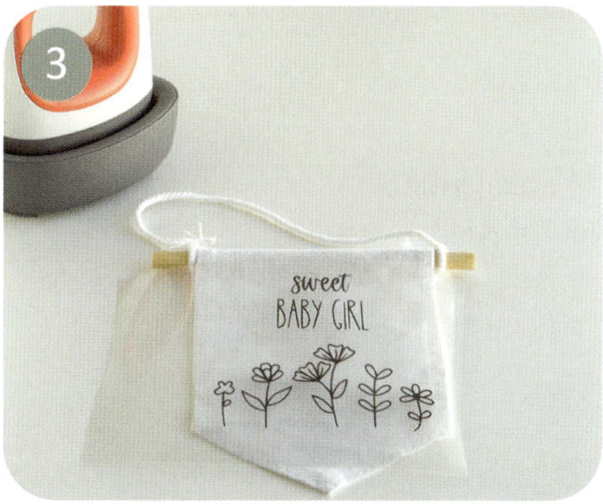

3. Presse den Wimpel vor dem Übertrag der Folie ein paar Sekunden mit der Transferpresse vor und platziere dann das Motiv auf dem Wimpel. Beachte beim Pressen die Pressdruck, -dauer und -temperatur des Folien-Herstellers.

Waldwindlicht aus Papier

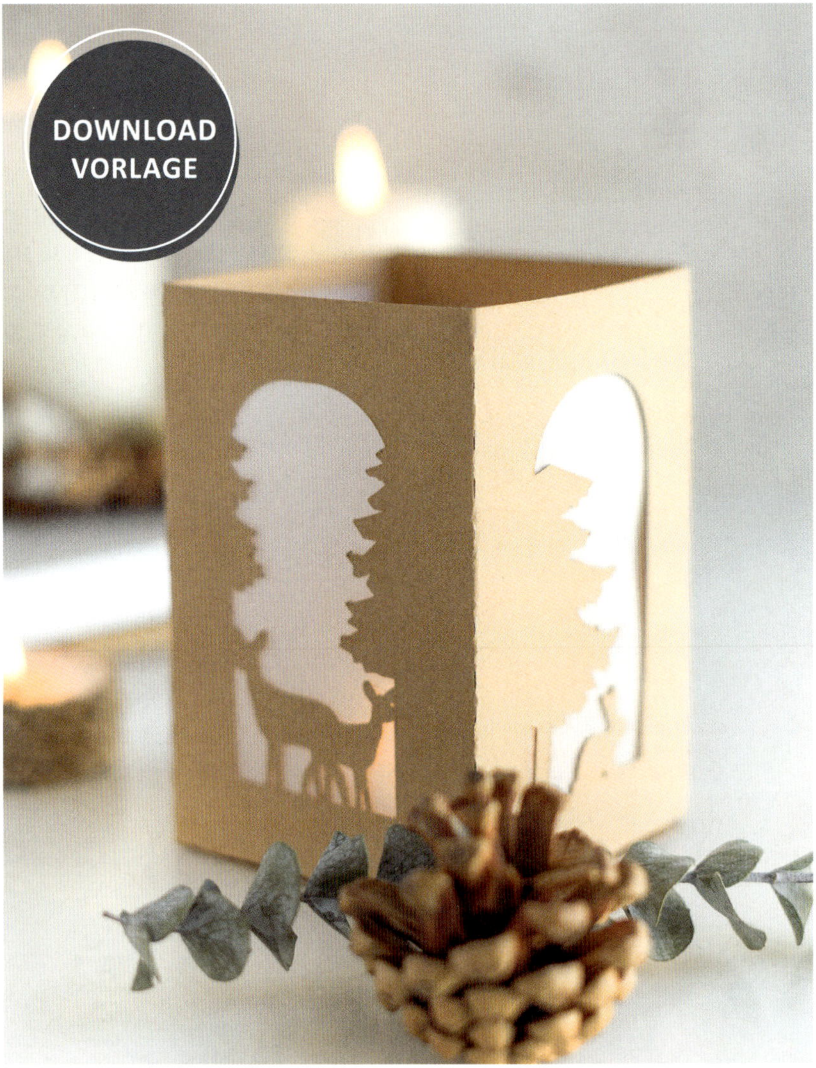

MATERIAL & WERKZEUG

- Gerät: (Joy), Explore oder Maker
- Kraftpapier 300 g/qm
- Transparentes Papier
- Klebestift
- Schneidematte LightGrip
- Rakel/Lineal
- Teelicht mit Akku
- Wäscheklammern

HINWEIS:
Verwende in Windlichtern aus Papier nur Teelichter mit Akkus. Auf Teelichter mit Feuer solltest du hier verzichten.

SCHWIERIGKEIT

SO GEHT´S

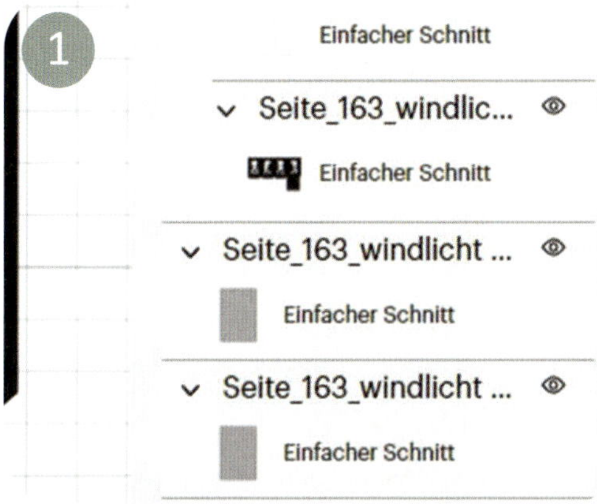

1. Lade die Datei im Design Space hoch. Markiere das ganze Motiv und klicke in der rechten Arbeitsleiste »Zerlegen«. Markiere anschließend die Faltlinien und das schwarze Windlicht und klicke »Verbinden«.

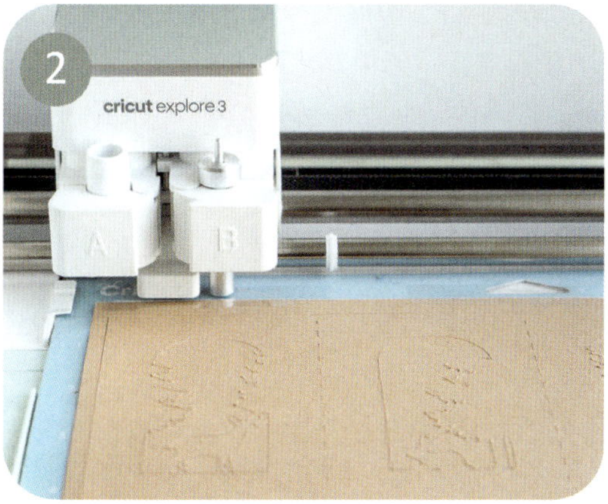

2. Streife das Kraftpapier und anschließend das Transparentpapier auf deiner Schneidematte mit dem Rakel/Lineal fest und starte den jeweiligen Schnitt. Entferne nach dem Schnitt die Matte vom Papier.

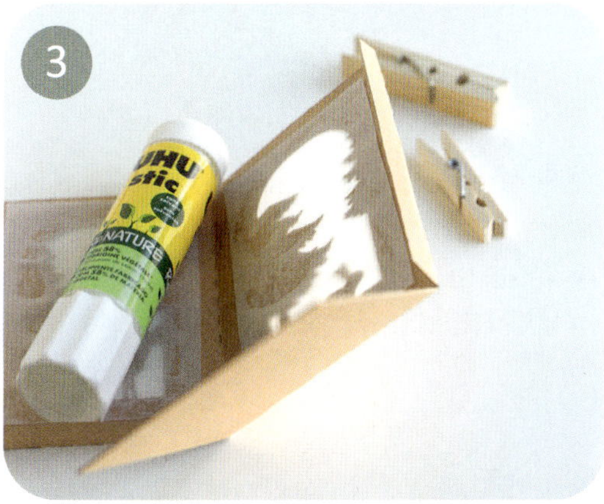

3. Falte die Kanten des Windlichts um. Bestreiche die Klebelaschen mit dem Klebestift und klebe das Transparentpapier auf die Rückseite des Kraftpapiers. Klebe das Windlicht an den Laschen zusammen. Du kannst die Laschen bis zum Trocknen mit Wäscheklammern befestigen.

Kuschelkissen für Herbsttage

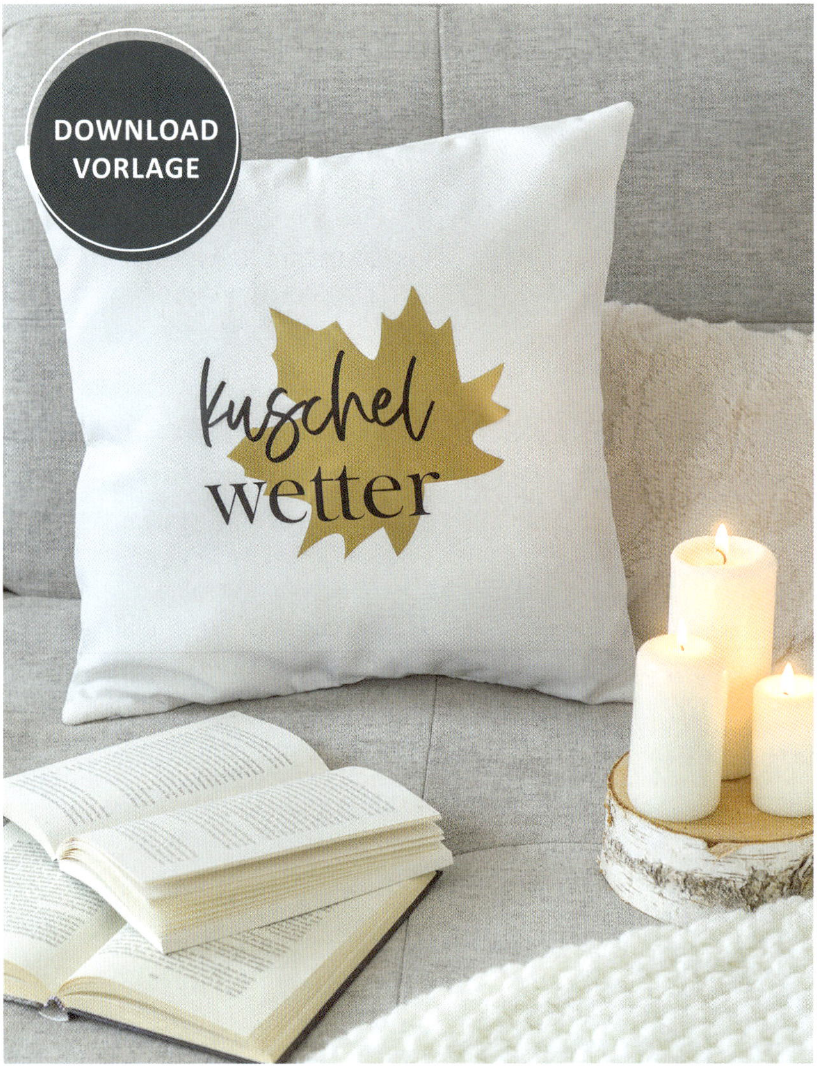

MATERIAL & WERKZEUG

- Gerät: (Joy), Explore oder Maker
- Kissenhülle
- Flexfolie in Schwarz
- Flexfolie in Gold
- Entgitterwerkzeug
- Schneidematte LightGrip
- Transferpresse
- (Schriftart: »Buttercup«)
- (Schriftart: »Baskerville Old Face«)

HINWEIS:
Starte die Übertragung mit der ersten Farbe im Hintergrund und fahre anschließend mit den darauf liegenden Teilen fort.

SCHWIERIGKEIT

SO GEHT´S

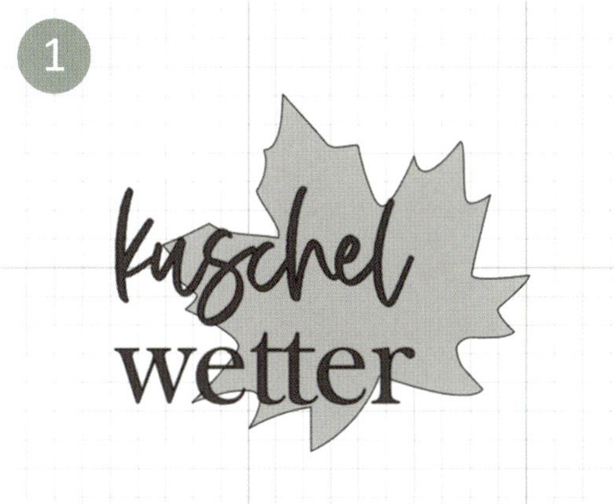

1. Füge den Text und das Ahornblatt in das Programm ein und passe die Größe an. Markiere den gesamten Text und klicke »Verschweißen«.

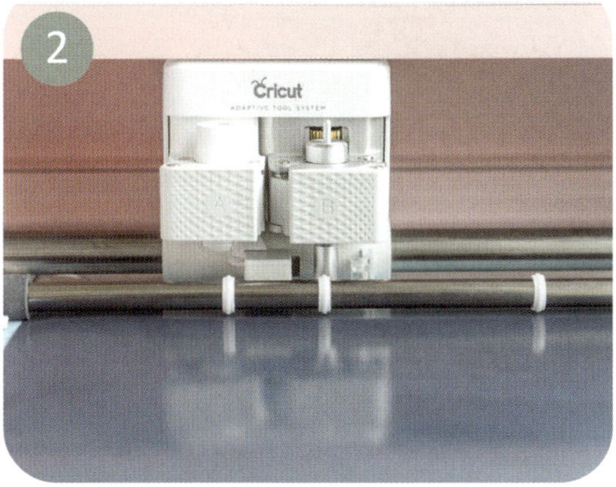

2. Streife die Flexfolie auf die Schneidematte und starte das Gerät. Entgittere anschließend das Motiv mit dem Entgitterwerkzeug.

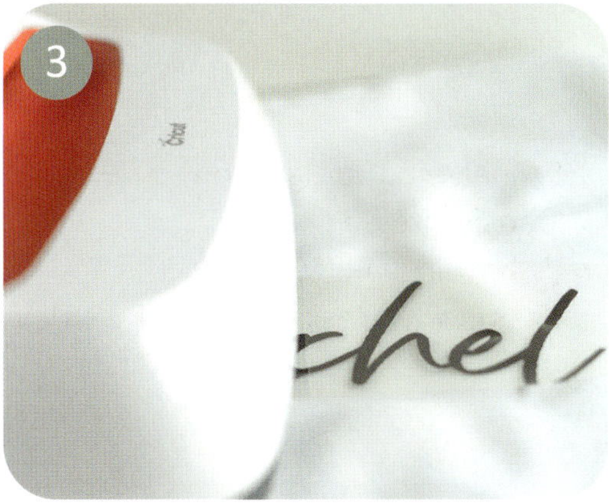

3. Lege die entgitterten Teile auf die Kissenhülle und übertrage die einzelnen Farben mit der Transferpresse. Starte mit dem goldenen Blatt und fahre anschließend mit dem Text fort. Beachte beim Übertrag die Herstellerangaben zu Pressdruck, -dauer und -temperatur.

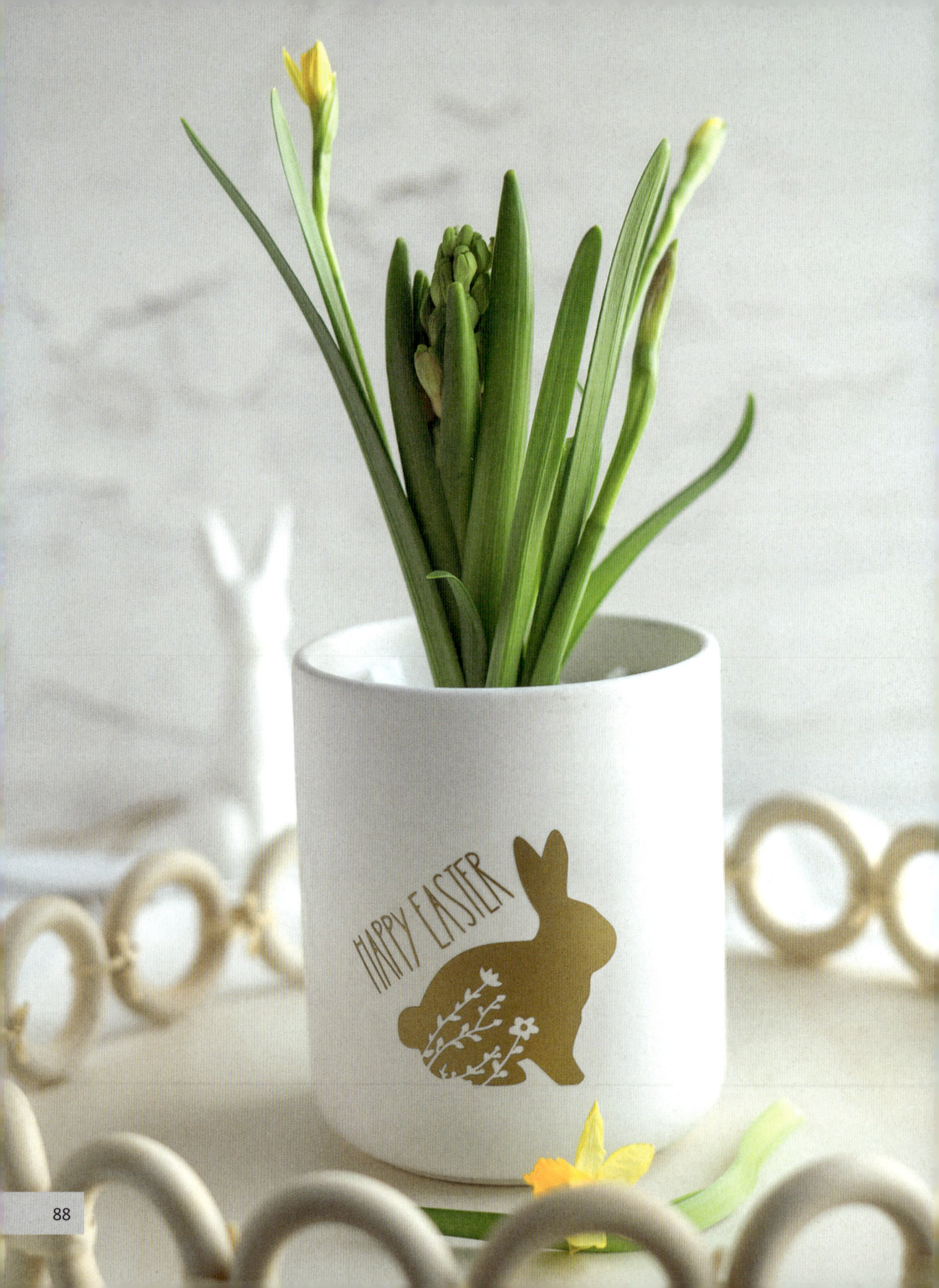
HAPPY EASTER

Das ganze Jahr Grund zum Feiern

Fasching, Ostern, Halloween,
Weihnachten, Silvester

Haarreif für kleine Hasen

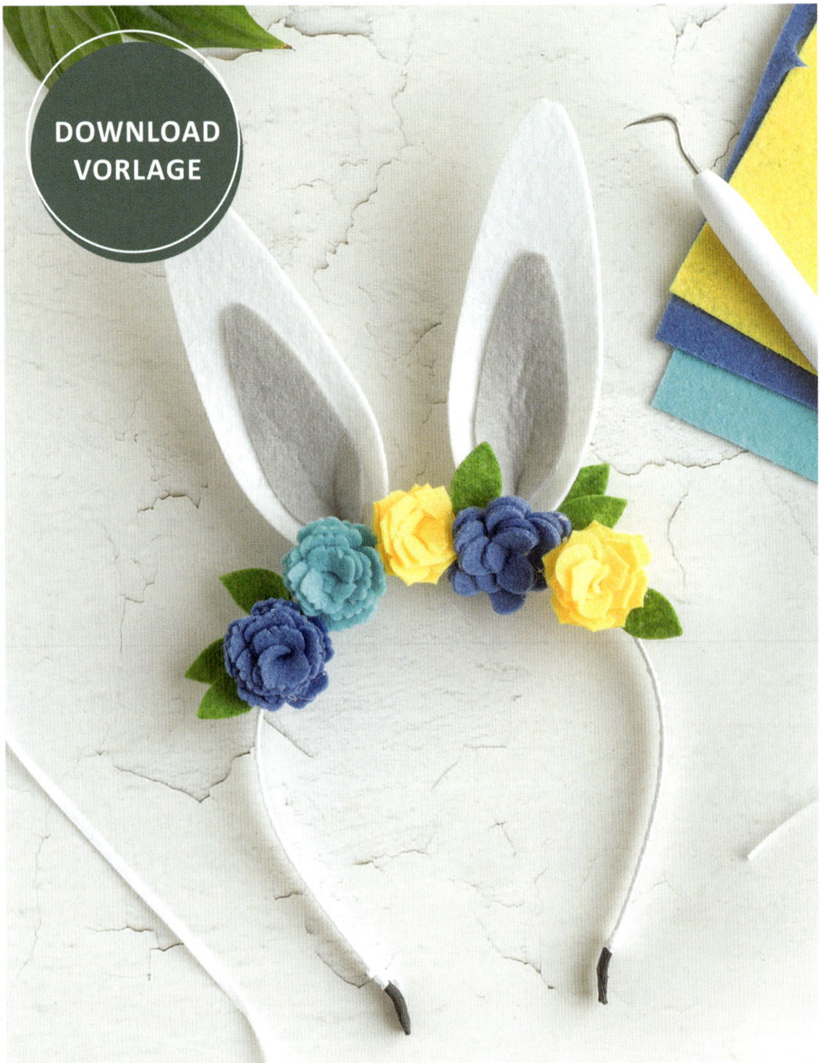

MATERIAL & WERKZEUG

- Gerät: Maker
- Haarreif
- Filz in verschiedenen Farben
- Heißkleber
- Klebestift
- Schneidematte FabricGrip
- Rakel/Lineal
- Rotary Blade (s. S. 51)

HINWEIS:
Schneide Filz auf der FabricGrip Mat. Sie besteht aus einem stärkeren Material, um dem Rotary Blade standzuhalten.

SCHWIERIGKEIT

SO GEHT´S

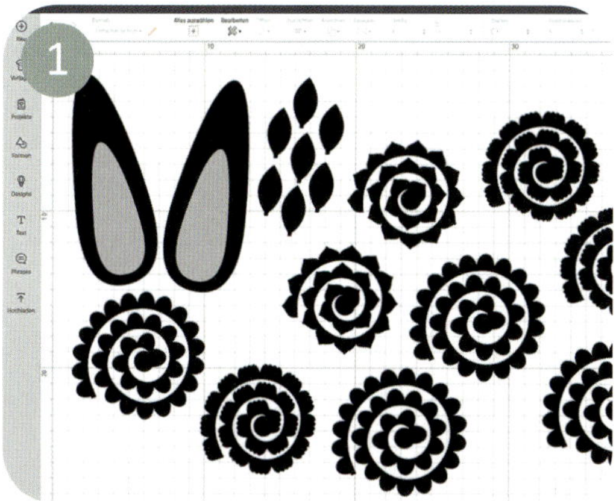

1. Füge die Datei ins Programm ein, markiere sie und klicke »Zerlegen«. Füge so viele Blumen ein, wie du möchtest. Passe die Farben der einzelnen Blumen an, indem du diese jeweils markierst und dann die Farbe in der oberen Leiste wählst. So kannst du 2 oder 3 Blumen direkt auf einer Schneidematte erstellen. Klicke oben rechts »Herstellen«. Wähle als Grundmaterial »Filz« zum Schneiden.

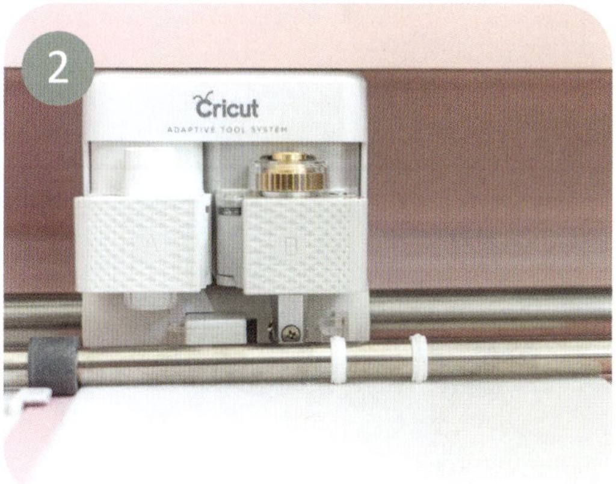

2. Bringe das Material auf die Schneidematte und drücke es nochmal gut fest. Der Applikator (s. S. 42) kann dir hier helfen. Lege das Rotary Blade in die Klemme A ein und starte den Schnitt. Entferne nach dem Schnitt alle Teile von der FabricGrip Matte.

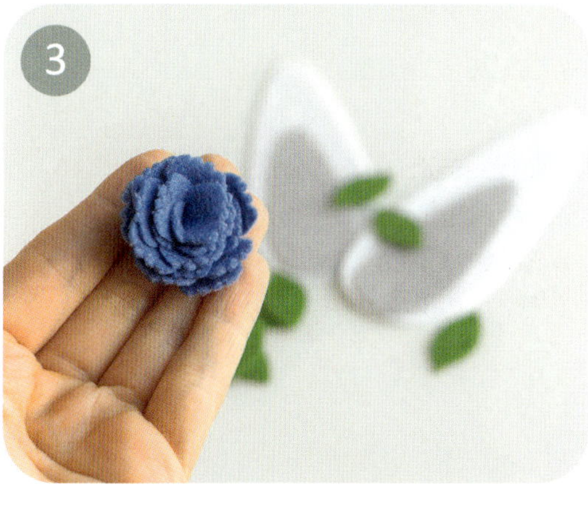

3. Drehe die einzelnen Blumen ein und fixiere die Enden mit einem Klebestift. Die grauen Ohrteile klebst du mit dem Klebestift auf die weißen Ohrteile. Bringe die kompletten Ohren, Blätter und Blüten auf dem Haarreif mit Heißkleber an.

Filigraner Häschensticker

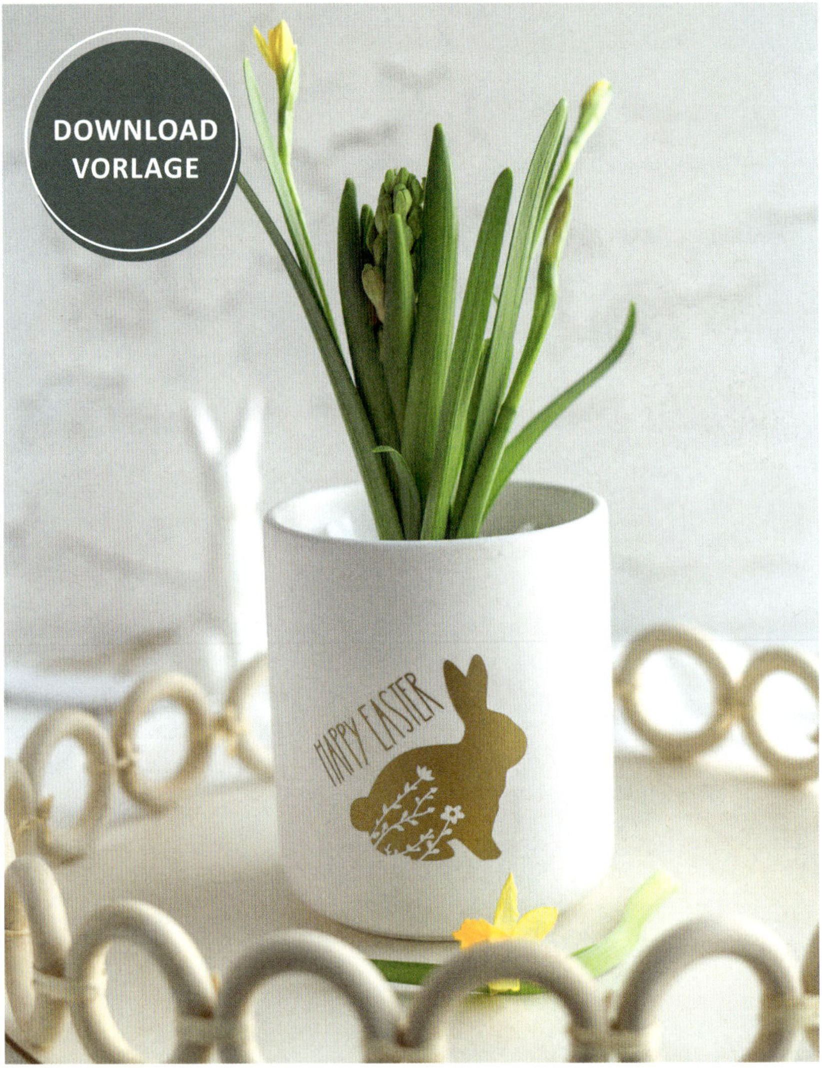

MATERIAL & WERKZEUG

- Gerät: Joy, Explore oder Maker
- Blumentopf
- Vinylfolie in Gold
- Entgitterwerkzeug
- Schneidematte LightGrip
- Rakel/Lineal
- (Schriftart: »Apple Butter«)

HINWEIS:
Je kleiner du den Hasen ausschneidest, umso schwieriger wird die Verarbeitung. Anfänger starten am besten bei circa 15 Zentimeter.

SCHWIERIGKEIT

SO GEHT´S

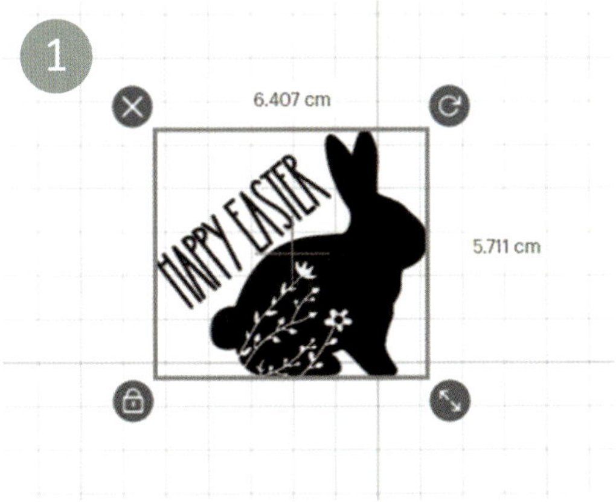

1. Starte mit der Datei im Design Space. Füge den Text »happy easter« hinzu, markiere das komplette Motiv und klicke in der rechten Arbeitsleiste »Verbinden«. Klicke auf »Herstellen«. Als Grundmaterial wählst du deine Vinylfolie. Ich kann dir hier die Einstellung »Premium Vinyl« empfehlen. Je nach Folienhersteller können die Einstellungen hier variieren.

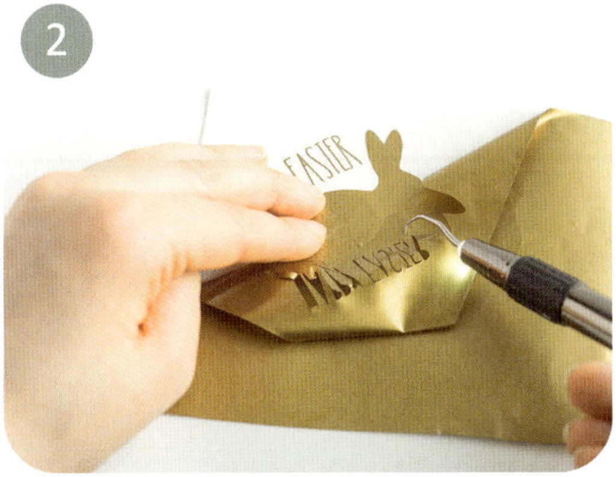

2. Streife die Vinylfolie auf die Matte und starte den Schneidevorgang. Nimm die Vinylfolie nach dem Schnitt von der Schneidematte. Entferne anschließend die überschüssige Folie vom Hauptmotiv und dem Text mit einer Entgitternadel.

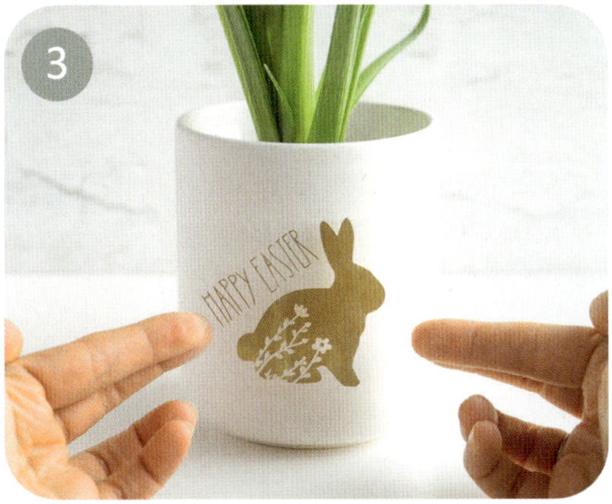

3. Bringe die Transferfolie auf die Vinylfolie auf und streife mit einem Rakel/Lineal über alles. Übertrage das komplette Design mit der Transferfolie auf den Blumentopf und streife es mit einem Rakel/Lineal fest. Auch die Entgitternadel kann dir beim Ablösen des feinen Aufklebers von der Transferfolie helfen.

Kissen mit Ostereiern

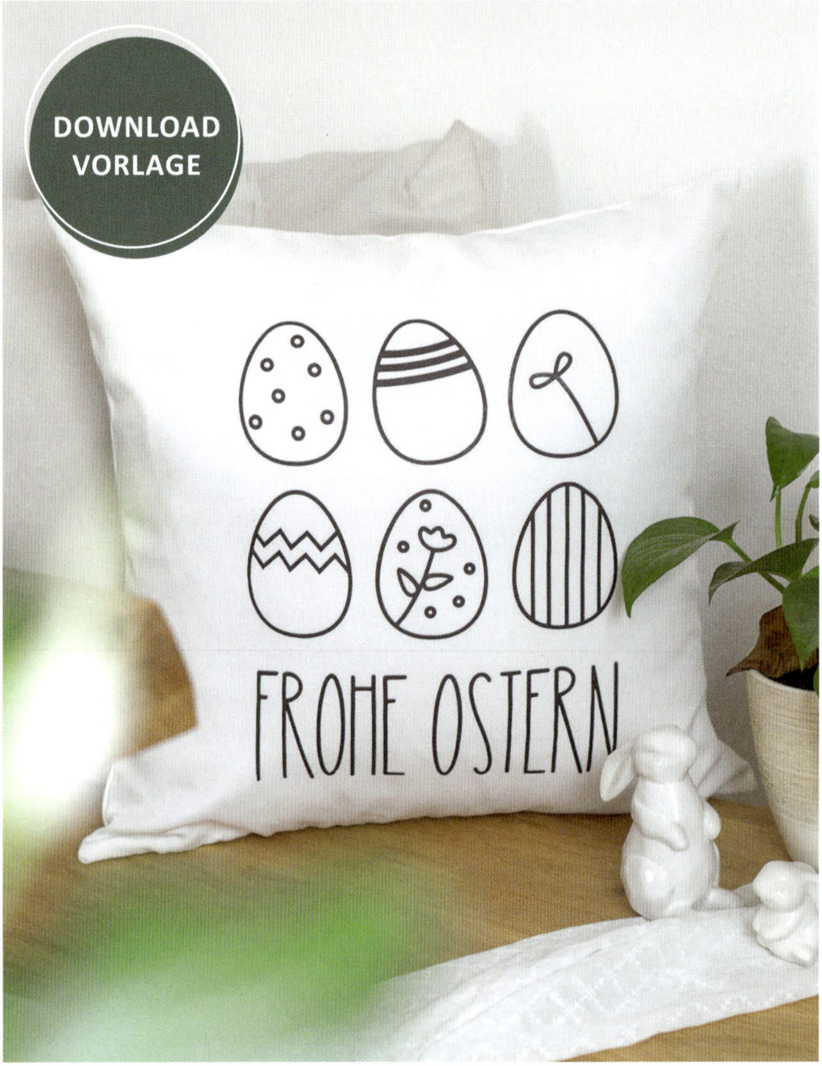

MATERIAL & WERKZEUG

- Gerät: (Joy), Explore oder Maker
- Kissenbezug in Weiß
- Flexfolie in Schwarz
- Glitzerflexfolie
- Transferpresse
- Entgitterwerkzeug
- Schneidematte LightGrip
- Rakel/Lineal
- (Schriftart: »Apple Butter«)

HINWEIS:
Vergiss nicht, das Motiv vor dem Schneidevorgang im Design Space zu spiegeln.

SCHWIERIGKEIT

SO GEHT´S

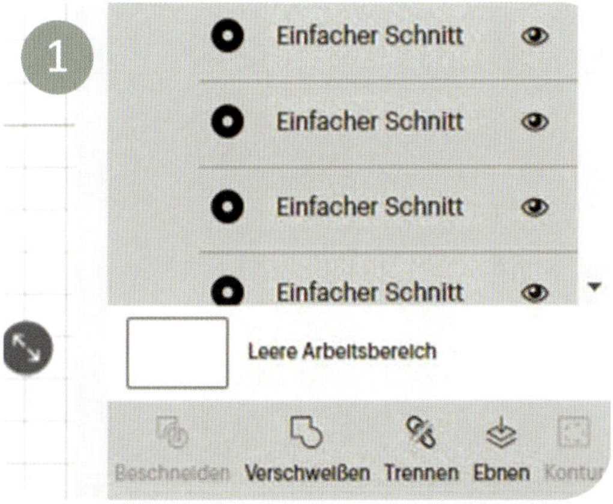

1. Füge einen Textbereich hinzu und schreibe »frohe Ostern«. Markiere das komplette Design und klicke »Verbinden«. Passe die Größe des Designs im Programm deinem Kissenbezug an. Starte den Herstellungsprozess und spiegle das Motiv. Als Schneideeinstellung kann ich dir »Everyday Iron-On« empfehlen. Je nachdem, welche Folie du verwendest, können die Einstellungen variieren.

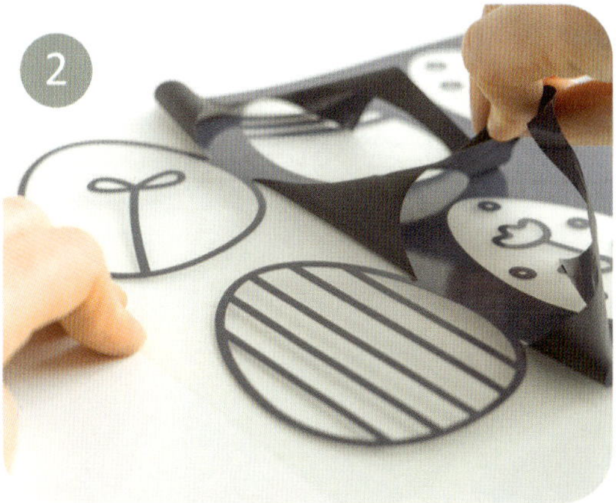

2. Entferne nach dem Schnitt alle Teile, die nicht benötigt werden. Ein Entgitterwerkzeug kann dir hierbei helfen.

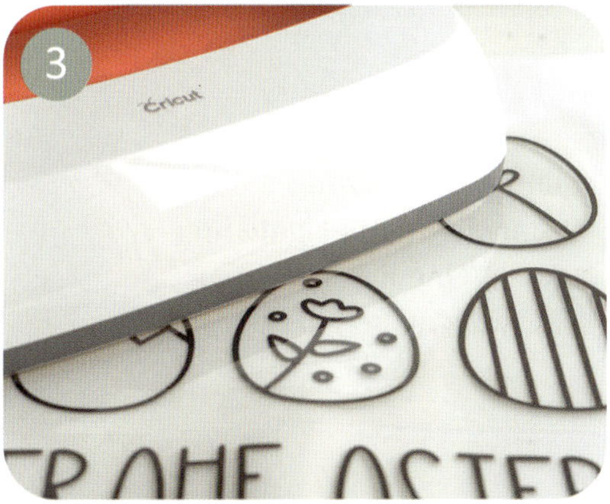

3. Lege das Motiv auf den Kissenbezug und übertrage die Folie entsprechend den Herstellerangaben mit deiner Transferpresse auf den Bezug. Fülle den Kissenbezug anschließend mit einem Füllkissen.

Österlicher Tischläufer

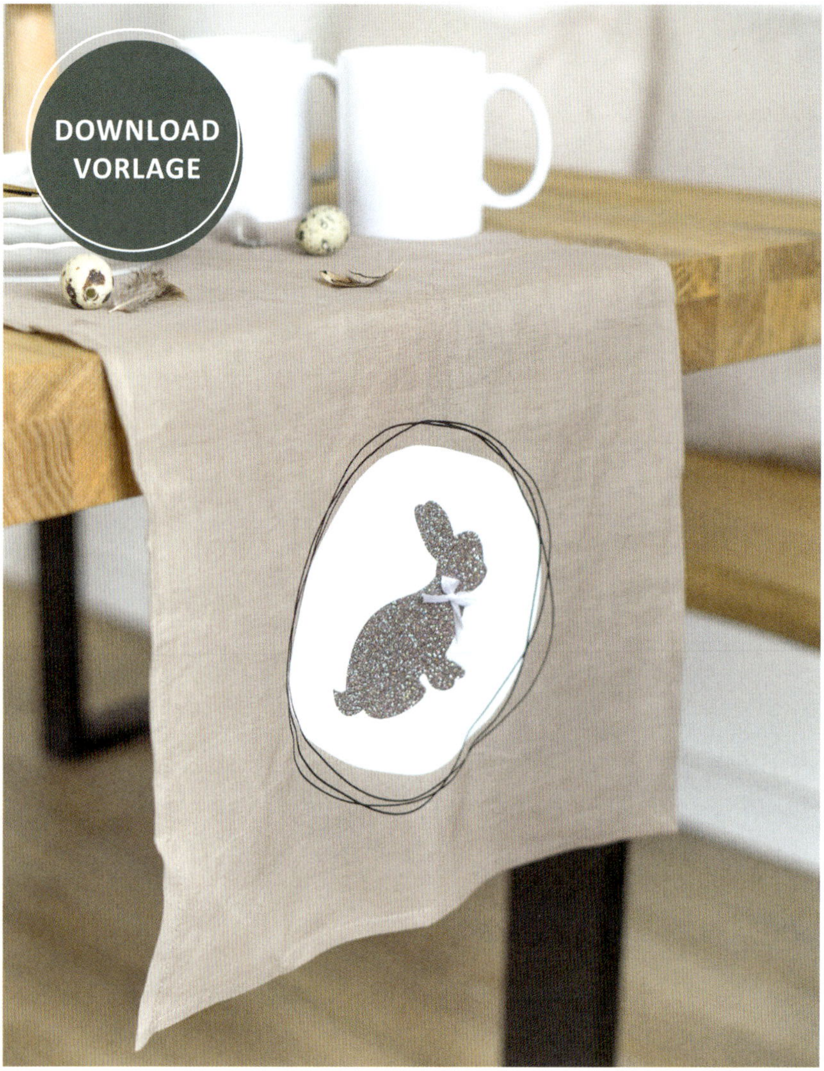

MATERIAL & WERKZEUG

- Gerät: (Joy), Explore oder Maker
- Tischläufer
- Flexfolie in Schwarz und Weiß
- Glitzerflexfolie
- Transferpresse
- Entgitterwerkzeug
- Schneidematte LightGrip
- Rakel/Lineal
- Schmuckband
- Nadel und Faden

HINWEIS:
Beachte beim Übertragen die Herstellerangaben zu Presszeit, -druck und -temperatur für ein lang anhaltendes Ergebnis.

SCHWIERIGKEIT

SO GEHT´S

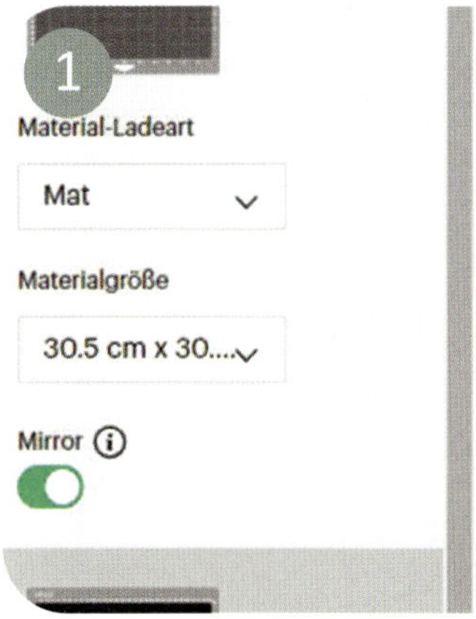

1. Messe zu Beginn die Breite deines Tischläufers aus und passe die Größe des Designs im Programm an. Klicke anschließend oben rechts auf »Herstellen«. Spiegle das Design im Herstellungsprozess unter »Mirror«.

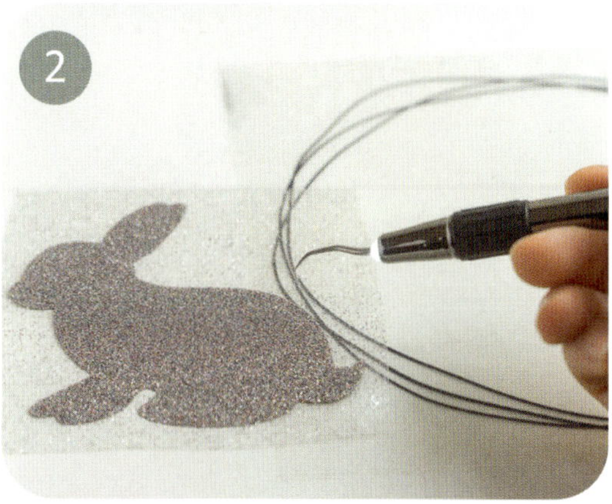

2. Streife die Folien jeweils auf die Schneidematte und starte die gespiegelten Schneidevorgänge. Nach dem Schnitt entgitterst du die einzelnen Motive mit einer Entgitternadel.
Presse den Tischläufer nun ein paar Sekunden mit deiner Presse vor.

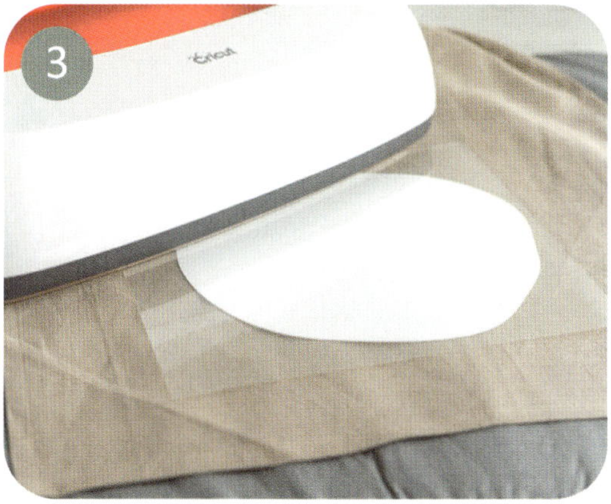

3. Lege den weißen Kreis als Erstes auf deinen Läufer und übertrage ihn mit der Transferpresse. Anschließend fährst du genau so mit dem schwarzen Motiv fort. Lege nun den Glitzerhasen auf und übertrage ihn mit der Presse. Mit Nadel und Faden kannst du noch ein kleines Schleifchen aus einem Stoffband an den Hasen nähen.

Upcycling für Halloween

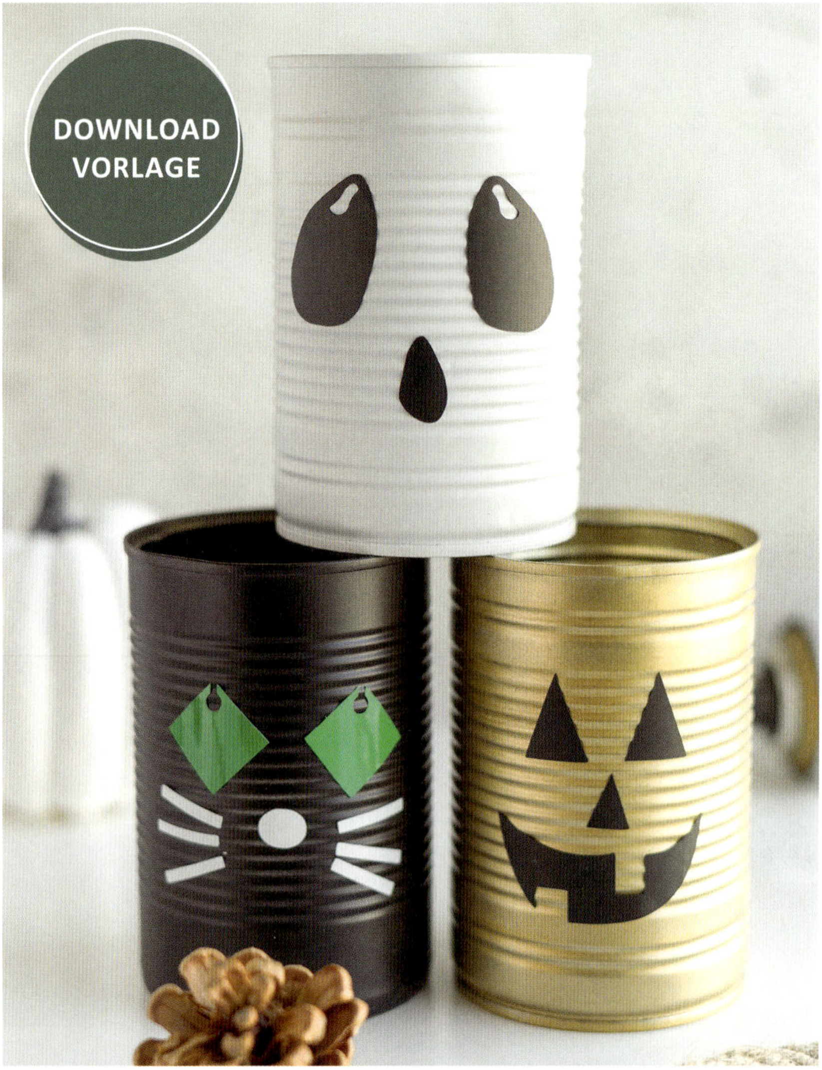

DOWNLOAD VORLAGE

MATERIAL & WERKZEUG

- Gerät: Joy, Explore oder Maker
- Dosen
- Sprühfarbe
- Vinylfolie in Schwarz, Weiß und Grün
- Entgitterwerkzeug
- Schneidematte LightGrip
- Rakel/Lineal

HINWEIS:
Die Farbe muss unbedingt gut trocknen. Ansonsten können Beschädigungen beim Übertragen der Folie entstehen.

SCHWIERIGKEIT

SO GEHT´S

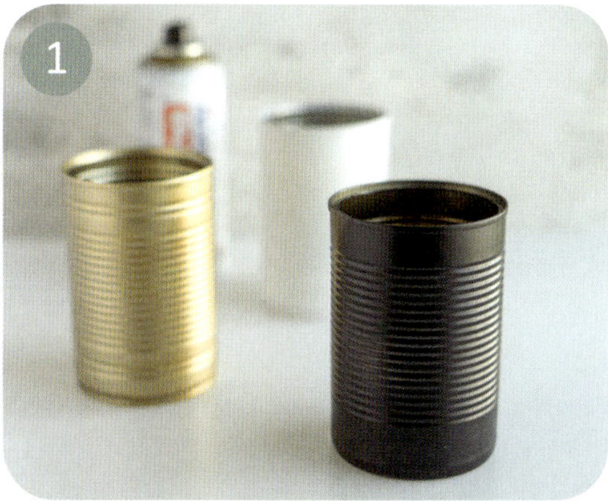

1. Besprühe die Dosen mit der goldenen, schwarzen und weißen Farbe. Lasse das Ganze sehr gut trocknen.

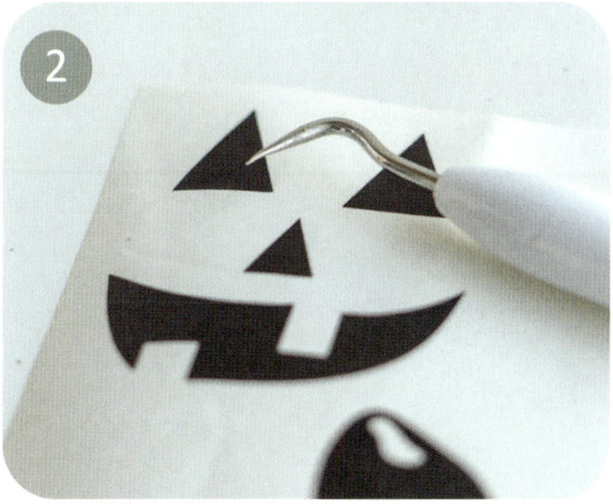

2. Schneide die jeweiligen Vinylfolien in der passenden Größe aus und entgittere die einzelnen Teile.

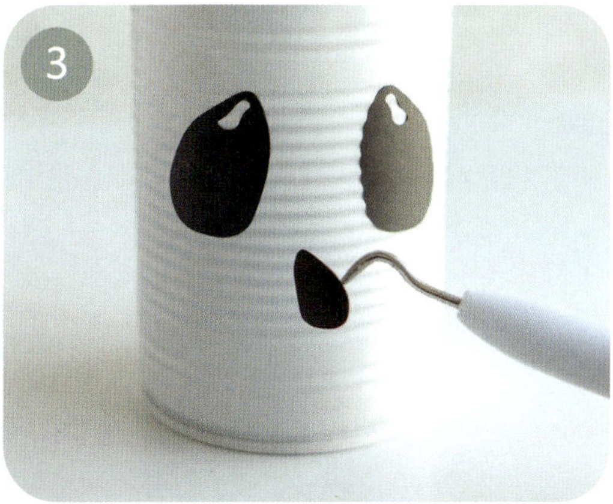

3. Bringe die schwarze, weiße und grüne Vinylfolie auf die Dosen auf. Ein Entgitterhaken kann dir hier helfen die einzelnen Objekte genau aufzubringen.

Gruselig-schöne Kürbisse

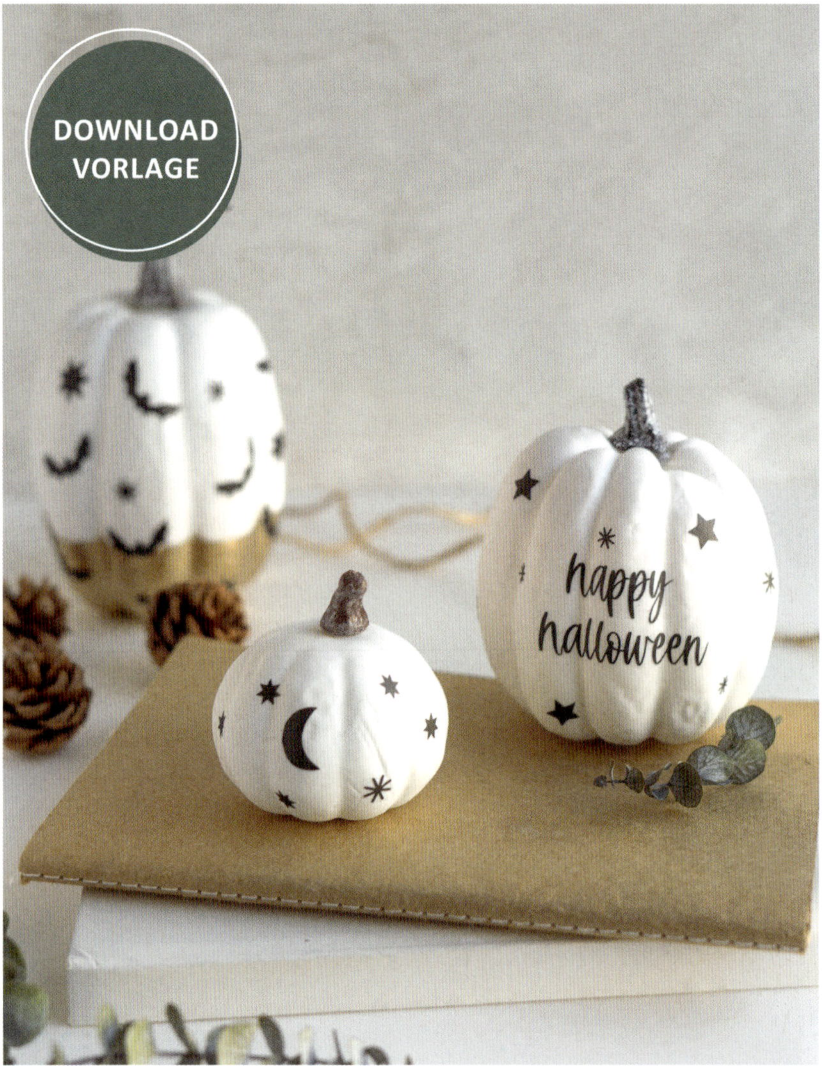

MATERIAL & WERKZEUG

- Gerät: Joy, Explore oder Maker
- weiße Dekokürbisse
- Vinylfolie in Schwarz
- Entgitterwerkzeug
- Transferfolie
- Schneidematte LightGrip
- Rakel/Lineal
- (Schriftart: »Augustine«)

HINWEIS:
Um die einzelnen Buchstaben der Schrift zu verbinden, musst du den Text im Design Space »Verschweißen«.

SCHWIERIGKEIT

SO GEHT´S

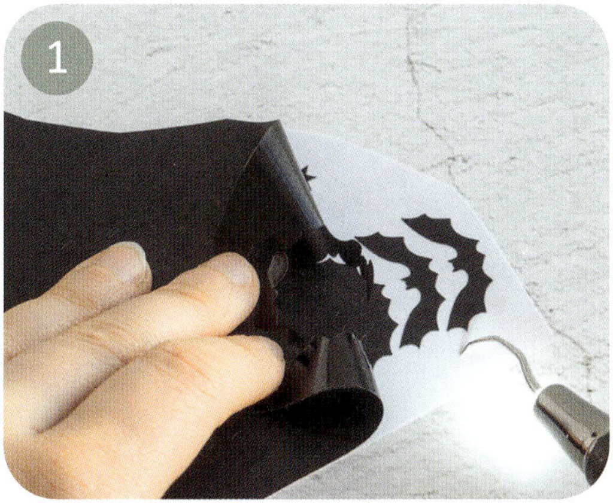

1. Die Vinylfolie streifst du mit einem Rakel oder Lineal auf der LightGrip Schneidematte fest und startest den Schnitt. Die überschüssige Folie entfernst du mit dem Entgitterwerkzeug.

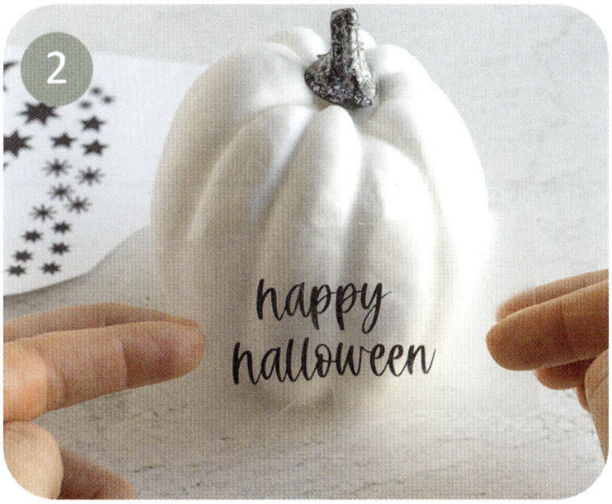

2. Lege die Transferfolie auf die Schrift und streife sie mit einem Rakel oder Lineal fest. Nimm die komplette Folie vom Trägerpapier und klebe die Vinylfolie mit Hilfe der Transferfolie auf den Kürbis.

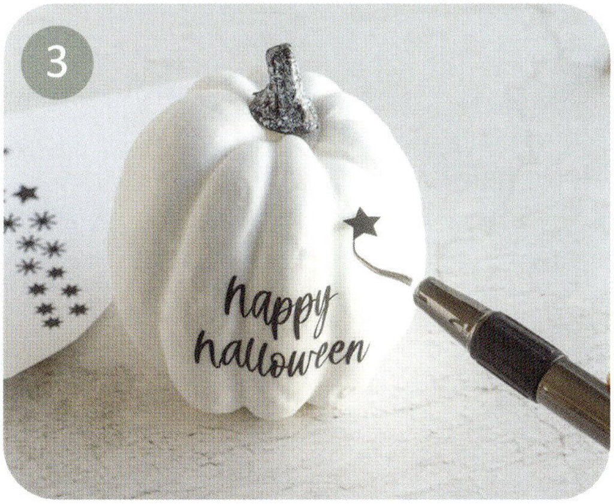

3. Die Sterne, Fledermäuse und den Mond kannst du ohne Transferfolie aufkleben. Die Entgitternadel kann hier Hilfe leisten.

Winterliche Korkuntersetzer

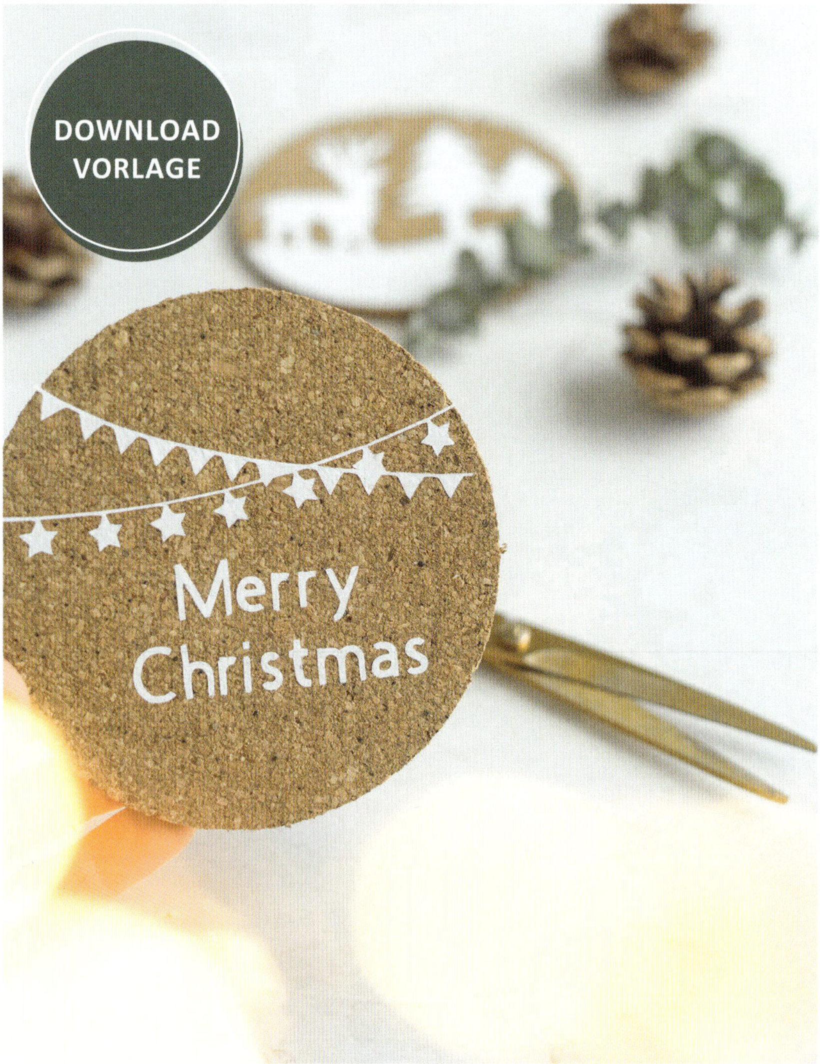

MATERIAL & WERKZEUG

- Gerät: Joy, Explore oder Maker
- Korkuntersetzer
- Flexfolie in Weiß
- Transferpresse
- Entgitterwerkzeug
- Schneidematte LightGrip
- Rakel/Lineal
- (Schriftart: »Cricut San«)

HINWEIS:
Lass die Presse nicht wie ein Bügeleisen über den Untergrund gleiten. Stelle die Transferpresse lediglich aufs Motiv.

SCHWIERIGKEIT

SO GEHT´S

1

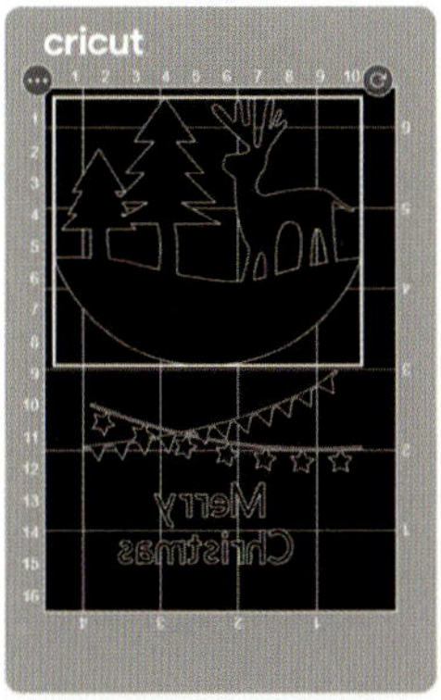

1. Passe die Größe des Motivs im Programm deinen Untersetzern an. Wahlweise kannst du auch noch einen weihnachtlichen Text einfügen.

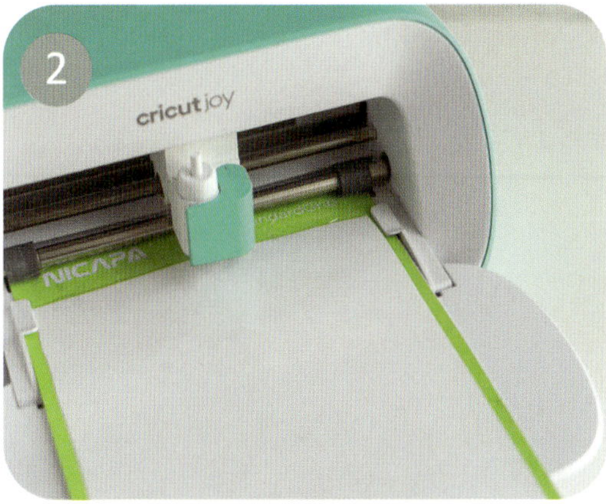

2. Lege die Flexfolie auf die Schneidematte, spiegle das Motiv und starte den Herstellungsvorgang. Entgittere nach dem Schnitt das Motiv.

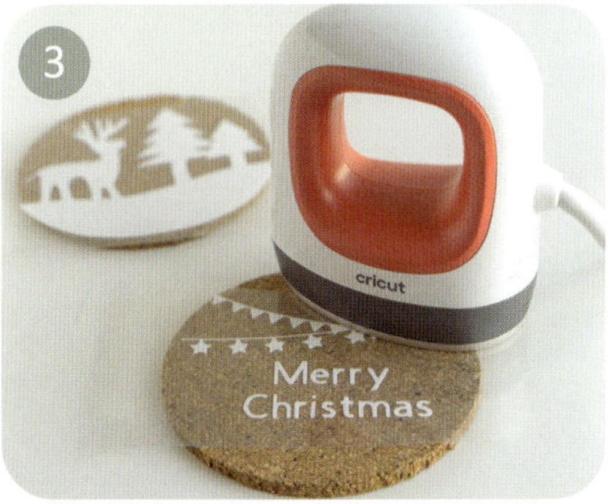

3. Übertrage die Folie mit der Transferpresse auf die Korkuntersetzer. Beachte wieder die Herstellerangaben zu Pressdruck, -dauer und -temperatur.

Weihnachtliche Tischdecke

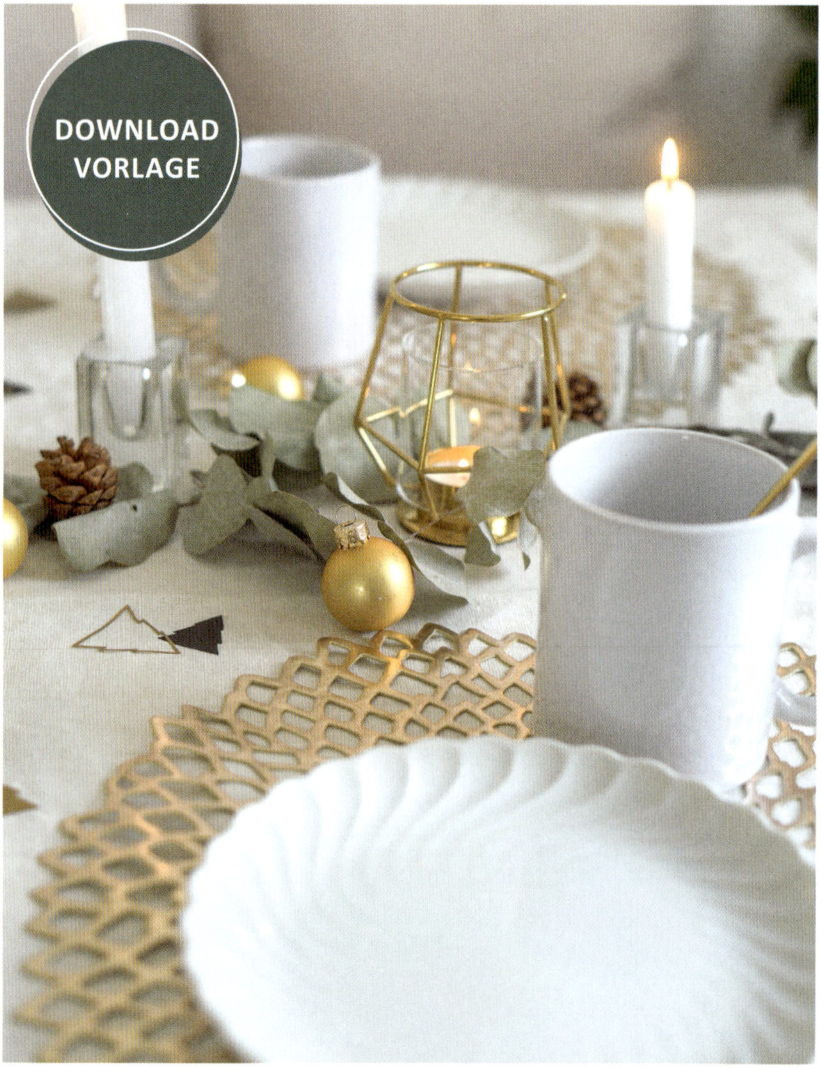

MATERIAL & WERKZEUG

- Gerät: Joy, Explore oder Maker
- Tischdecke
- Flexfolie in Schwarz
- Flexfolie in Weiß
- Schneidematte LightGrip
- Entgitterwerkzeug
- Transferpresse

HINWEIS:
Die Tischdecke kannst du farblich mit unterschiedlichen Flexfolien super an deine Weihnachtsdeko anpassen.

SCHWIERIGKEIT

SO GEHT´S

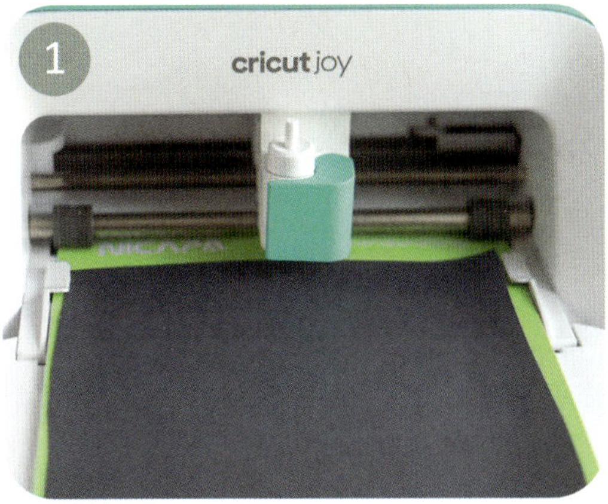

1. Die Größe der Bäumchendatei kannst du im Programm noch anpassen. Streife die Flexfolie auf die Schneidematte und starte den Schnitt der Flexfolie.

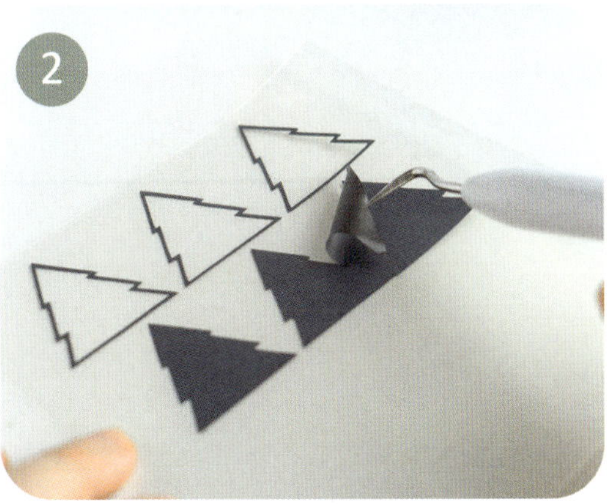

2. Entgittere nach dem Schnitt die Tannenbäumchen. Starte hier mit den innenliegenden Teilen und entferne anschließend das Äußere.

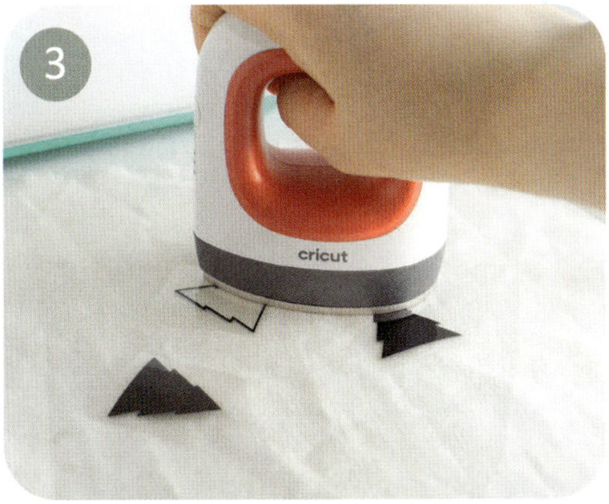

3. Lege die einzelnen Bäumchen auf die Tischdecke und übertrage sie mit der Transferpresse. Beachte hier zur Übertragung die Herstellerangaben der Folie zu Pressdruck, -dauer und -temperatur

Silvesterkerzen

DOWNLOAD VORLAGE

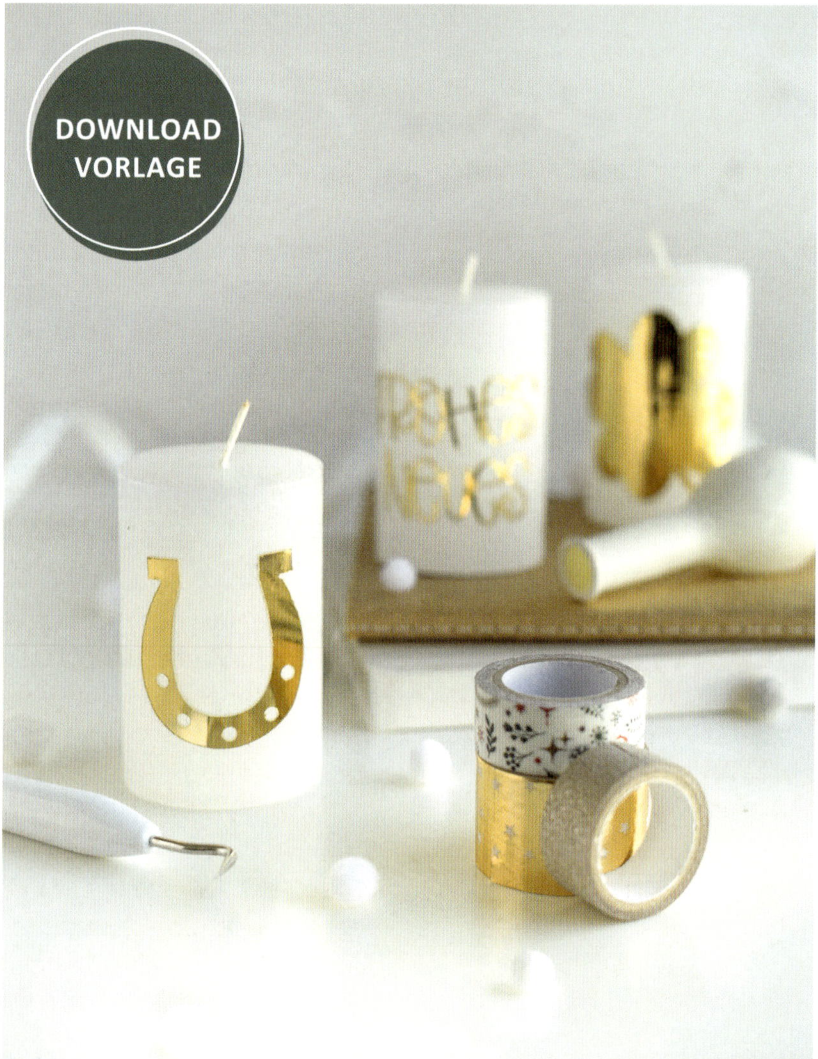

MATERIAL & WERKZEUG

- Gerät: Joy, Explore oder Maker
- Kerzen
- Wachsplatten circa 0,5 mm dick
- Tiefkühlfach/Kühlakkus
- Alufolienball
- Geschirrtuch
- Applikator
- Schneidematte LightGrip
- Spachtel
- (Schriftart: »Augustine«)

HINWEIS:
Die Schwierigkeit der Verarbeitung erhöht sich bei filigranen Motiven. Anfänger starten mit »gröberen« Motiven.

SCHWIERIGKEIT

SO GEHT´S

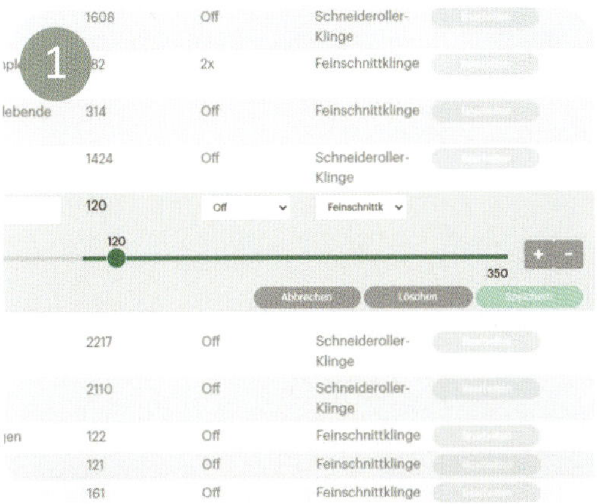

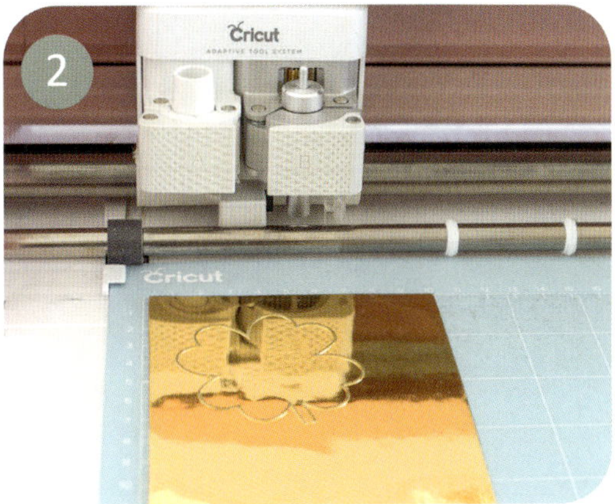

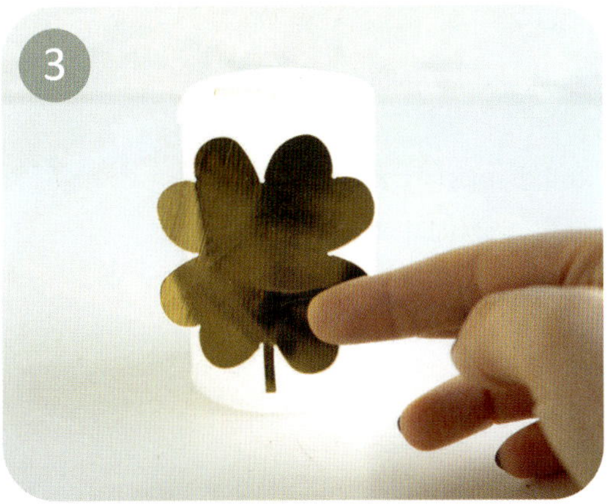

1. Im Vorfeld musst du die Platten so kalt wie möglich stellen. Lege sie einige Stunden vor der Verarbeitung in das Tiefkühlfach. Die Platten müssen direkt nach der Kühlung verarbeitet werden und dürfen nicht lange auf dem Tisch liegen. Lege sie zwischenzeitlich immer wieder in die Kühlung zurück. Füge ein benutzerdefiniertes Material hinzu (s. S. 200) mit den Einstellungen »Off/Feinschnittklinge/120«.

2. Lade die Datei im Design Space hoch. Schiebe die weißen Laufrädchen der metallischen Stange zur Seite, um Abdrücke im Wachs zu vermeiden. Bringe die Wachsplatten auf die Schneidematte. Der Applikator kann dir hier helfen. Schneide die einzelnen Motive am besten separat. Reinige das Standardmesser immer wieder zwischendrin mit einem Alufolienball und einem alten Geschirrtuch.

3. Nach dem Schnitt kannst du die geschnittenen Wachsmotive mit dem Spachtel von der Schneidematte lösen, sie entgittern und anschließend auf die Kerzen aufbringen.
Texte kannst du vor dem Schnitt spiegeln und dann einfach mit dem Trägerpapier auf die Kerze übertragen.

Silvester to go

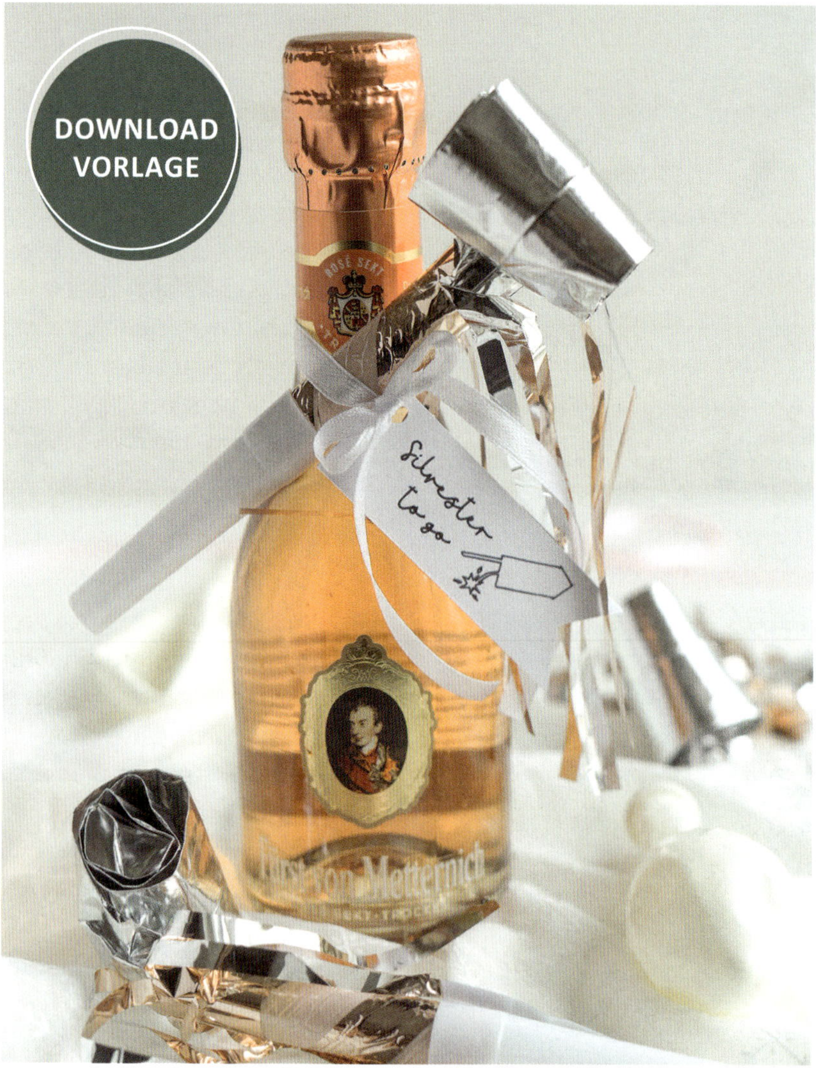

MATERIAL & WERKZEUG

- Gerät: Joy, Explore oder Maker
- Sektflasche
- Partytröte
- Kraftpapier 300 g/qm
- Stift
- Schmuckband
- Schneidematte LightGrip
- Rakel/Lineal
- (Schriftart: »BFC Flannel Shirt«)

HINWEIS:
Der Plotter schreibt und zeichnet schneller und exakter, als es eine Hand wahrscheinlich könnte.

SCHWIERIGKEIT

SO GEHT´S

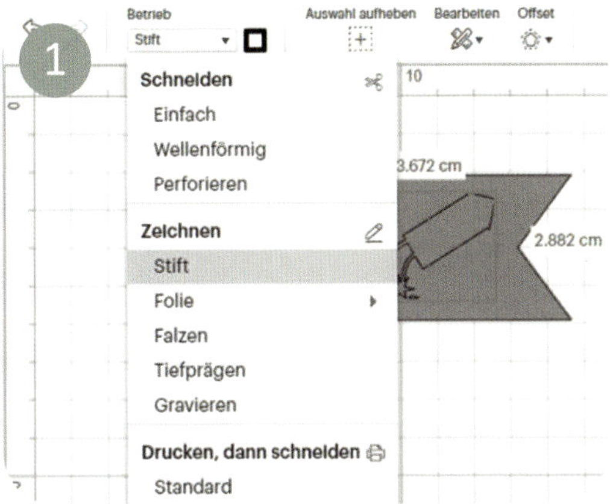

1. Füge im Programm noch einen Text ein. Markiere die Silvesterrakete und den Text im Design Space und wähle unter »Betrieb« den »Stift«. Achte dabei darauf, dass das Fähnchen weiter bei »Schneiden« und »Einfach« ist. Das kannst du in der rechten Leiste ablesen. Markiere alles und klicke dann »Verbinden«.

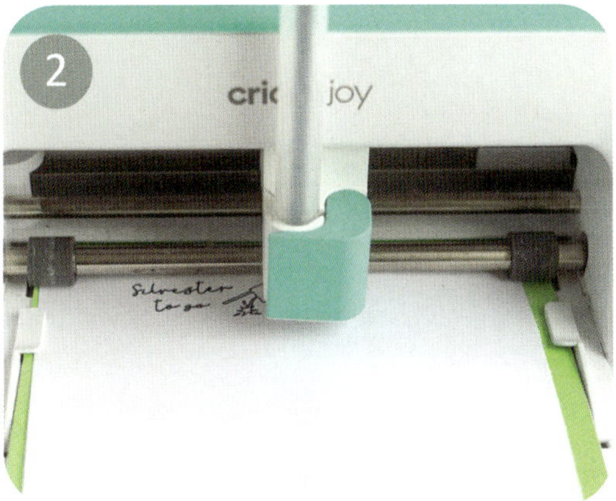

2. Lege den Stift beziehungsweise das Messer in die Klemme ein. Starte den Bearbeitungsvorgang. Entferne nach dem Schnitt die Matte vom Papier, um Wellungen zu vermeiden.

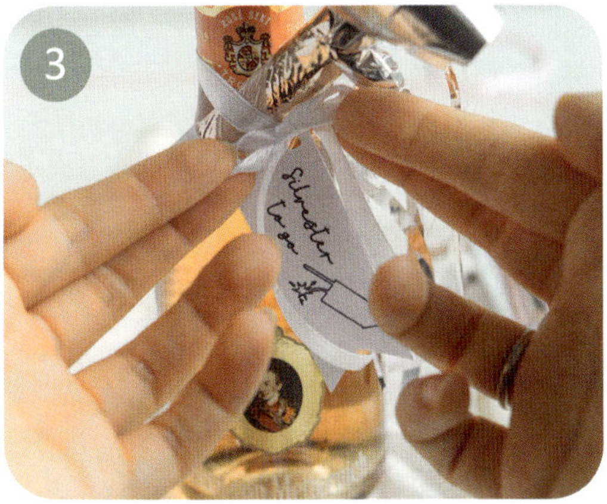

3. Bringe den Anhänger mit einem Schmuckband an der Flasche an. Ebenso kannst du eine Partytröte mit dem Schmuckband befestigen.

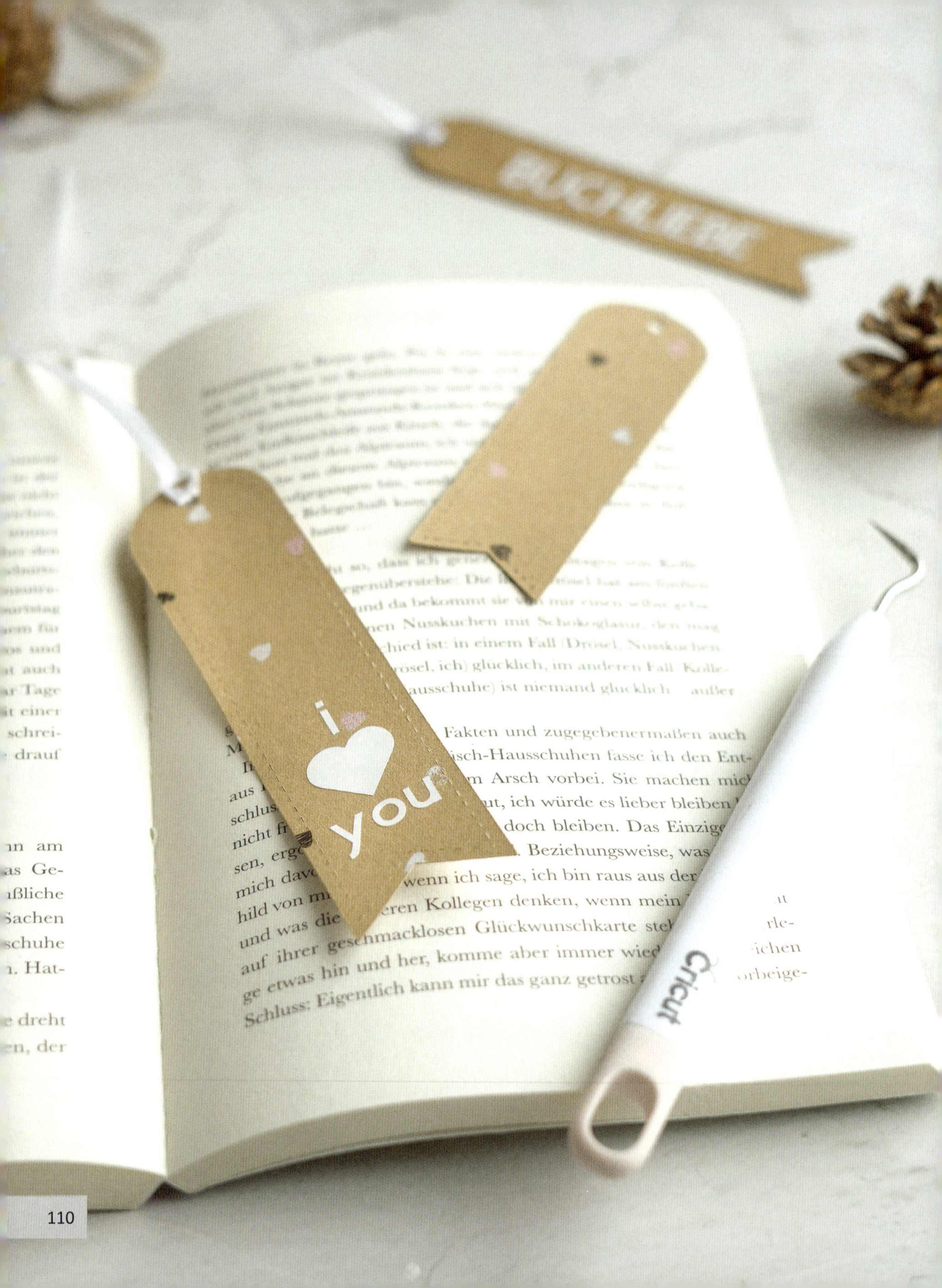

Nützliche Sachen schön gemacht

Schlüsselanhänger, Taschen, Geschirr, Kleidung, Aufbewahrung

Schlüsselanhänger aus Kunstleder

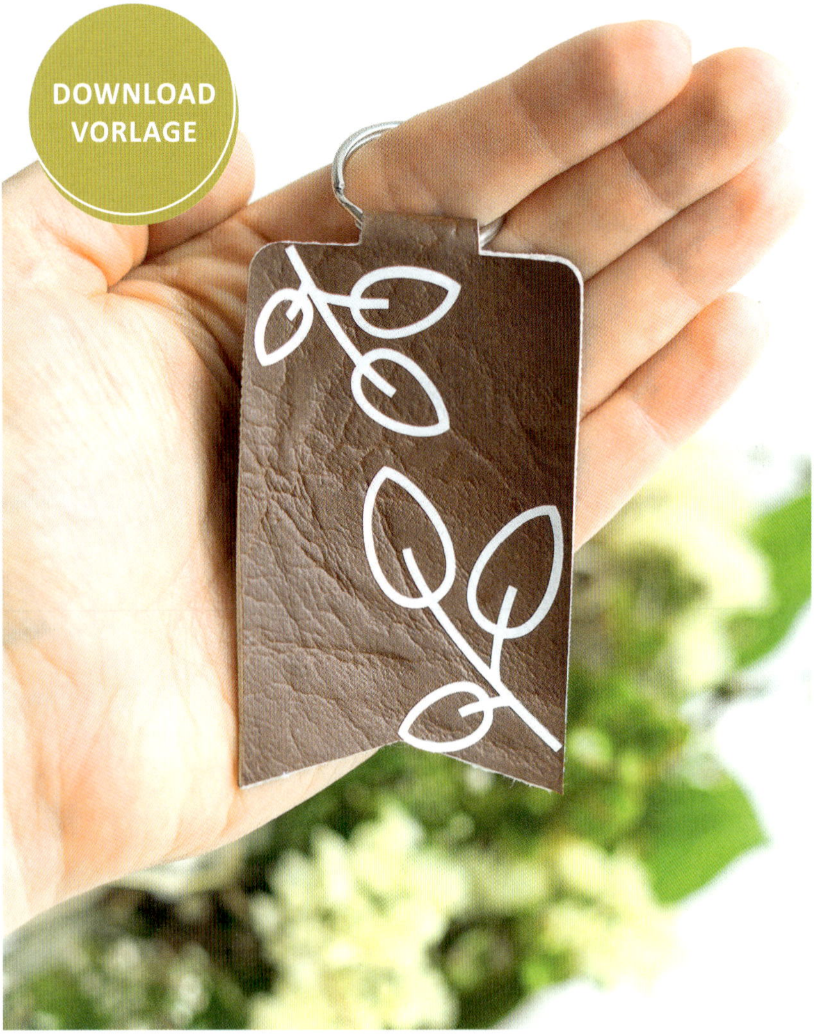

MATERIAL & WERKZEUG

- Gerät: Explore oder Maker
- Kunstleder circa 1,0 mm dick
- Schlüsselring
- Flexfolie in Weiß
- Kleber
- Schneidematte StandardGrip
- Schneidematte LightGrip
- Transferpresse

HINWEIS:
Teste die Transferpresse im Vorfeld an einem kleinen Stück des Kunstleders, um Beschädigungen zu vermeiden.

SCHWIERIGKEIT

SO GEHT´S

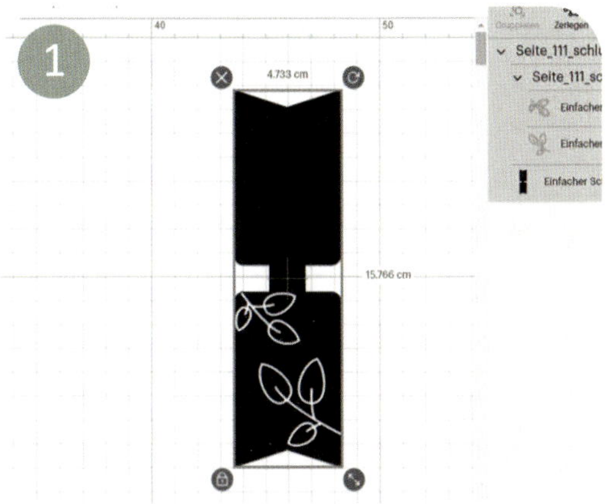

1. Füge die Datei ins Programm ein, passe gegebenenfalls die Größe an. Als Grundmaterial wählst du hier das entsprechende »Faux Leather« aus.

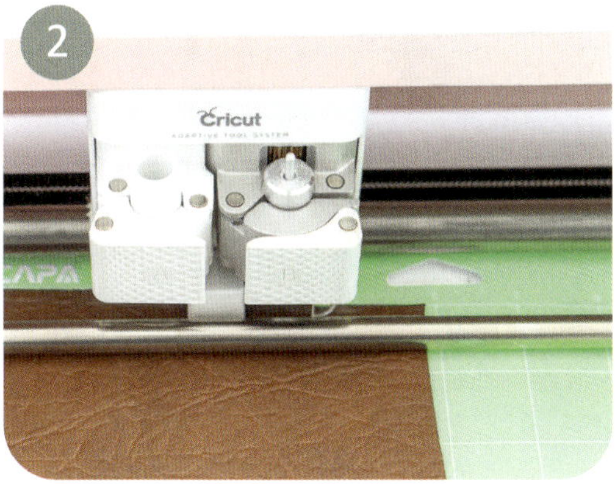

2. Lege das Kunstleder auf die StandardGrip-Schneidematte und starte den Schnitt. Außerdem bringst du die Flexfolie auf die LightGrip Matte und startest ebenfalls den Schnitt.

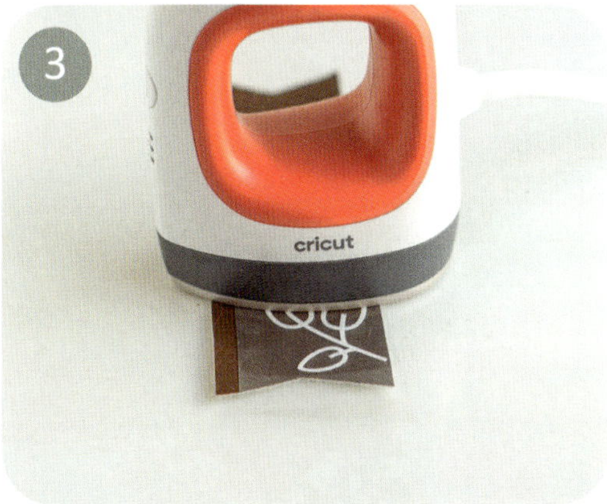

3. Bringe nun noch die Flexfolie mit deiner Transferpresse auf dem Kunstleder auf. Anschließend klebst du die beiden Laschen zusammen. Die Öse oben lässt du offen und bringst dort einen Schlüsselring an.

Zauberhafte Lesezeichen

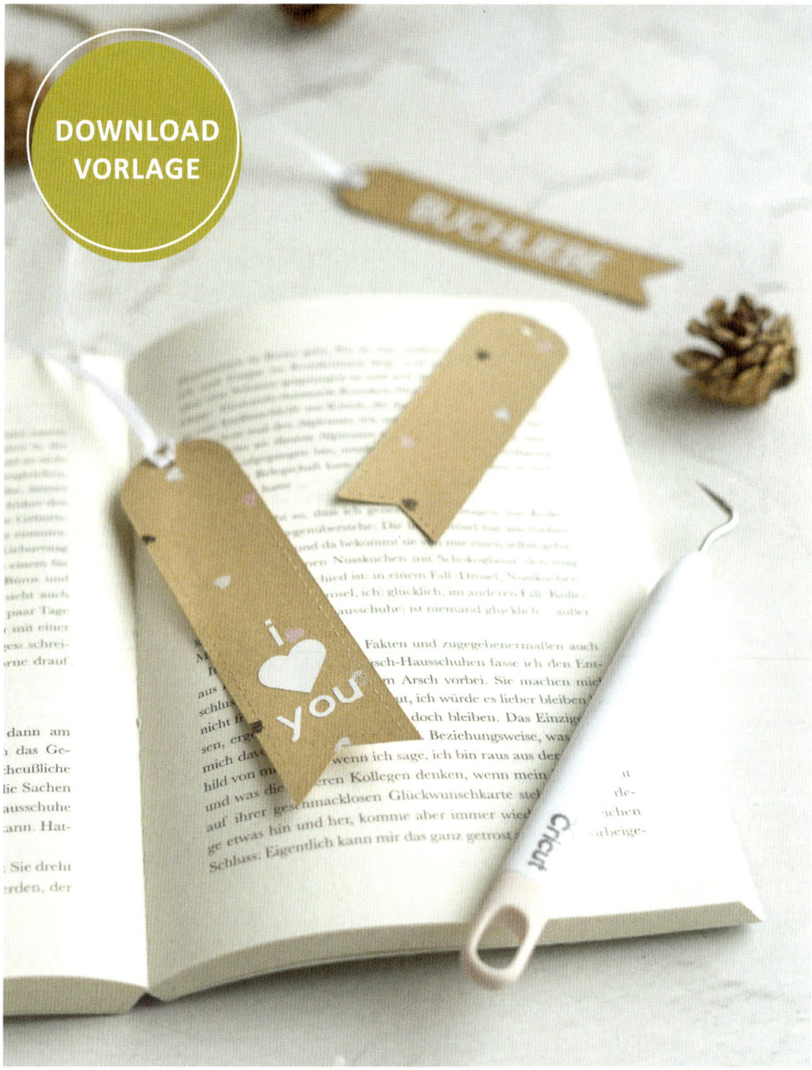

MATERIAL & WERKZEUG

- Gerät: Joy, Explore oder Maker
- Designpapier 300 g/qm
- Kraftpapier 300 g/qm
- Vinylfolie in Weiß
- Transferfolie
- Lineal/Rakel
- Entgitterwerkzeug
- Schneidematte LightGrip
- Schmuckband
- (Schriftart: »Cricut Sans«)

HINWEIS:
Je kleiner die Schrift ist, umso schwieriger wird das Entgittern. Mit größeren Texten wird das Arbeiten erleichtert.

SCHWIERIGKEIT

SO GEHT´S

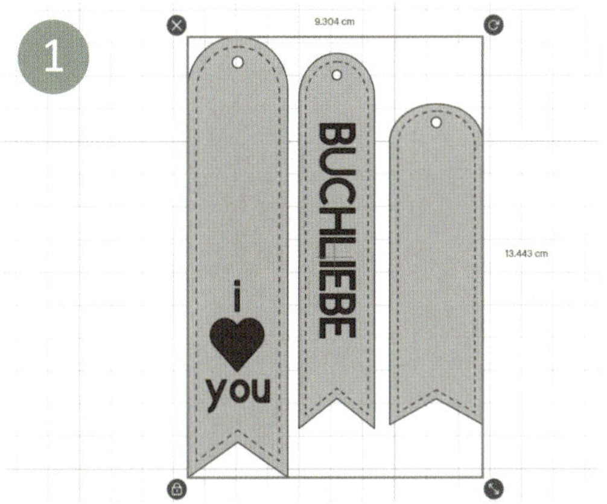

1. Füge die Lesezeichen und Texte beziehungsweise Formen ins Programm ein. Drehe die einzelnen Objekte, verschiebe sie und passe die Größe an.

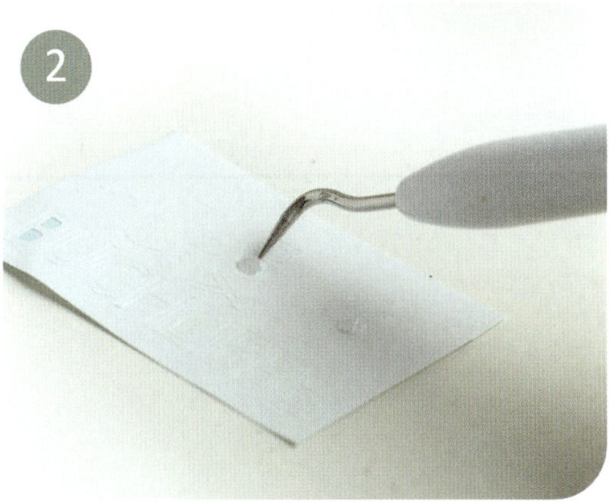

2. Lege das Papier auf die Schneidematte und starte den Schneidevorgang. Lege außerdem die Vinylfolie auf die Matte und schneide ebenfalls den Text. Nimm das Papier und die Vinylfolie von der Matte und entferne die Hauptteile vom Rest. Ein Entgitterwerkzeug kann hier helfen.

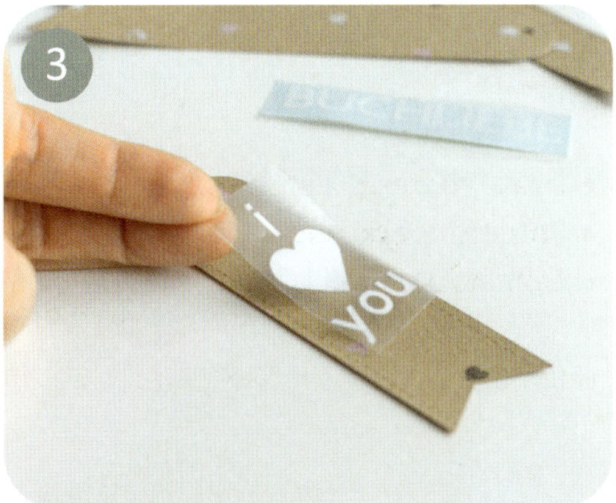

3. Übertrage die Vinylfolie auf das Papier mit Hilfe einer Transferfolie. Ein Lineal/Rakel kann dir hierbei helfen. Fädle zum Schluss noch ein Schmuckband durch das Loch.

Praktische Reiseapotheke

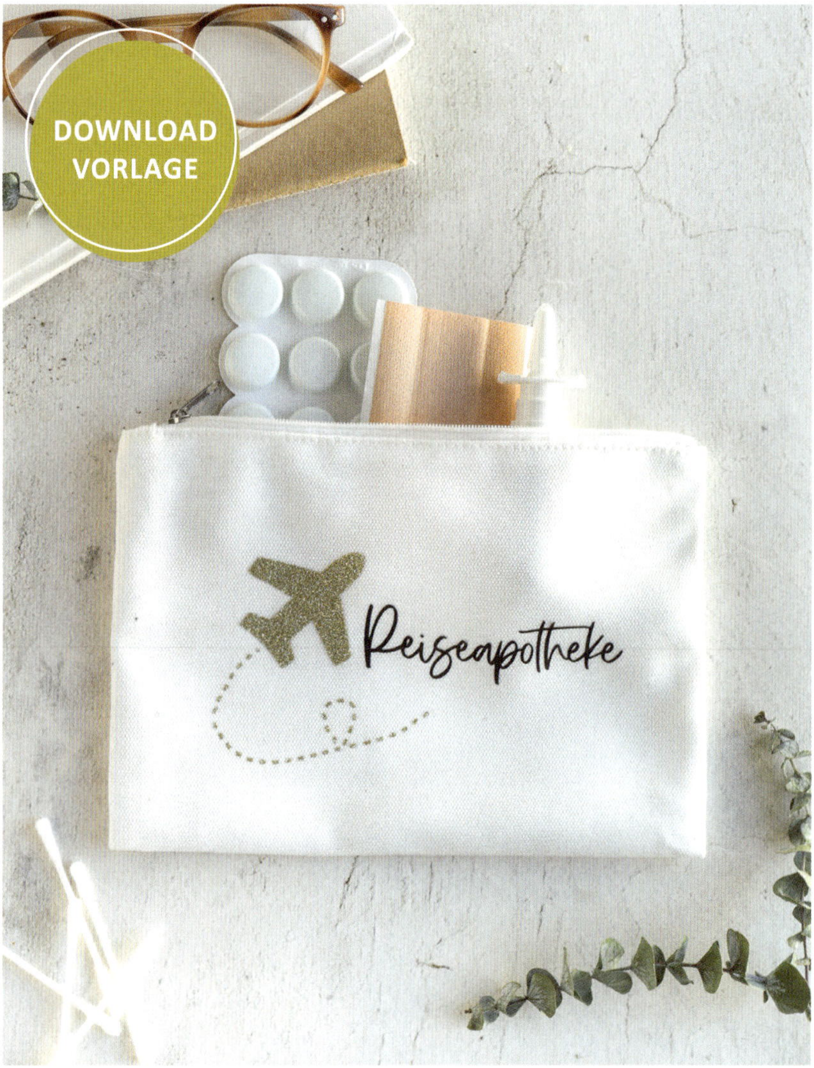

MATERIAL & WERKZEUG

- Gerät: Joy, Explore oder Maker
- Stofftäschchen
- Flexfolie Glitzer
- Flexfolie in Schwarz
- Entgitterwerkzeug
- Schneidematte LightGrip
- Rakel/Lineal
- Transferpresse
- (Schriftart: »Buttercup«)

HINWEIS:
Die beiden Motive kannst du in einem Pressvorgang übertragen oder jedes Motiv einzeln.

SCHWIERIGKEIT

SO GEHT´S

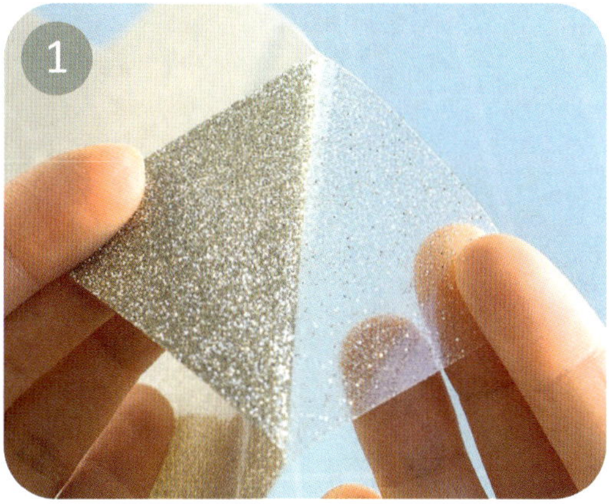

1. Schneide beide Folien mit dem Plotter aus. Achte darauf, dass das transparente Trägermaterial auf der Matte liegt und die Flexfolie nach oben schaut. Wenn du dir unsicher bist, kannst du einfach ein Eck nehmen und die Folie vom Trägermaterial ziehen.

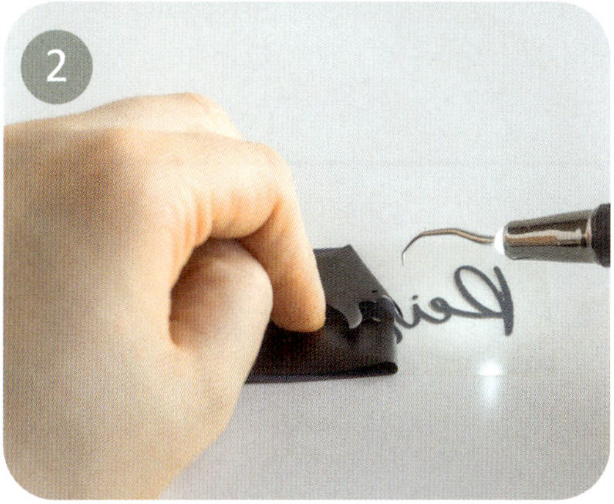

2. Entferne nach dem Schnitt alle überschüssigen Teile mit deinem Entgitterwerkzeug und lege so die Schrift und den Flieger frei.

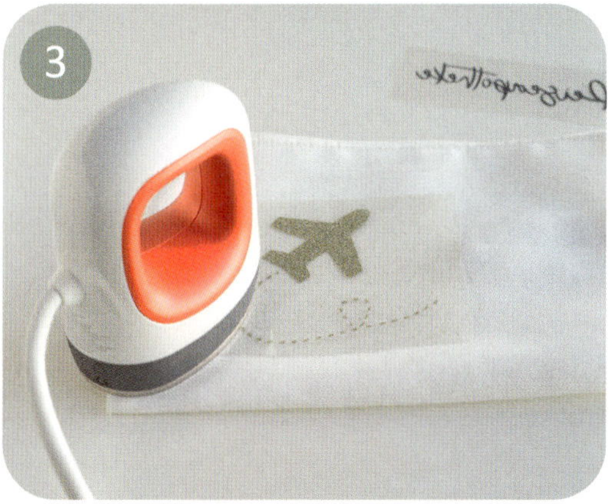

3. Den Stoff solltest du vor dem Übertrag des Motivs ein paar Sekunden vorpressen. Das Motiv wird dann mit der Transferpresse auf die Tasche übertragen. Beachte hierbei die Angaben des Folienherstellers zu Pressdruck, -dauer und -temperatur.

Aufbewahrung für Fernbedienungen

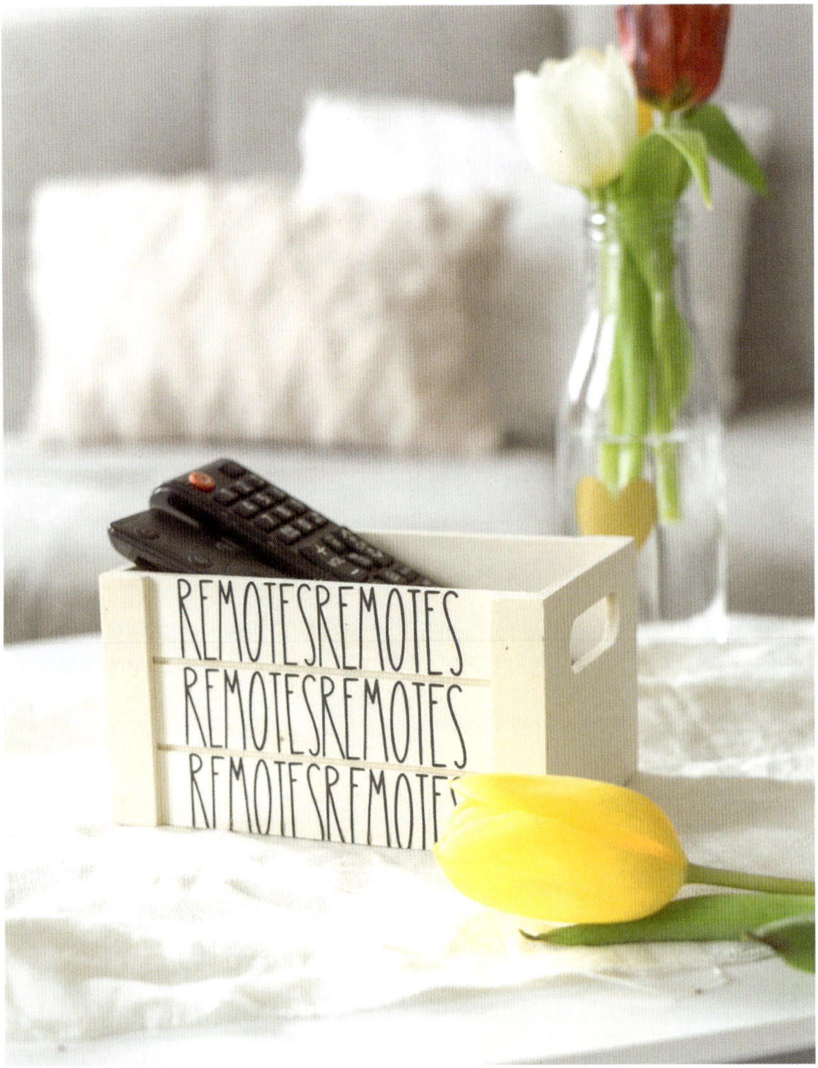

MATERIAL & WERKZEUG

- Gerät: Joy, Explore oder Maker
- Holzkiste
- Vinylfolie in Schwarz
- Transferfolie
- Entgitterwerkzeug
- Rakel/Lineal
- Schneidematte LightGrip
- (Schriftart: »Apple Butter«)

HINWEIS:
Das Übertragen von Vinylfolie auf Holz kann durch die Holzfasern knifflig sein. Das Entgitterwerkzeug kann helfen.

SCHWIERIGKEIT

SO GEHT´S

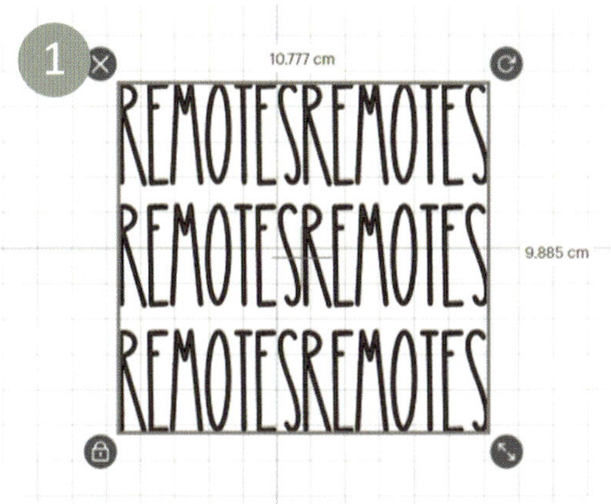

1. Füge den Text ins Programm ein und passe die Größe an. Die Größe der Schrift musst du im Vorfeld mit einem Lineal anhand der Holzkiste messen.

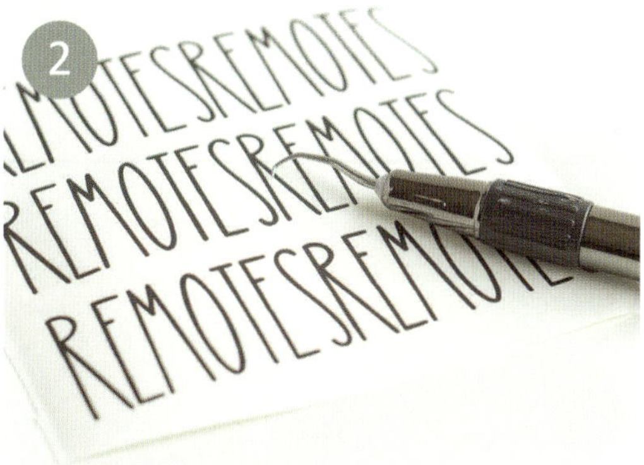

2. Lege die Vinylfolie auf die Schneidematte und streife sie nochmal vorsichtig mit einem Rakel fest. Starte den Schneidevorgang, entgittere das Motiv und bringe die Transferfolie auf. Streife die Transferfolie noch einmal mit einem Rakel auf der Vinylfolie fest.

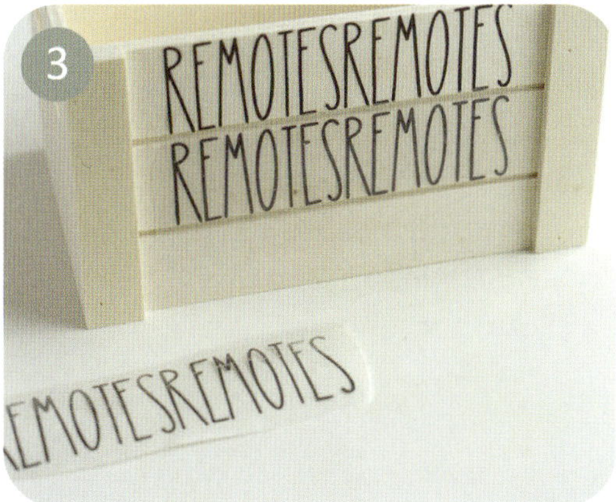

3. Übertrage die Vinylfolie mit der Transferfolie auf die Holzkiste. Das Entgitterwerkzeug oder ein Lineal/Rakel kann dir hier helfen, die Vinylfolie von der Transferfolie zu lösen.

Melonenglas

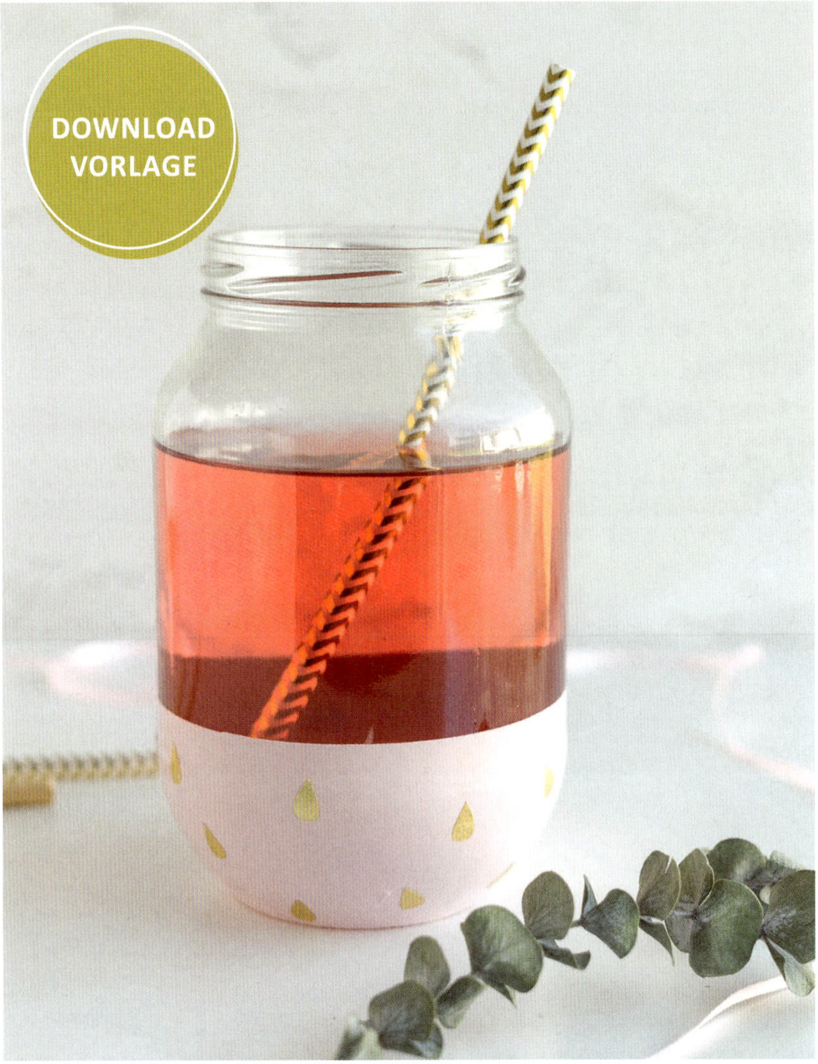

MATERIAL & WERKZEUG

- Gerät: Joy, Explore oder Maker
- Einmachglas
- Sprühfarbe in Rosa
- Kreppband
- Permanent Vinylfolie in Gold
- Strohhalm in Gold-Weiß
- Schneidematte LightGrip
- Rakel/Lineal
- Metallbohrer

HINWEIS:
Sprühfarben können, aber müssen nicht spülmaschinengeeignet sein. Wegen der Vinylfolie solltest du das Glas per Hand spülen.

SCHWIERIGKEIT

SO GEHT´S

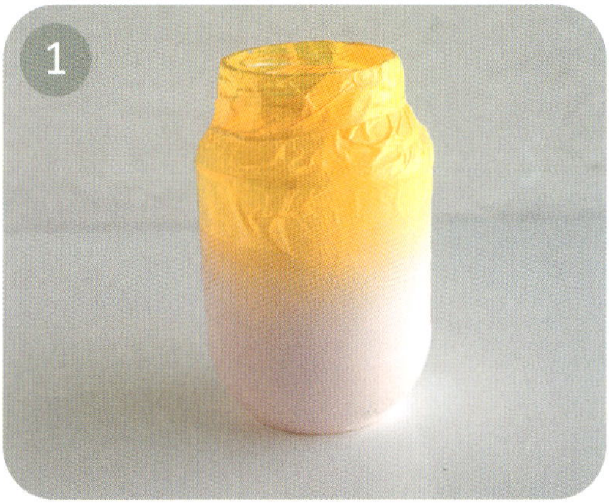

1. Beklebe das Glas mit dem Kreppband so, dass das untere Drittel frei liegt. Besprühe diesen Teil mit der rosa Farbe. Lasse das Ganze gut trocknen und entferne anschließend das Kreppband.

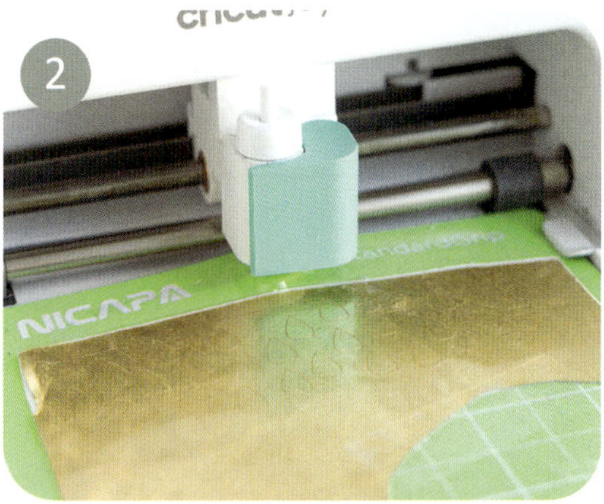

2. Schneide kleine Kerne aus der goldenen Vinylfolie aus. Das geht mit dem Plotter total schnell und wird sehr exakt geschnitten.

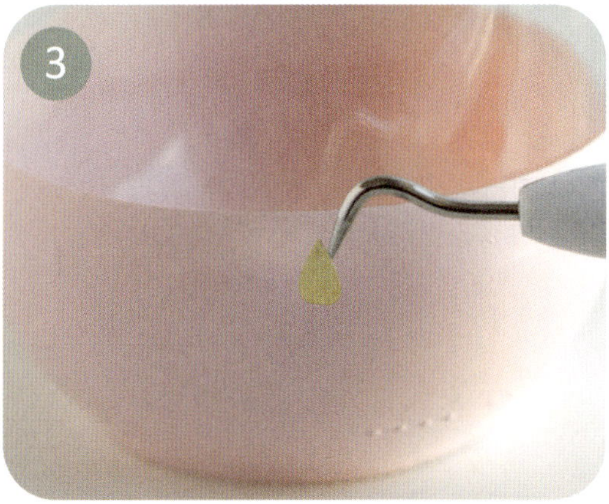

3. Schneide mit einem Metallbohrer ein kleines Loch für den Strohhalm in den Deckel und klebe die goldenen Kerne in den rosa Bereich.

Bestecktaschen

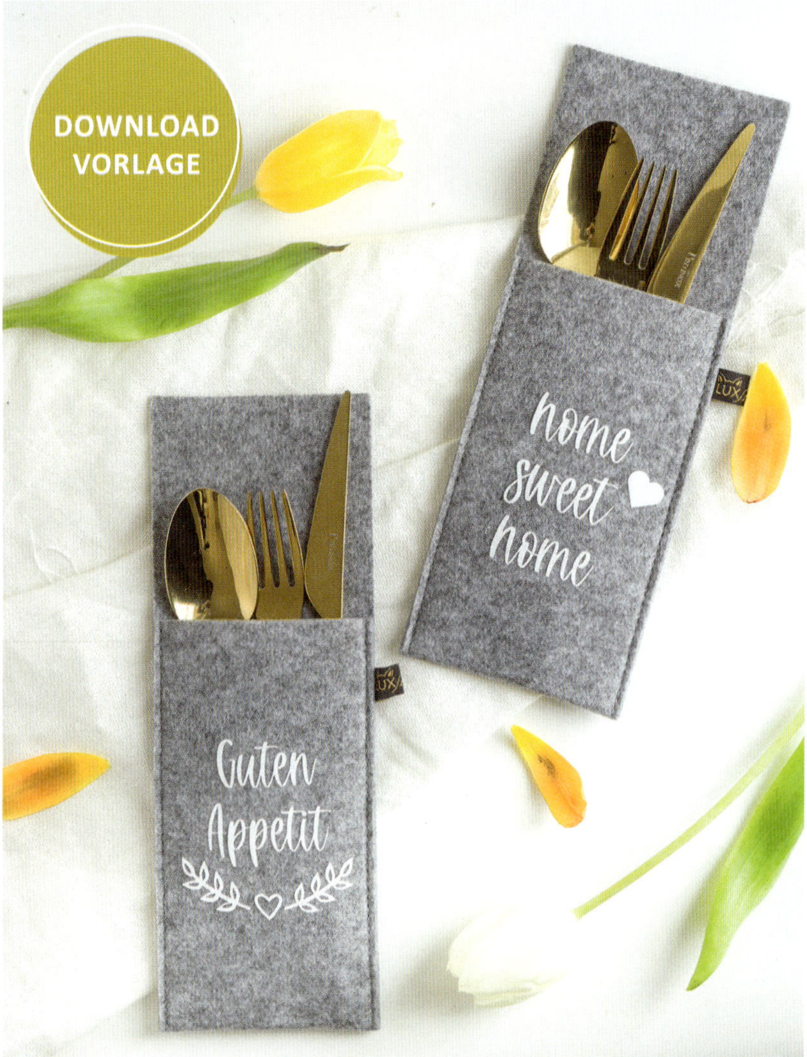

MATERIAL & WERKZEUG

- Gerät: Joy, Explore oder Maker
- Filzbestecktaschen
- Flexfolie in Weiß
- Entgitterwerkzeug
- Transferpresse
- Schneidematte LightGrip
- Rakel/Lineal
- (Schriftart: »Augustine«)

HINWEIS:
Um den Text anzupassen, kannst du in der oberen Leiste Zeilenabstand, Ausrichtung, Schriftgrad oder Sperrsatz ändern.

SCHWIERIGKEIT

SO GEHT´S

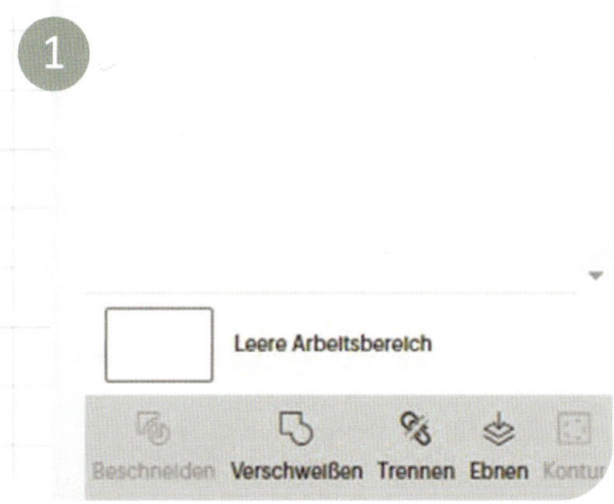

1. Füge die Datei und einen Text ins Programm ein. Markiere den Text und klicke »Verschweißen«. Passe die Größe an. Markiere das komplette Motiv und klicke »Verbinden«.

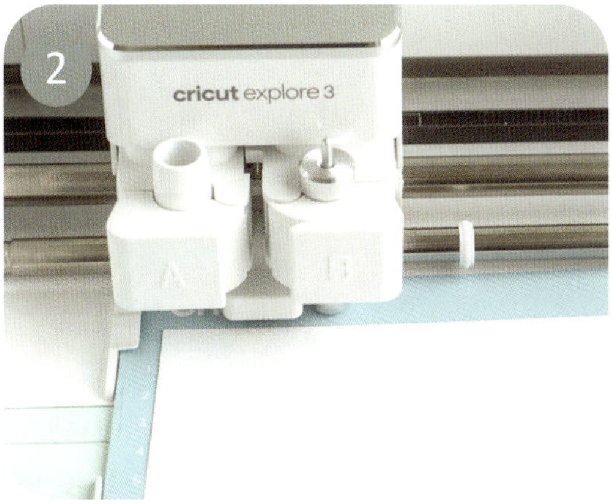

2. Bringe die Flexfolie auf die Matte, denke an das Spiegeln des Motivs und starte den Schneidevorgang.

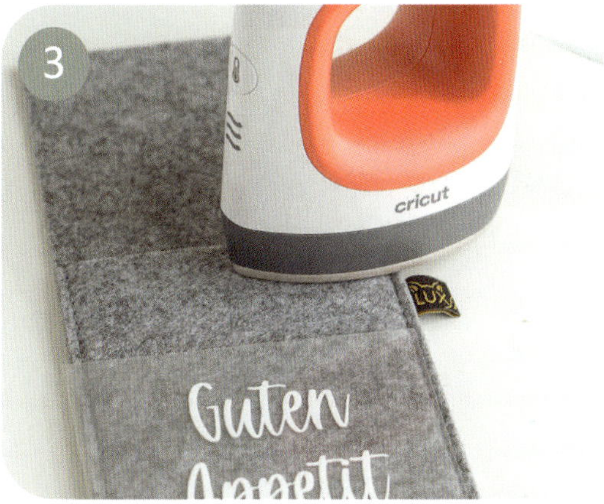

3. Entgittere das Motiv und presse es mit der Transferpresse auf die Bestecktaschen auf. Beachte die Herstellerangaben zu Pressdruck, -dauer und -temperatur.

Tasse mit Watercolor

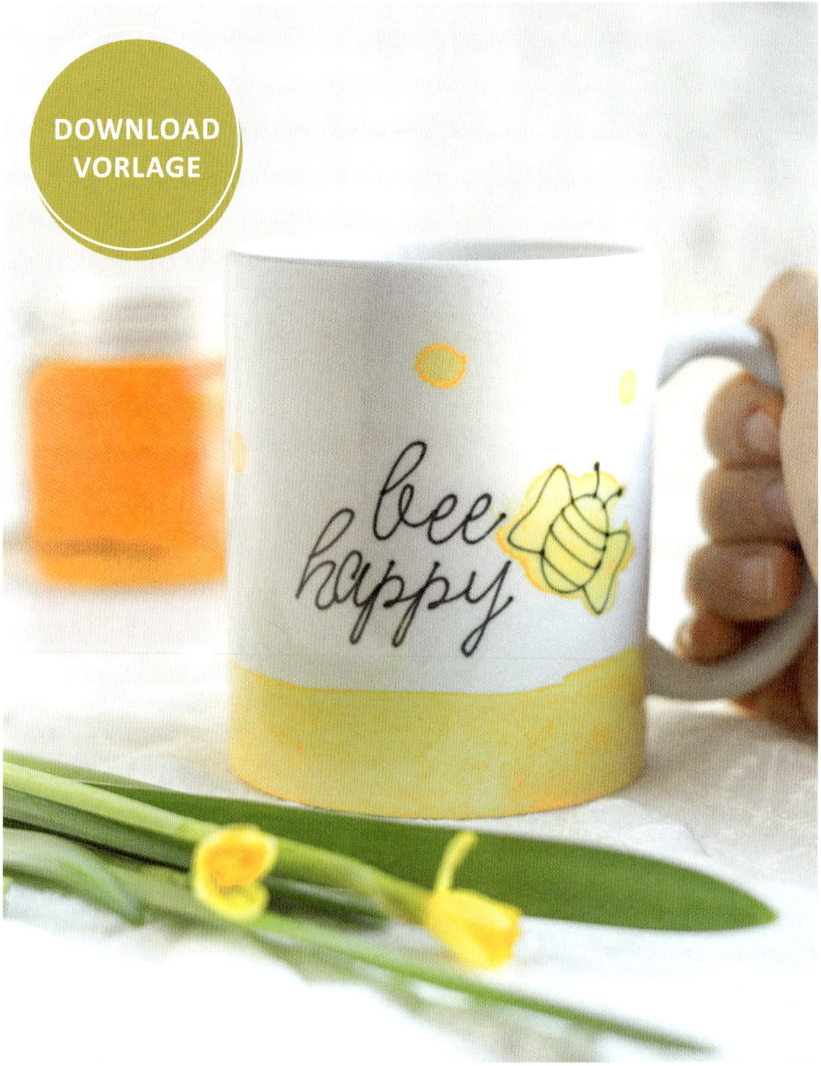

MATERIAL & WERKZEUG

- Gerät: Joy, Explore oder Maker
- Infusible Ink Stifte
- Tassenrohling
- Messer
- Schälchen mit Wasser
- Alkohol
- Entfusselrolle
- Pinsel
- Druckerpapier
- Wärmeresistentes Klebeband
- Tassenpresse

HINWEIS:
Das Watercolor kannst du durch Zeichnungen mit Stiften ergänzen. Lass den Plotter zeichnen oder zeichne selbst.

SCHWIERIGKEIT

SO GEHT´S

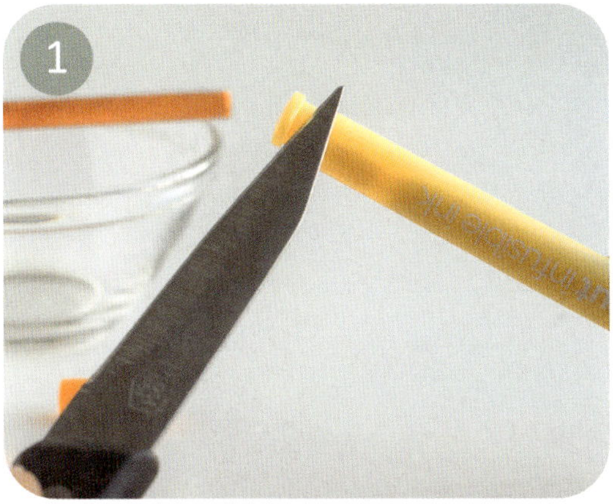

1. Schneide die »Mug Design Setup«-Vorlage von Cricut aus dem Druckerpapier für deine Tassengröße aus. Um an die Farbe der Infusible Ink Stifte (s. S. 41) zu kommen, musst du den Deckel auf der Rückseite mit einem Messer entfernen. Die Farbpatrone des Stifts kannst du komplett herausnehmen und mit etwas Druck 3-4 Tropfen der Farbe herausdrücken. Den Deckel schließt du danach wieder.

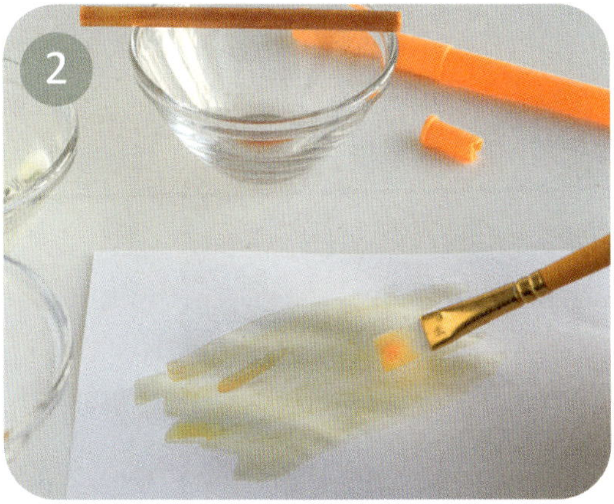

2. Die Farbtropfen kannst du nun wie einen handelsüblichen Malkasten verwenden. Tunke einen Pinsel in etwas Wasser, nimm Farbe auf und zeichne nun das Motiv auf dein Stück Druckerpapier.

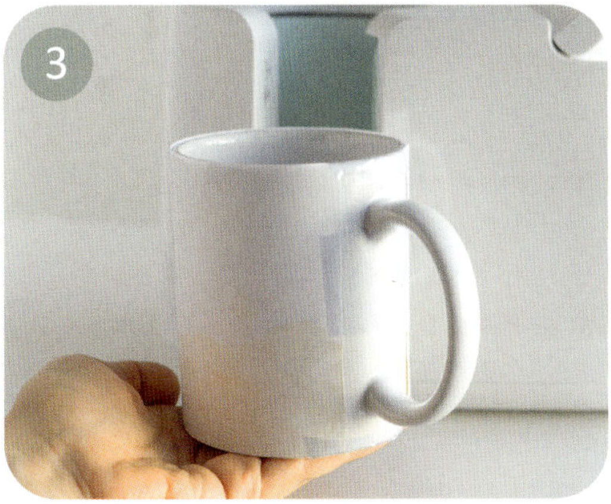

3. Reinige die Tasse mit Alkohol und entfussle die Oberfläche mit der Rolle. Das komplette Motiv legst du um die gereinigte Tasse und befestigst das Ganze mit dem wärmeresistenten Klebeband. Gib die Tasse nun in die Tassenpresse und starte den Pressvorgang mit dem Knopf. Nachdem alle Punkte leuchten, piepst das Gerät und die Tasse kann zum Abkühlen entnommen werden.

Traumhaftes Mondshirt

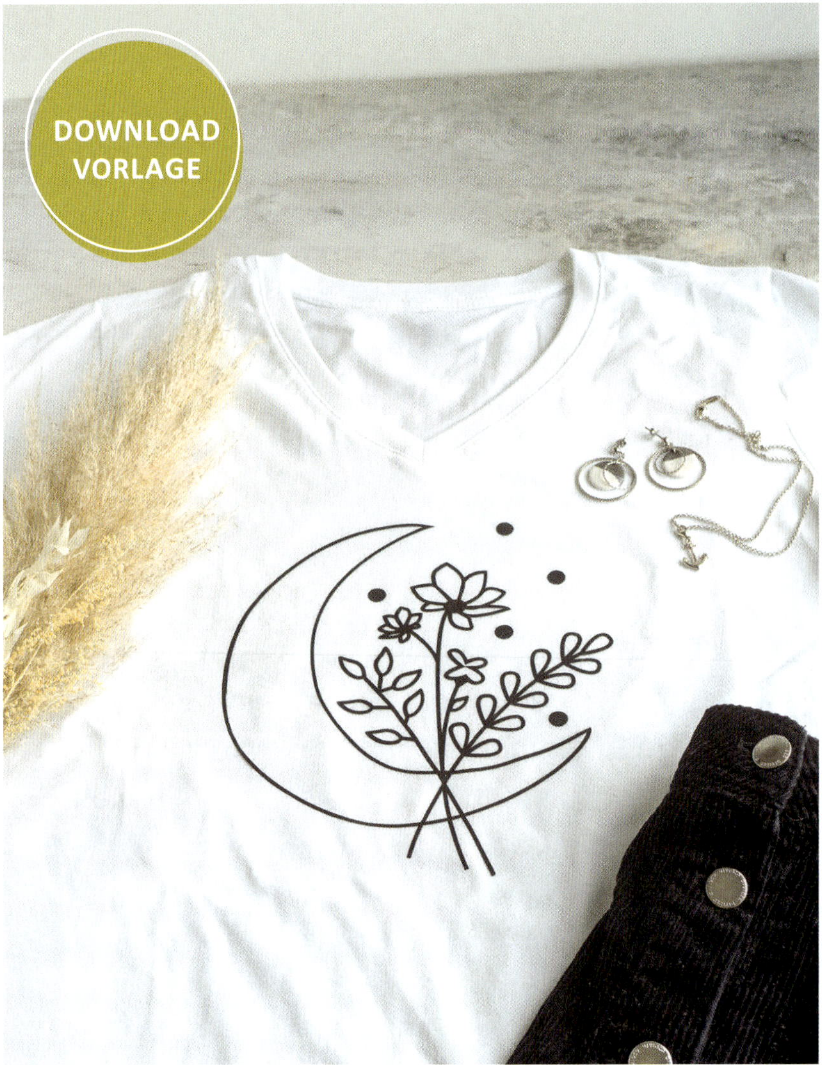

MATERIAL & WERKZEUG

- Gerät: (Joy), Explore oder Maker
- T-Shirt
- Flexfolie in schwarz
- Entgitterwerkzeug
- Schneidematte LightGrip
- Rakel/Lineal
- Transferpresse
- Maßband

HINWEIS:
Vergiss nicht, das Motiv zu spiegeln. Die Übertragung mit der Transferpresse erfolgt immer spiegelverkehrt.

SCHWIERIGKEIT

SO GEHT´S

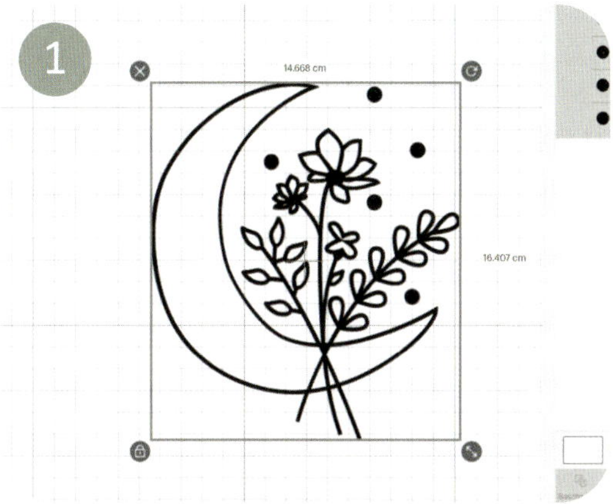

1. Messe zu Beginn die passende Größe des Motivs mit einem Maßband ab und ändere die Datei dementsprechend im Design Space. Markiere das ganze Motiv und klicke »Verbinden«.

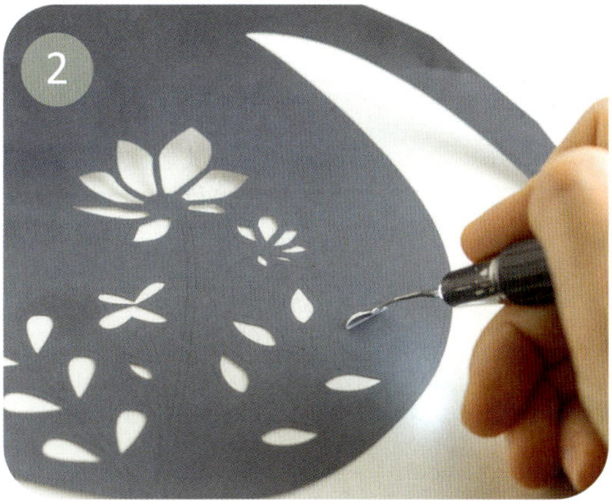

2. Lege die Flexfolie auf die Schneidematte und starte den Schnitt. Nach dem Schnitt entfernst du alle Teile, die nicht gebraucht werden, mit dem Entgitterwerkzeug.

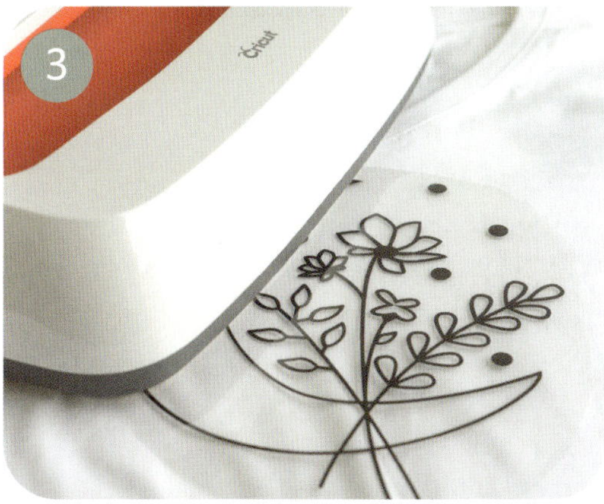

3. Presse das Shirt einmal vor. Lege das Motiv mittig auf das Shirt und übertrage es mit der Transferpresse. Beachte hier wieder die Herstellerangaben zu Pressdruck, -dauer und -temperatur.

Leckerchenglas für Haustiere

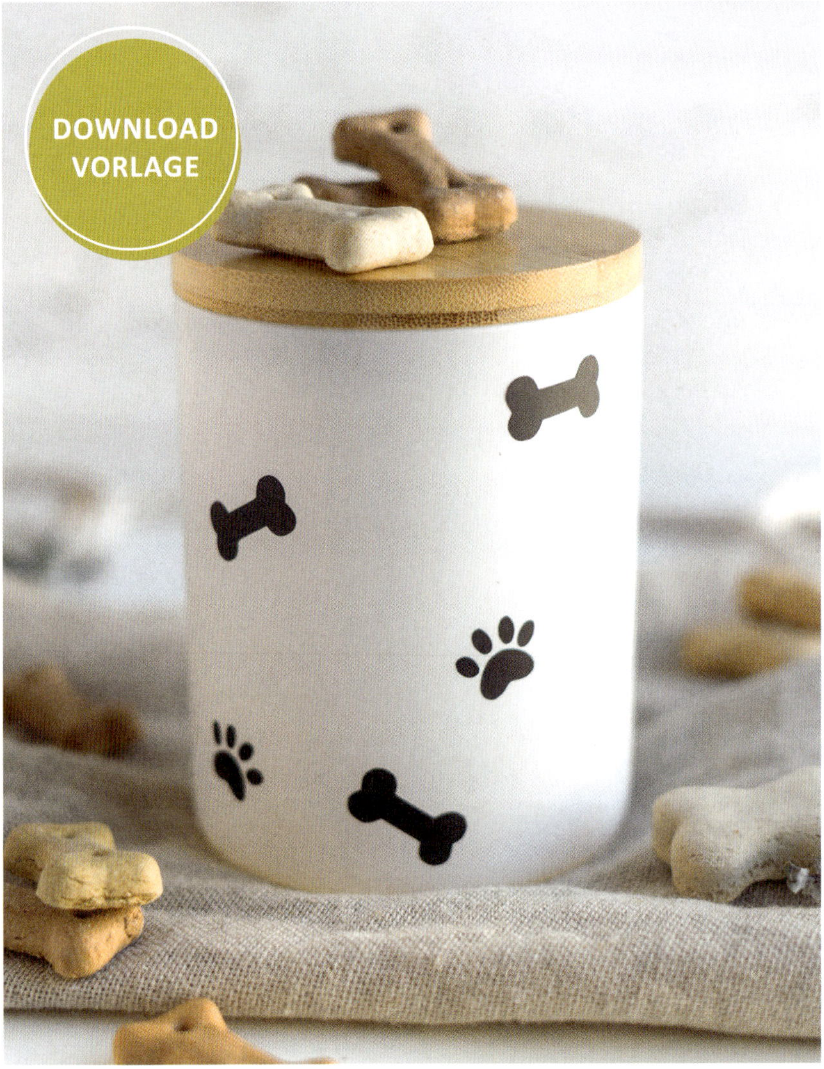

MATERIAL & WERKZEUG

- Gerät: Joy, Explore oder Maker
- Glas mit Deckel
- Vinylfolie in Schwarz
- Transferfolie
- Entgitterwerkzeug
- Schneidematte LightGrip
- Rakel/Lineal
- Leckerchen fürs Haustier

HINWEIS:
Du kannst hier auch super Smart Material verwenden. Lade dann das Material einfach ohne Matte in das Gerät.

SCHWIERIGKEIT

SO GEHT´S

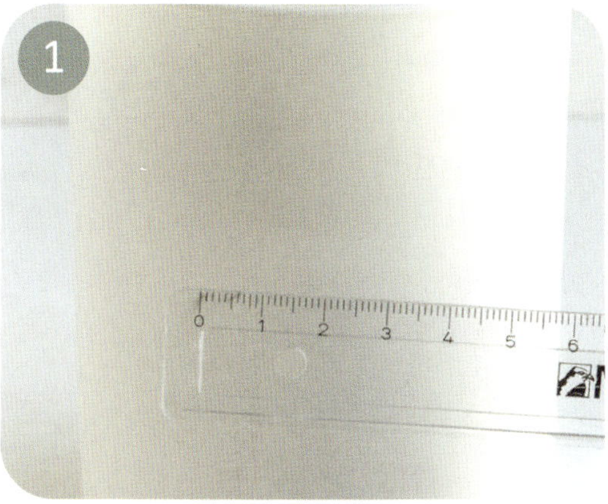

1. Miss anhand deines Glases, wie groß du deine Sticker schneiden willst. Lege die Vinylfolie auf die Schneidematte und lass sie vom Plotter schneiden.

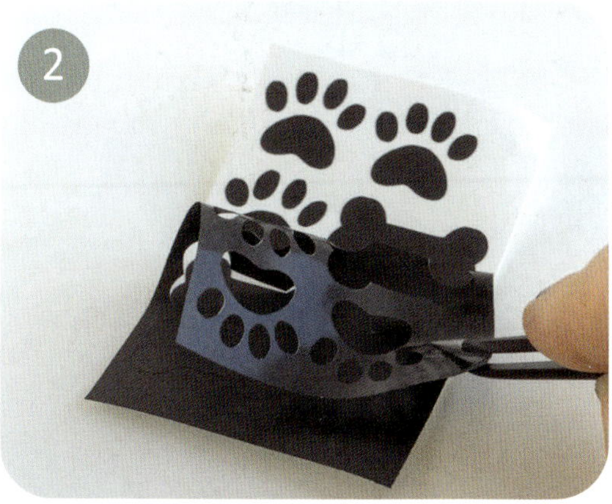

2. Entferne beim Entgittern alle überschüssigen Teile von den Stickern

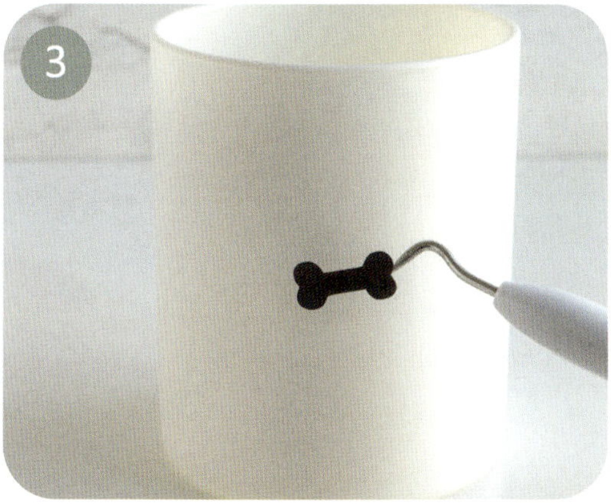

3. Die Knochen kannst du einfach vom Trägerpapier abziehen und auf dein Glas kleben. Die Pfoten überträgst du am besten mit einer Transferfolie, um das Design zu erhalten.

Gravierter Anhänger

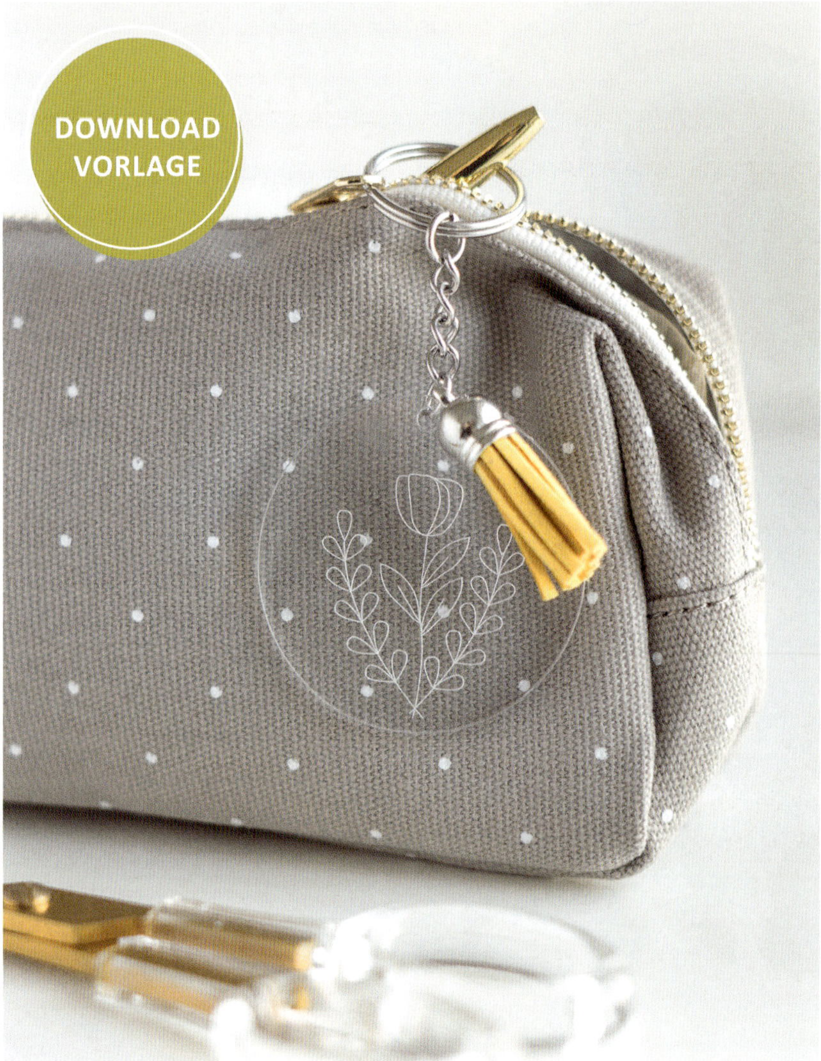

MATERIAL & WERKZEUG

- Gerät: Maker
- Acryl-Rohling
- Kreppband
- Schlüsselanhänger
- Schneidematte StrongGrip
- QuickSwap Housing (s. S. 51)
- Engraving Tip (s. S. 51)

HINWEIS:
Vergiss nicht, die Schutzfolie vom Acryl zu entfernen.
Achte darauf, dass im Gravierbereich kein Kreppband klebt.

SCHWIERIGKEIT

SO GEHT´S

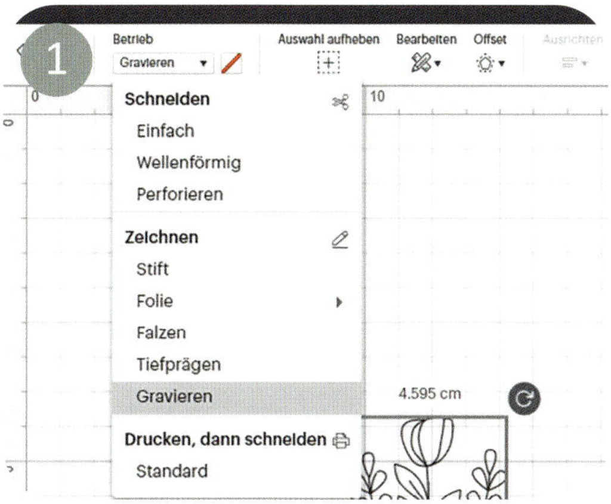

1. Füge die Datei ins Programm ein, markiere das komplette Motiv und wähle »Gravieren«. Klicke anschließend »Verbinden«.

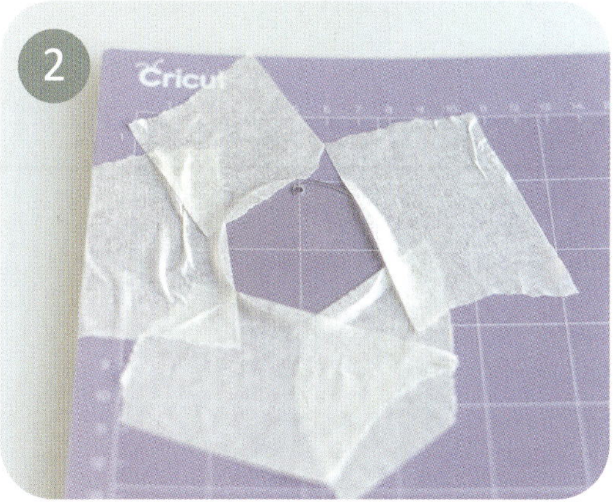

2. Klebe den Schlüsselanhänger mit Kreppband gut auf der Schneidematte fest, um ein Verrutschen zu vermeiden. Die StrongGrip Matte hat eine starke Klebekraft, dennoch wird vom Hersteller immer ein Klebeband empfohlen. Wichtig ist, dass du den Rohling dort auf die Matte klebst, wo du das Motiv im Programm auch platzierst.

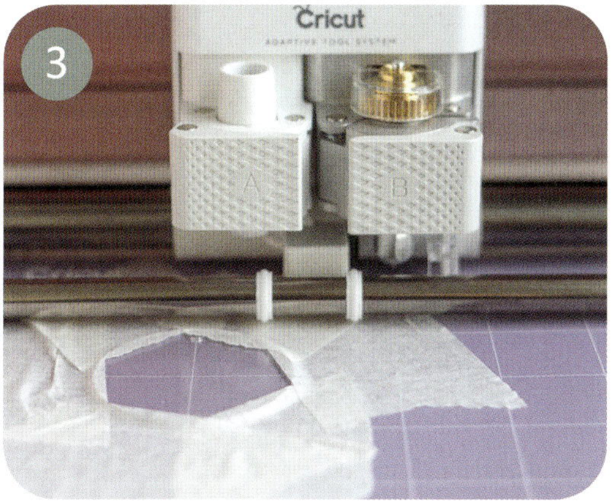

3. Lege in die Werkzeugklemme B das Graviertool ein, wähle als Material »Acryl« und starte den Bearbeitungsvorgang.

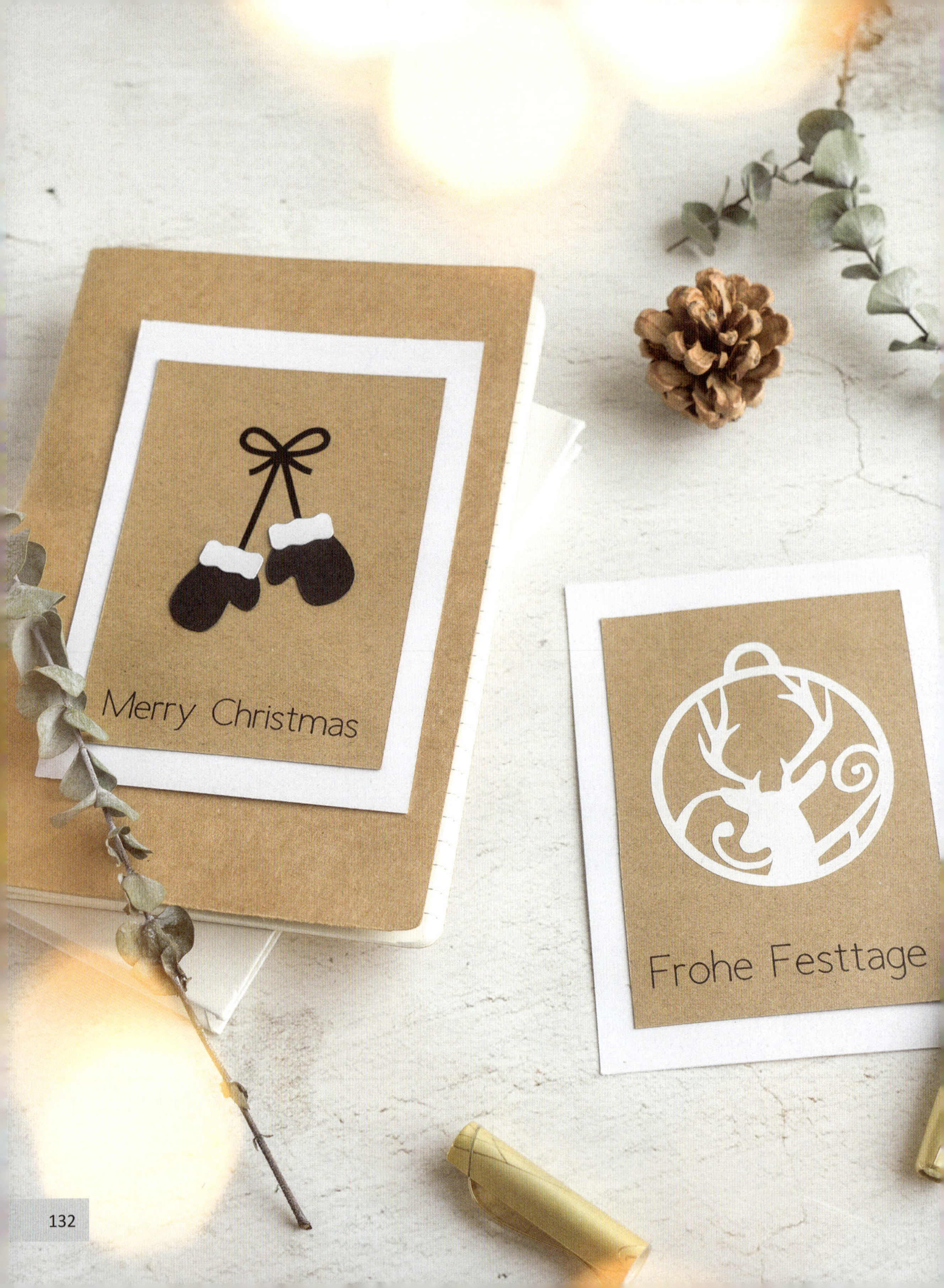
Merry Christmas
Frohe Festtage

Individuelle Karten für liebe Menschen

Valentingstag, Geburtstag, Weihnachten, Halloween, Hochzeit, Baby

Valentinstagskarten

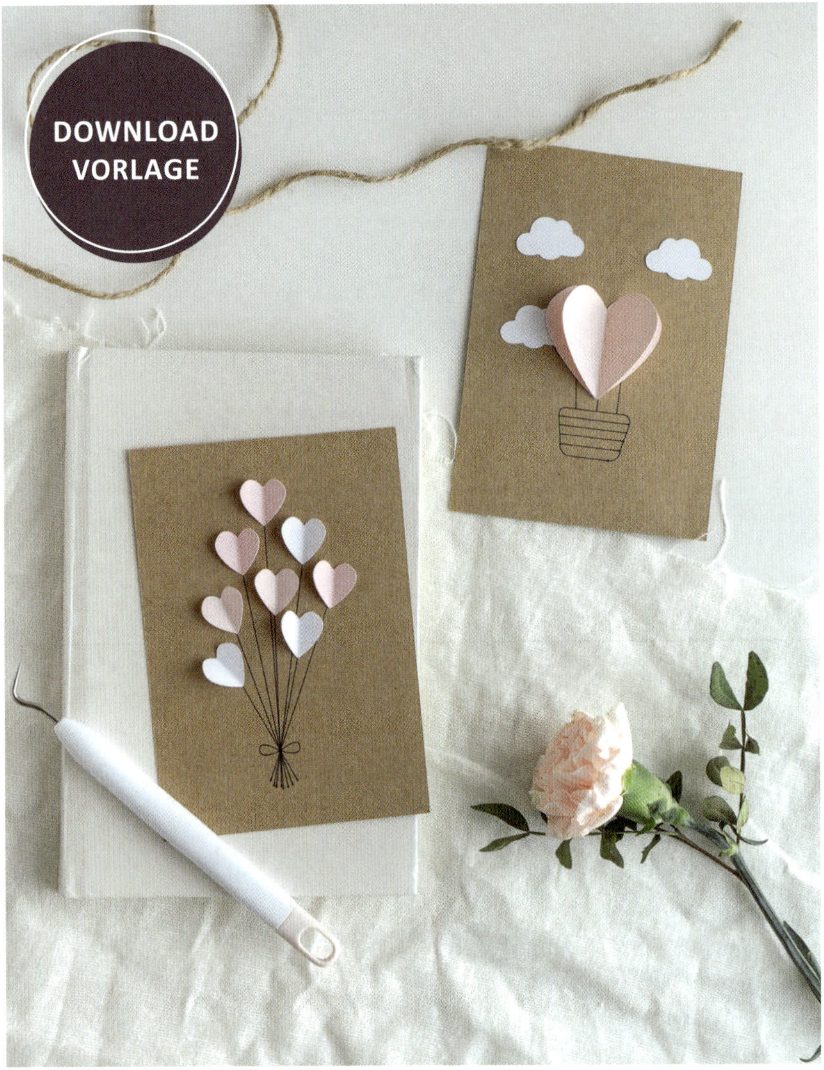

MATERIAL & WERKZEUG

- Gerät: Joy, Explore oder Maker
- Kraftpapier 300 g/qm
- Papier in Weiß 300 g/qm
- Papier in Rosa 300 g/qm
- Klebestift
- Stift für dein Gerät
- Schneidematte StandardGrip
- Rakel/Lineal

HINWEIS:
Beim Joy erfolgt Schneiden und Zeichnen in zwei Arbeitsschritten. Der Maker/Explore hat zwei Werkzeugklemmen.

SCHWIERIGKEIT

SO GEHT´S

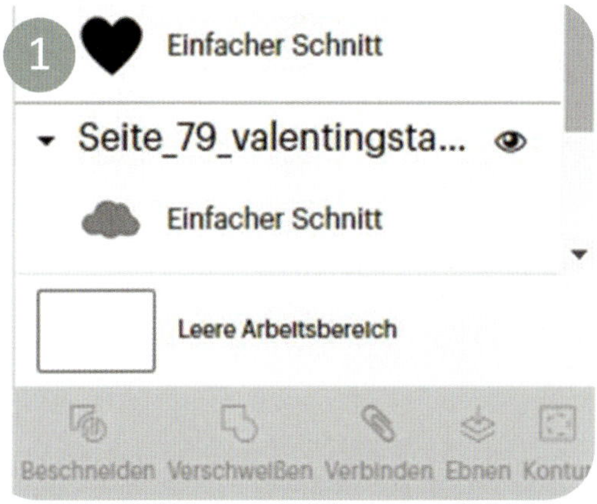

1. Zu Beginn musst du die Datei im Design Space für die Herstellung vorbereiten. Lade hierfür die Datei hoch und markiere alles. »Zerlege« das Design in die einzelnen Teile. Klicke nun alle Objekte an, die gezeichnet werden sollen, und wähle unter »Betrieb« den Stift aus. Nachdem alle Teile den richtigen »Betrieb« haben, musst du das komplette Motiv noch einmal markieren und »Verbinden«.

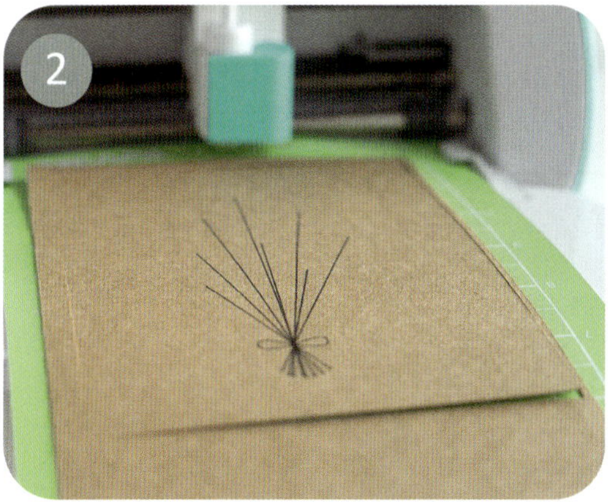

2. Klebe das Papier auf die Schneidematte und starte den Herstellungsvorgang. Der Plotter schneidet und zeichnet die Karte schnell und sehr akurat in Windeseile. Ältere Matten haben häufig weniger Klebekraft. Zum Beispiel kannst du viel verwendete StandardGrip-Matten dann für Papier verwenden. Wenn das Papier kaum mehr auf der Matte haftet, wird dieses mit etwas Klebeband befestigt.

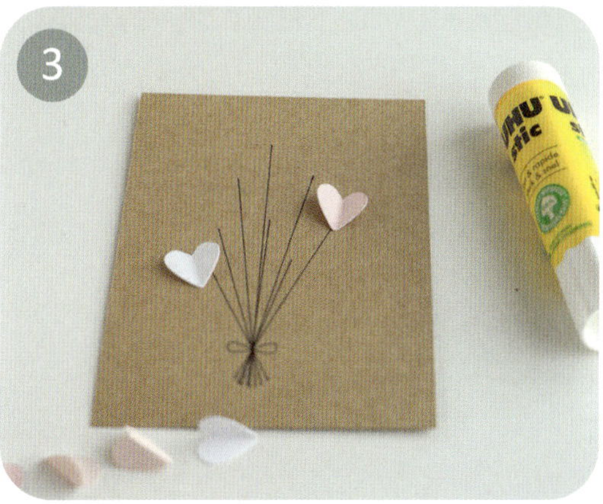

3. Die Rückseite kannst du mit lieben Worten beschriften. Klebe die Wolken mit einem Klebestift auf die Karte. Falte die Herzen nun in der Mitte und klebe sie an der Faltkante auf der Karte fest.

Campingliebe-Geschenkkarte

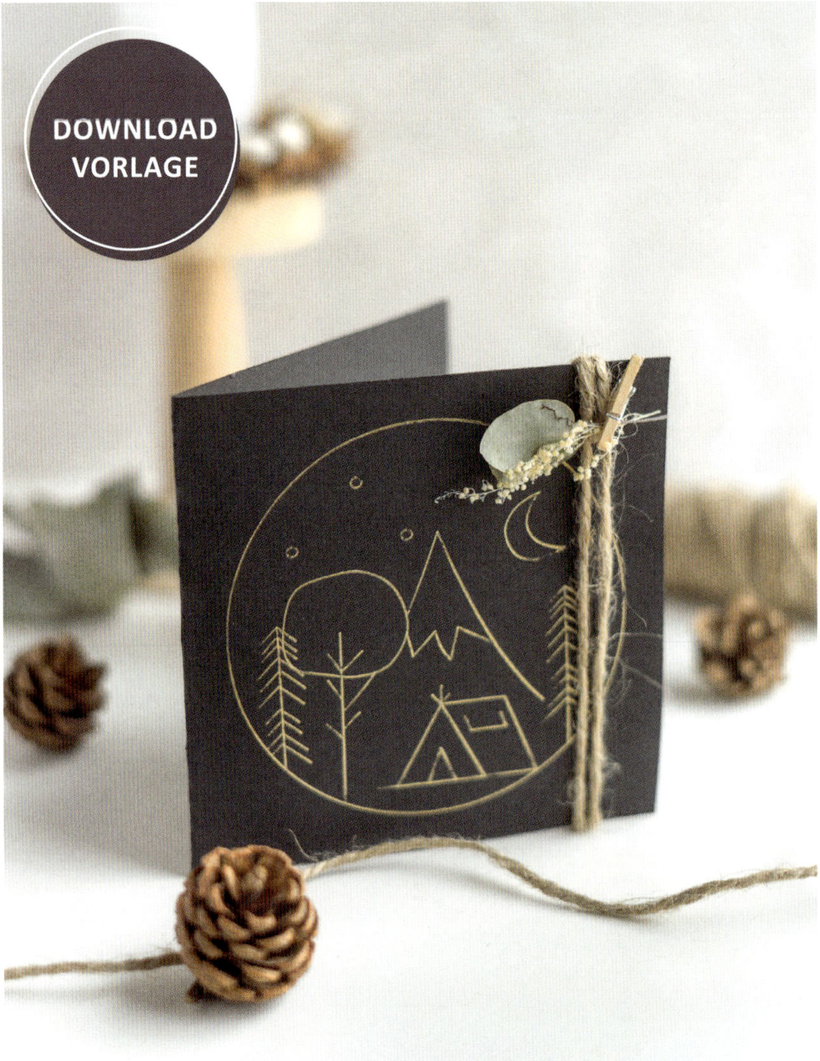

MATERIAL & WERKZEUG

- Gerät: Joy, Explore oder Maker
- Papier in Schwarz 300 g/qm
- Foil Transfer Sheet
- Klebestreifen
- Foil Transfer Tool (s. S. 51)
- Trockenblumen
- Juteband
- Schneidematte LightGrip

HINWEIS:
Befestige das Foil Transfer Sheet sehr gut auf dem Papier, um ein möglichst gleichmäßiges Ergebnis zu erhalten.

SCHWIERIGKEIT

SO GEHT´S

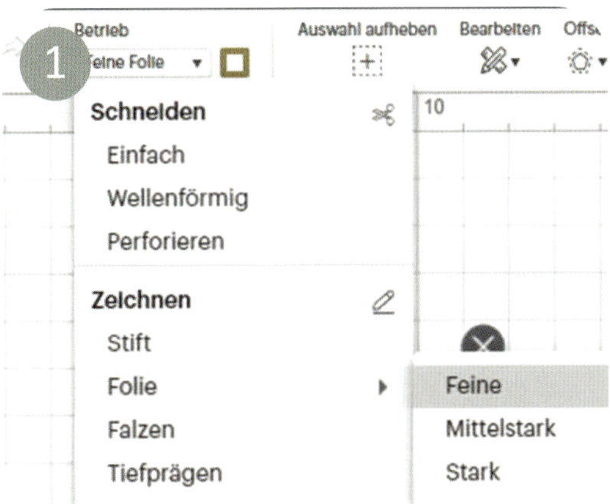

1. Lade die Datei im Design Space hoch, markiere das ganze Motiv und stelle den »Betrieb« auf »Folie«. Markiere noch einmal das ganze Design und klicke »Verbinden«. Füge ein Rechteck für die Geschenkkarte in deiner Wunschgröße ein und platziere das Camping-Design in der Mitte des Rechtecks.

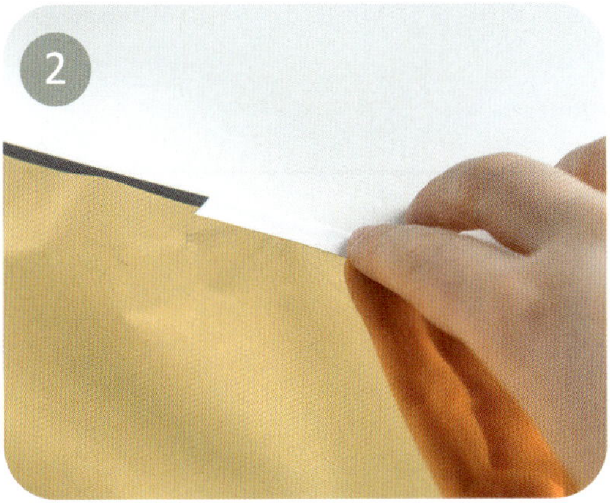

2. Befestige die Metallfolie mit dem mitgelieferten Klebeband sehr gut und straff auf deinem Papier. Bringe das Papier mit dem Sheet auf die Schneidematte und lade anschließend alles zusammen in den Plotter.

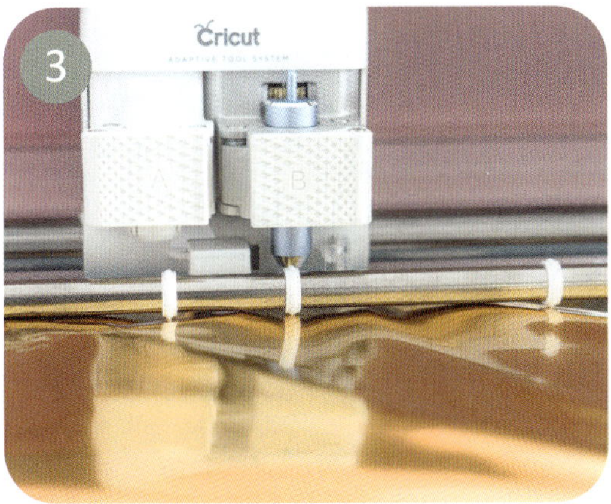

3. Lade das Foil Transfer Tool in die Klemme A deines Plotters und starte den Prägevorgang. Nach dem Prägen folgst du den Anweisungen von Design Space und entfernst das Transfer Sheet. Lege anschließend in die Klemme A wieder das Messer ein und lass das Rechteck ausschneiden. Falte die Karte in der Mitte und befestige ein Schmuckband.

Personalisierte Hochzeitskarte

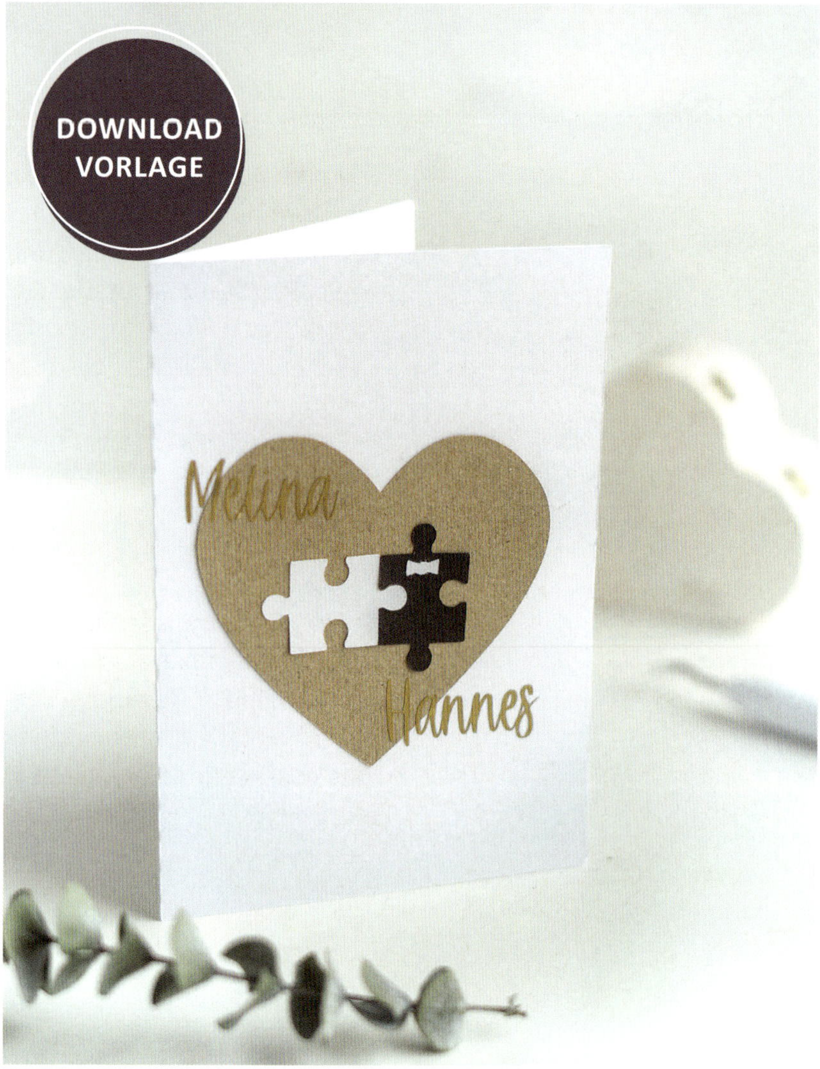

MATERIAL & WERKZEUG

- Gerät: Joy, Explore oder Maker
- Kraftpapier 300 g/qm
- Papier in Schwarz 250 g/qm
- Papier in Weiß 250 g/qm
- Vinylfolie in Gold
- Transferfolie
- Klebestift
- Schmuckband
- Schneidematte LightGrip
- Rakel/Lineal
- Entgitterwerkzeug
- (Schriftart: »Augustine«)

HINWEIS:
Wahlweise kannst du die Karte mit Schmuckbändern oder Perlen etwas aufpeppen.

SCHWIERIGKEIT

SO GEHT´S

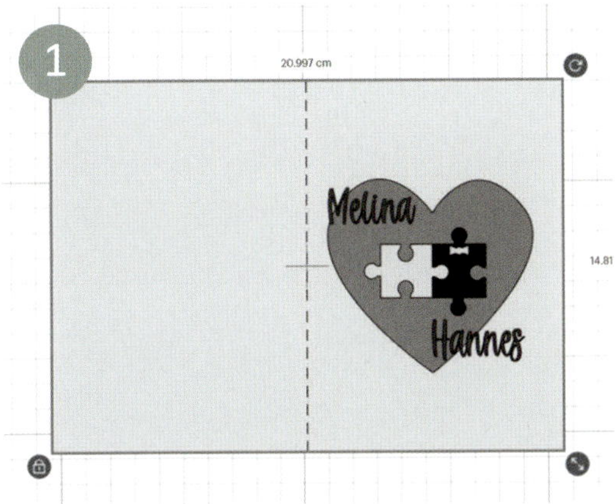

1. Füge die Karten-Datei im Design Space ein. Anschließend gibst du noch deinen personalisierten Text ein und passt diesen in Position und Größe der Karte an.

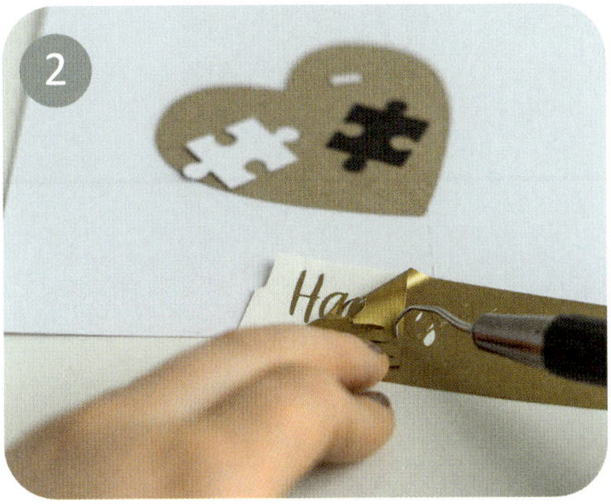

2. Starte zu Beginn den Schnitt der verschiedenen Papiere. Im Handumdrehen hast du eine perfekt geschnittene Geschenkkarte. Entferne nach dem Schnitt die Matte vom Papier und sammle die einzelnen Teile. Starte anschließend den Schnitt der goldenen Vinylfolie und entgittere diese.

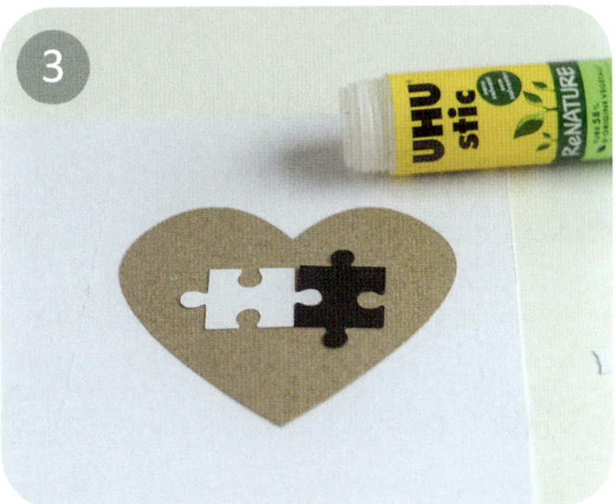

3. Bringe die Teile mit einem Klebestift aufeinander und klebe anschließend die Namen aus der Vinylfolie mit der Transferfolie auf die Karte.

Gezeichnete Hochzeitskarte

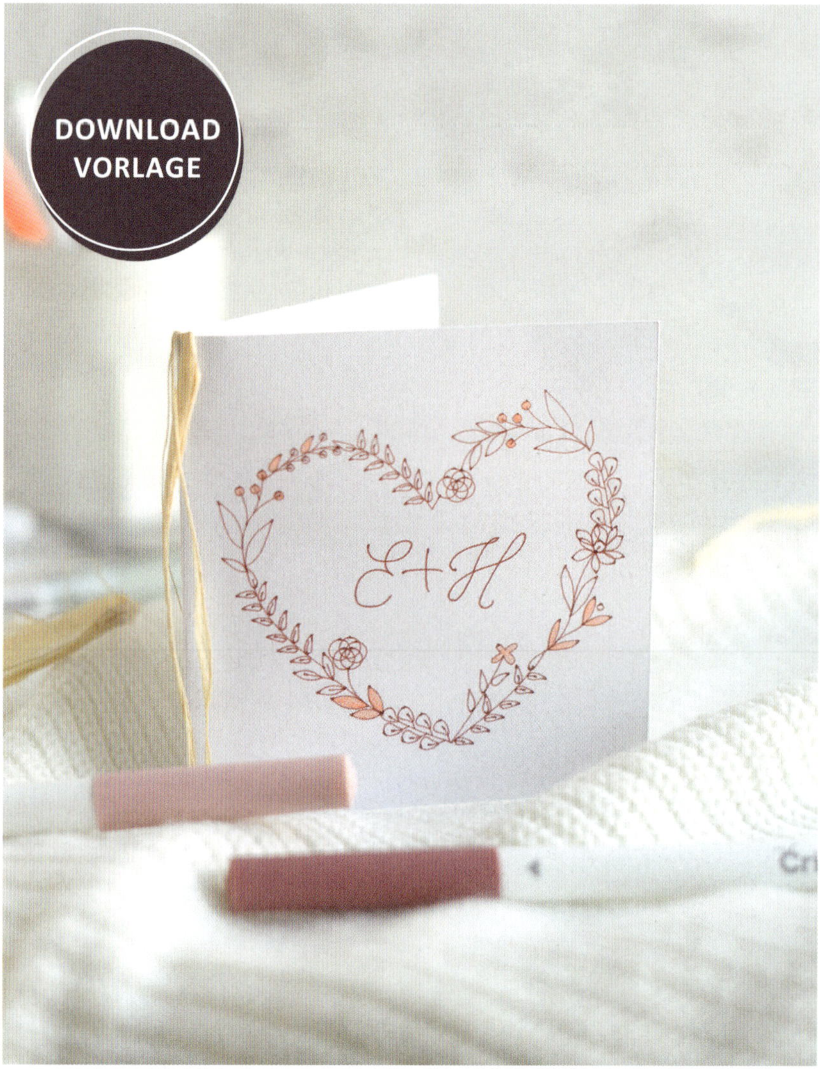

MATERIAL & WERKZEUG

- Gerät: Joy, Explore oder Maker
- Papier in Weiß 300 g/qm
- Stift
- Schneidematte LightGrip
- Schmuckband
- (Schriftart: »Adalaide«)

HINWEIS:
Die Geschenkkarte kannst du auch mit dem Foil Transfer Tool gestalten und so mit einem metallischen Hingucker glänzen.

SCHWIERIGKEIT

SO GEHT´S

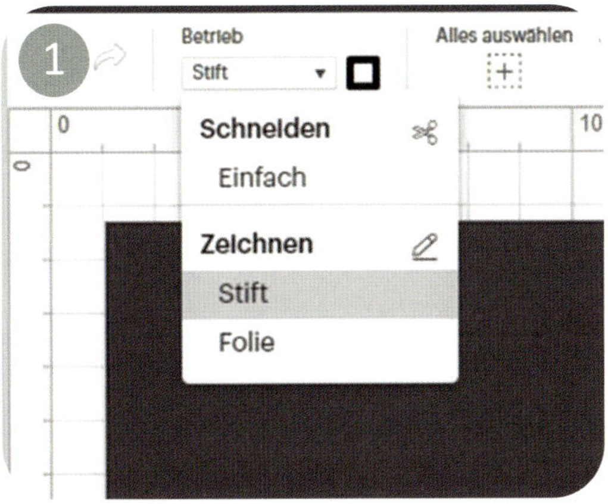

1. Füge das Blumenherz und einen Text ins Programm ein und stelle den »Betrieb« auf »Stift«. Füge außerdem ein Rechteck für die Geschenkkarte ein und platziere das Herz und die Schrift auf dem Rechteck. Markiere alles und klicke »Verschweißen«.

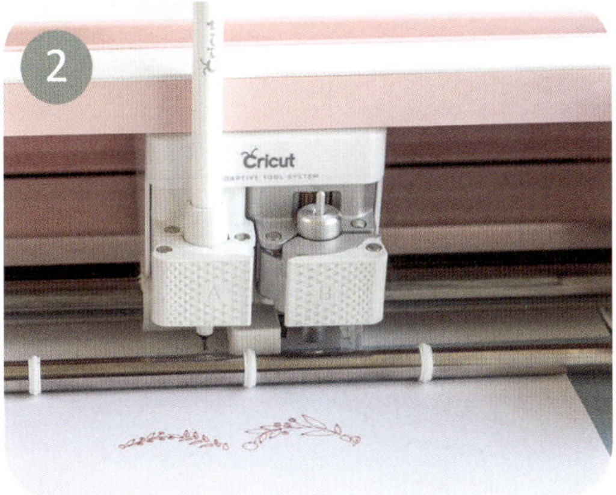

2. Lege das Papier auf die Schneidematte und lade diese in den Plotter. Lege den gewünschten Stift und das Schneidemesser in die jeweiligen Klemmen. Starte den Schneidevorgang. Binnen wenigen Sekunden hast du ein einwandfreies Ergebnis ohne viel Aufwand mit dem Plotter umgesetzt.

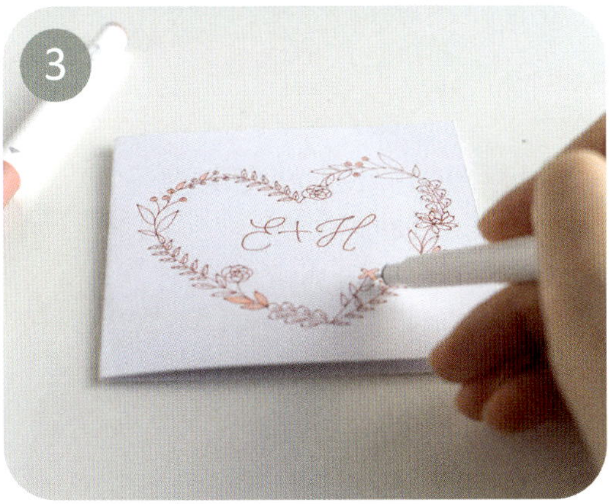

3. Falte das Rechteck in der Mitte und beschrifte den Innenteil personalisiert. Befestige das Schmuckband. Einzelne Teile kannst du noch extra ausmalen.

Geschenkkarten zur Geburt

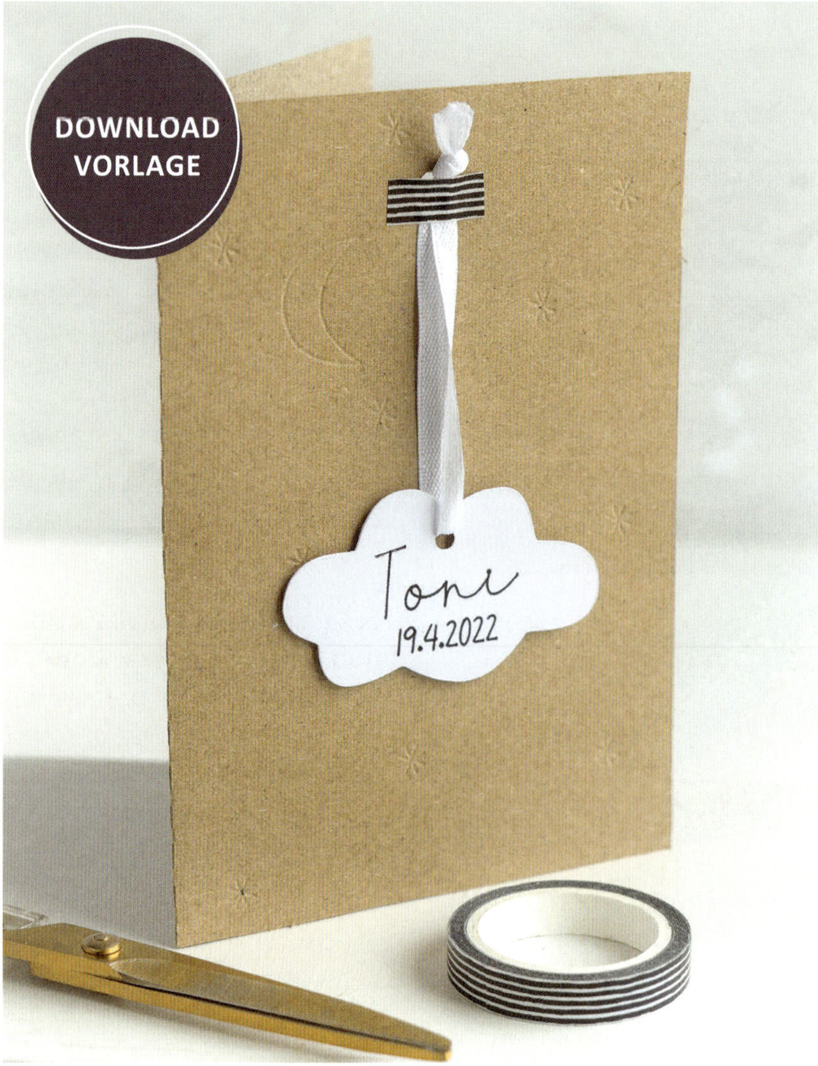

MATERIAL & WERKZEUG

- Gerät: Maker
- Kraftpapier 300 g/qm
- Papier in Weiß 300 g/qm
- Fine Debossing Tip mit Quickswap Housing (s. S. 51)
- Schneidematte LightGrip
- Rakel/Lineal
- Schmuckband
- Washitape
- (Schriftart: »Cricut Sans«)

HINWEIS:
Markiere die Motive am besten in der rechten Bearbeitungsleiste. Das ist oft leichter als auf der Arbeitsfläche.

SCHWIERIGKEIT

SO GEHT´S

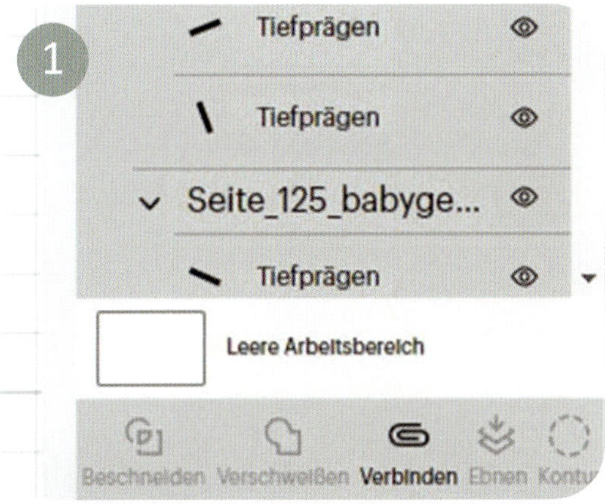

1. Füge die Datei und einen Text ein. Markiere die jeweiligen Objekte und passe deren »Betrieb« an. Für die Sterne und den Mond wählst du »Tiefprägung«, für die Karte, den Kreis und die Wolke den »Schnitt« und für die Schrift den »Stift«. Markiere das komplette Design außer den Teil der Wolke und klicke »Verbinden«. Die Wolke, den Kreis und den Text markierst du extra und klickst wieder »Verbinden«.

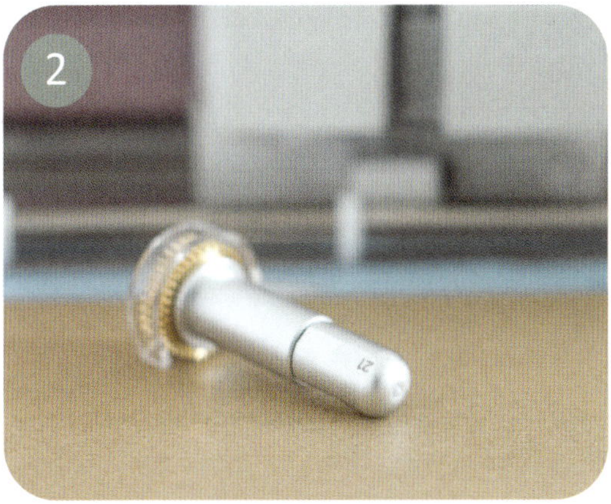

2. Bringe das Papier auf die Schneidematte und lege das Debossing Tool zum Prägen in die Klemme A ein. Starte den Herstellungsprozess. Das Gleiche machst du anschließend mit dem Stift in der Klemme B und dem Finepoint Blade in der Klemme A.

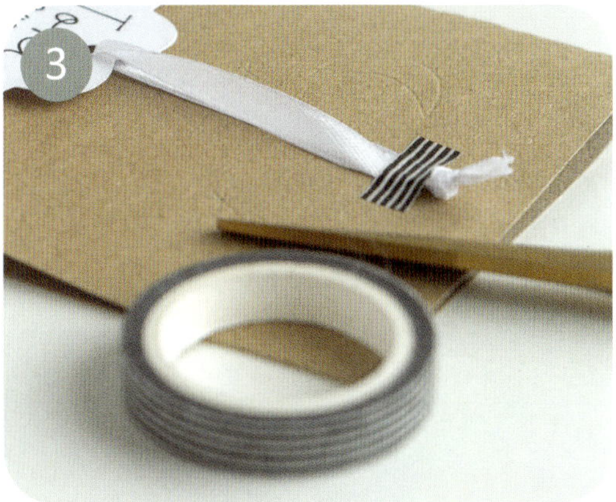

3. Die Wolke befestigst du im letzten Schritt mit einem Schmuckband und einem Washitape an der Karte.

Geschenkkarte zum Runden

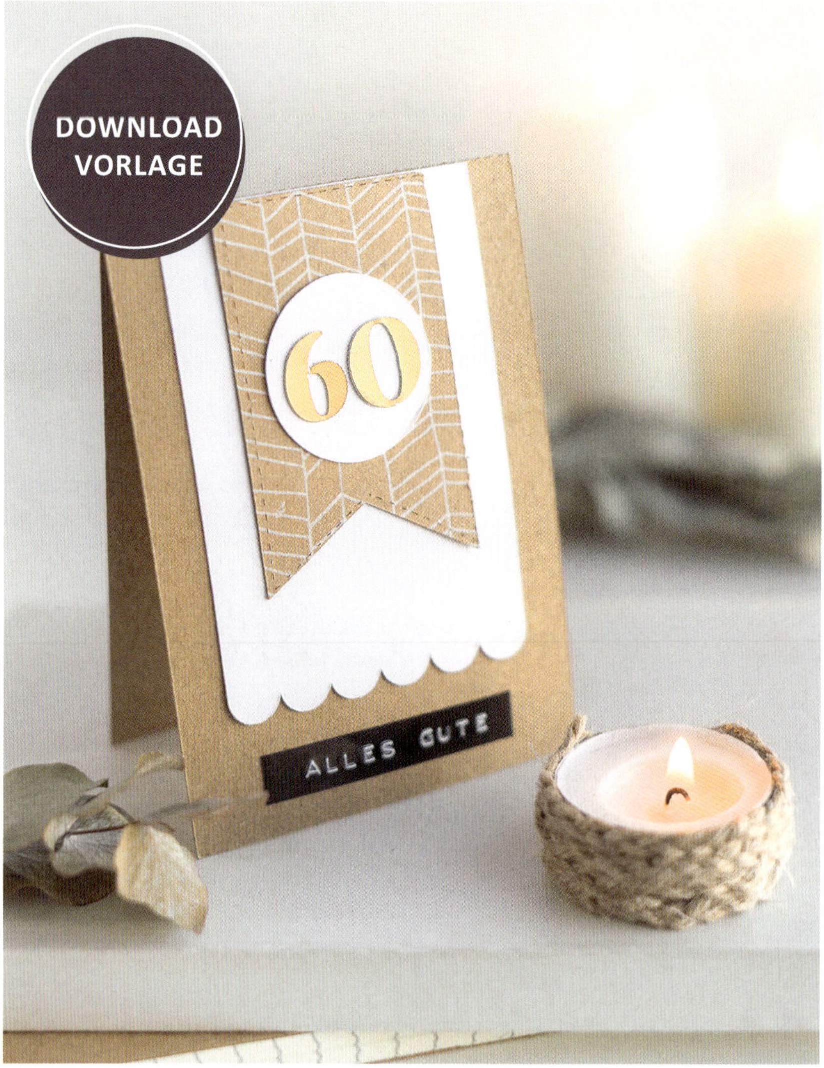

MATERIAL & WERKZEUG

- Gerät: Joy, Explore oder Maker
- Kraftpapier 300 g/qm
- Papier in Weiß 300 g/qm
- Papier in Gold 300 g/qm
- Klebestift
- Schneidematte LightGrip
- Rakel/Lineal
- Etikettenprägegerät
- (Schriftart: »Brume«)

HINWEIS:
Mit einem Etikettenprägegerät kannst du Geschenkkarten sehr einfach und schnell beschriften.

SCHWIERIGKEIT

SO GEHT´S

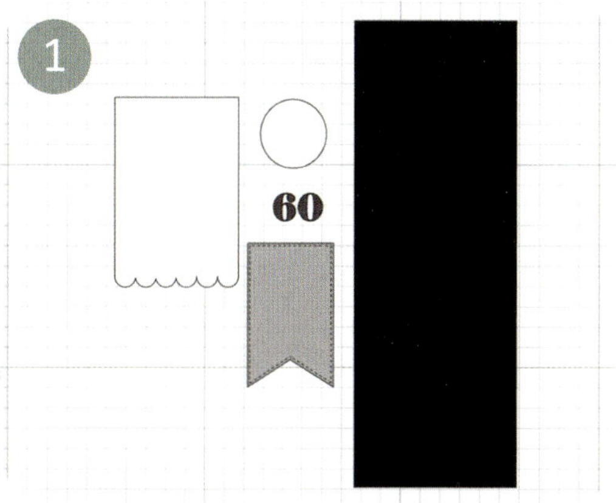

1. Füge im Programm die Geburtstagszahl ein. Zerlege das Motiv. Markiere die Rechtecke inklusive Linien und klicke »Verbinden«.

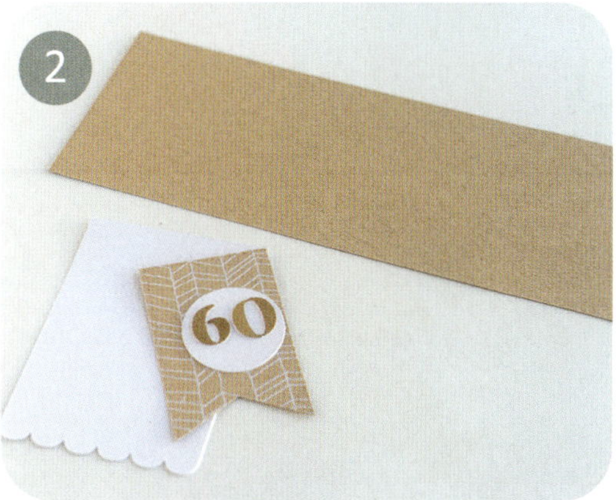

2. Lege die Papiere der jeweiligen Farben auf die Schneidematte, starte die Schnitte und sammle anschließend die Teile.

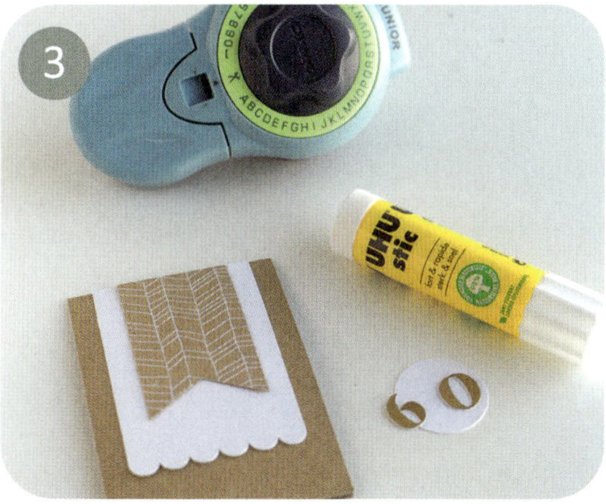

3. Klebe die einzelnen Teile aufeinander, klebe die Schrift des Etikettenprägegeräts auf und personalisiere per Hand den Innenteil deiner Karte mit Geburtstagsglückwünschen.

Schaurige Halloweenkarte

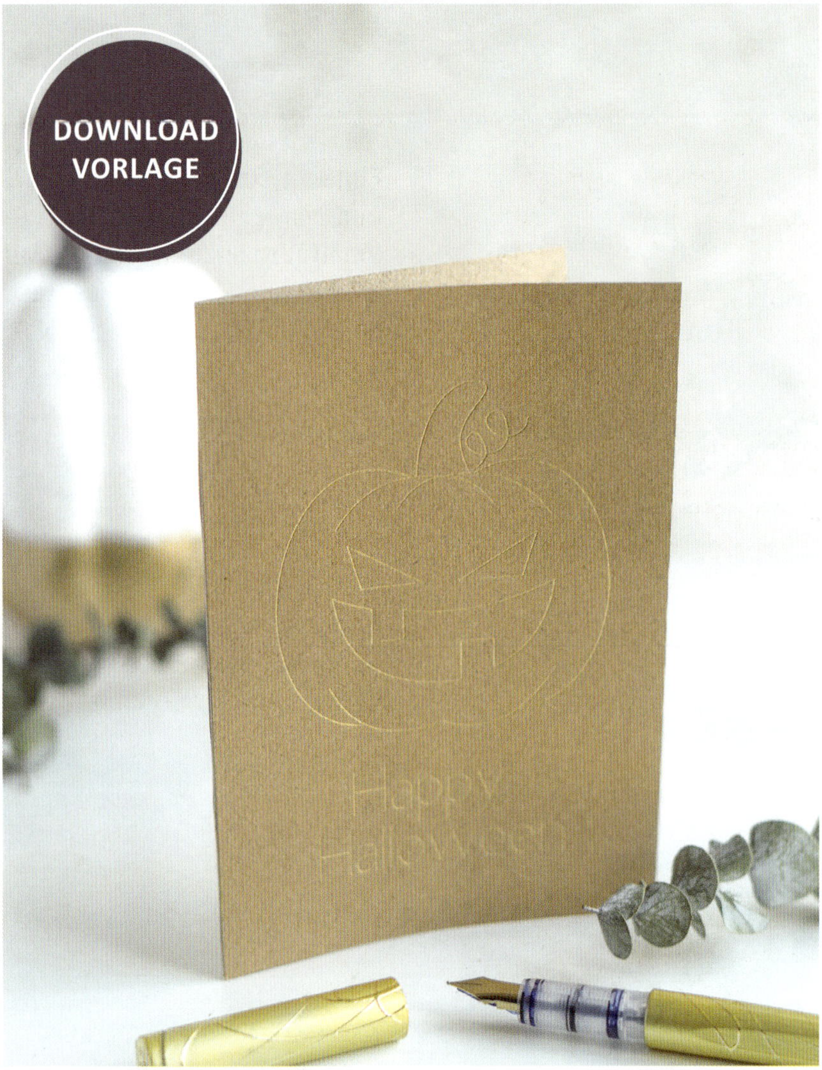

MATERIAL & WERKZEUG

- Gerät: Joy, Explore oder Maker
- Kraftpapier 300 g/qm
- Foil Transfer Sheet
- Foil Transfer Tool (s. S. 51)
- Schneidematte LightGrip
- Rakel/Lineal
- Klebeband
- (Schriftart: »Cricut San«)

HINWEIS:
Objekte markierst du, indem du sie in der rechten Leiste anklickst. Mit gedrückter Strg-Taste markierst du mehrere.

SCHWIERIGKEIT

SO GEHT´S

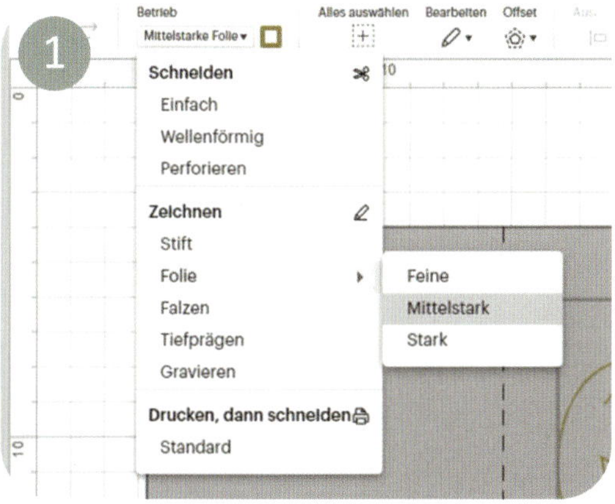

1. Füge die Datei ein. Markiere den Kürbis und wähle unter Betrieb die Folie. Füge einen Text ein, markiere diesen und wähle unter Betrieb die Folie. Markiere das komplette Motiv und klicke »Verbinden«.
   Beim Maker/Explore kannst du eine der drei Spitzen auswählen. Beim Joy gibt es nur eine Prägespitze.

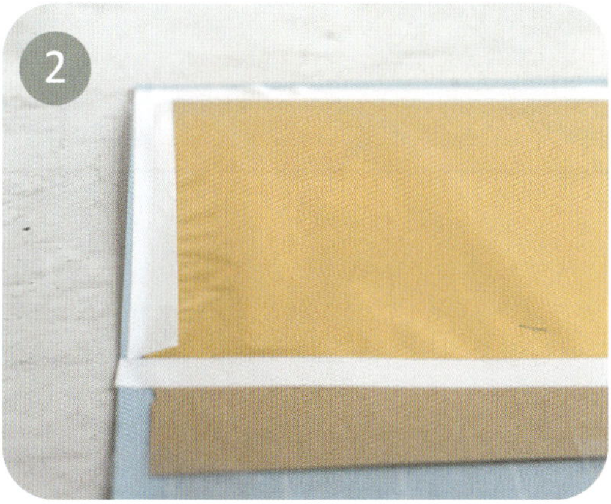

2. Befestige das Foil Transfer Sheet mit dem weißen Klebeband (im Lieferumfang enthalten) auf dem Papier.

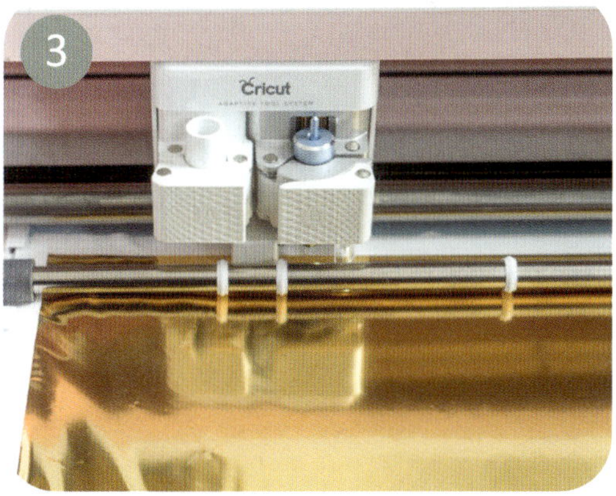

3. Lege dein Papier inklusive Foil Transfer Sheet auf die Schneidematte. Das Foil Transfer Tool legst du in die Werkzeugklemme B ein. Starte nun den Herstellungsvorgang. Das Programm erinnert dich am Ende des Prägevorgangs an das Entfernen der Folie und Wechseln des Werkzeugs. Mit dem Messer schneidest du anschließend noch das Rechteck aus und erstellst die Falzlinie.

Geschenkkarten für Weihnachten

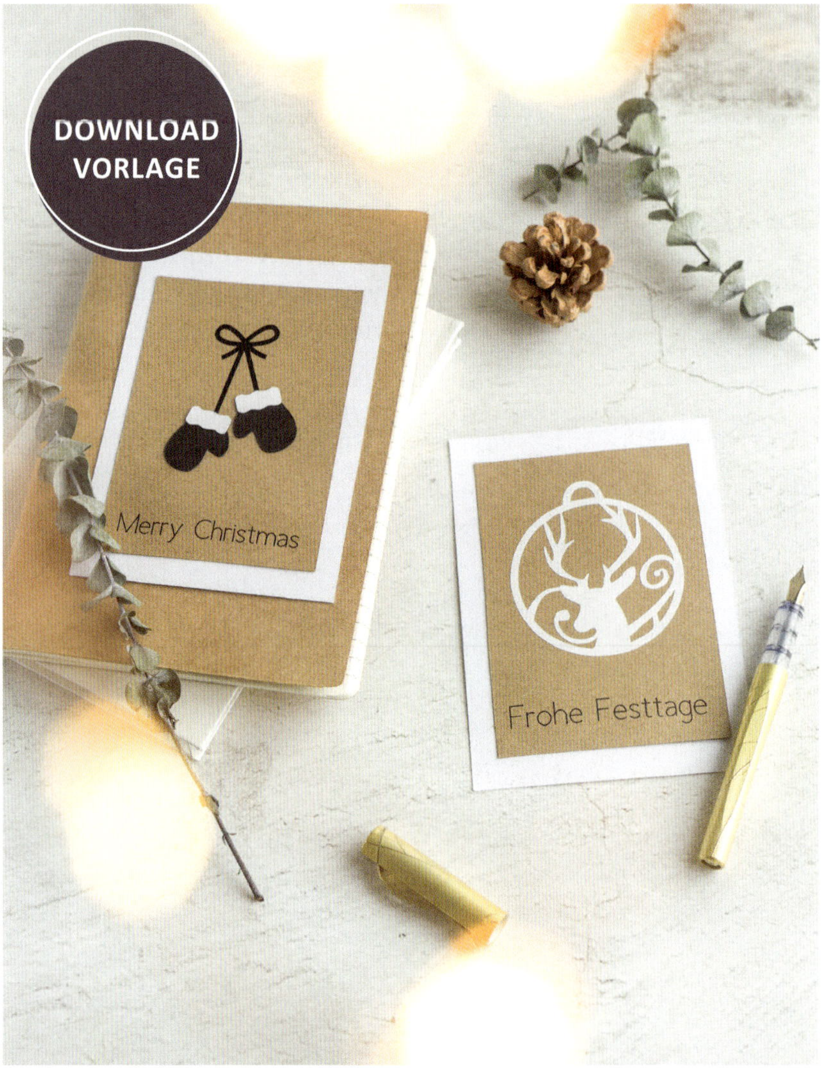

MATERIAL & WERKZEUG

- Gerät: Joy, Explore oder Maker
- Kraftpapier 300 g/qm
- Vinylfolie in Schwarz und Weiß
- Papier in Weiß 300 g/qm
- Papier in Schwarz 300 g/qm
- Klebestift
- Schneidematte LightGrip
- Rakel/Lineal
- Entgitterwerkzeug
- (Schriftart: »Cricut San«)

HINWEIS:
Eine Singleline-Schrift hat den Hinweis »Schreibschrift«.
Cricut San hat mehrere Schriftstile. Diese kannst du anpassen.

SCHWIERIGKEIT

SO GEHT´S

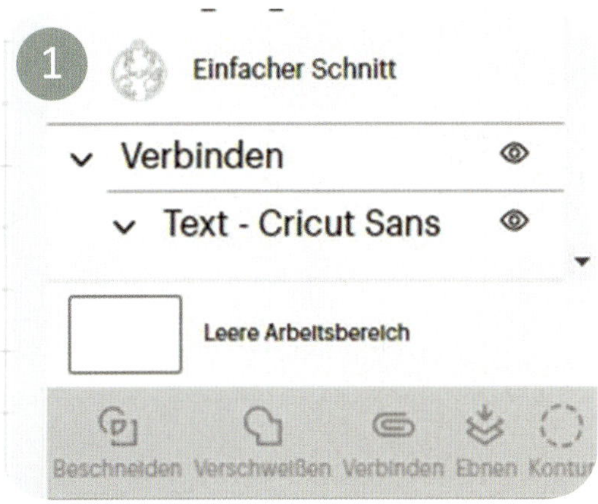

1. Füge die Datei ins Programm ein und ergänze wahlweise noch einen weihnachtlichen Text. Vergiss nicht, den Text und das entsprechende Rechteck zu markieren und zu »Verbinden«.

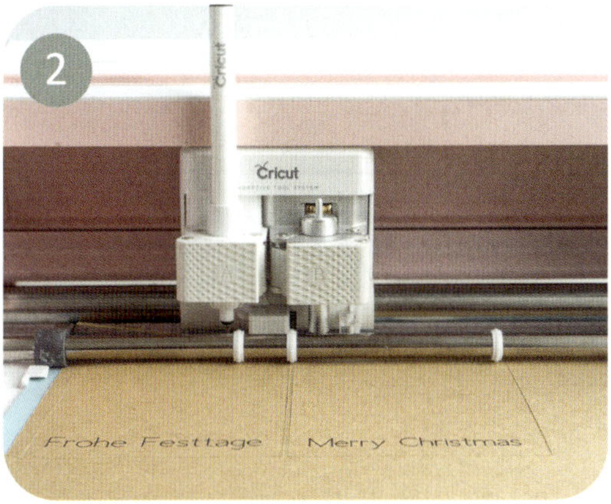

2. Bringe das jeweilige Material auf die Schneidematte. Lege in die Klemme A den Stift und in die Klemme B das Messer ein. Starte anschließend den Herstellungsprozess.

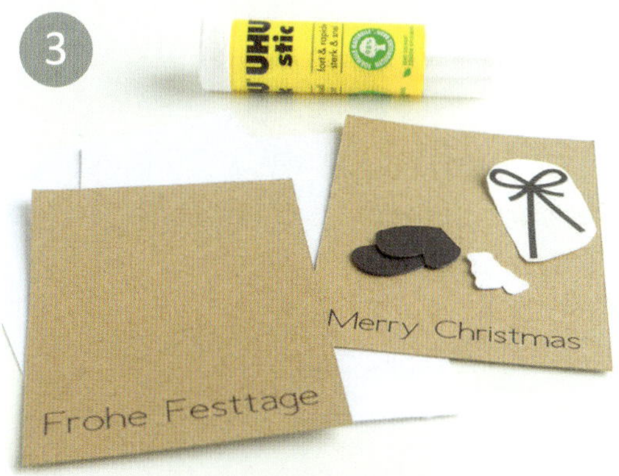

3. Klebe nun alle Teile aufeinander und ergänze auf der Rückseite handschriftlich deine Weihnachtsgrüße.

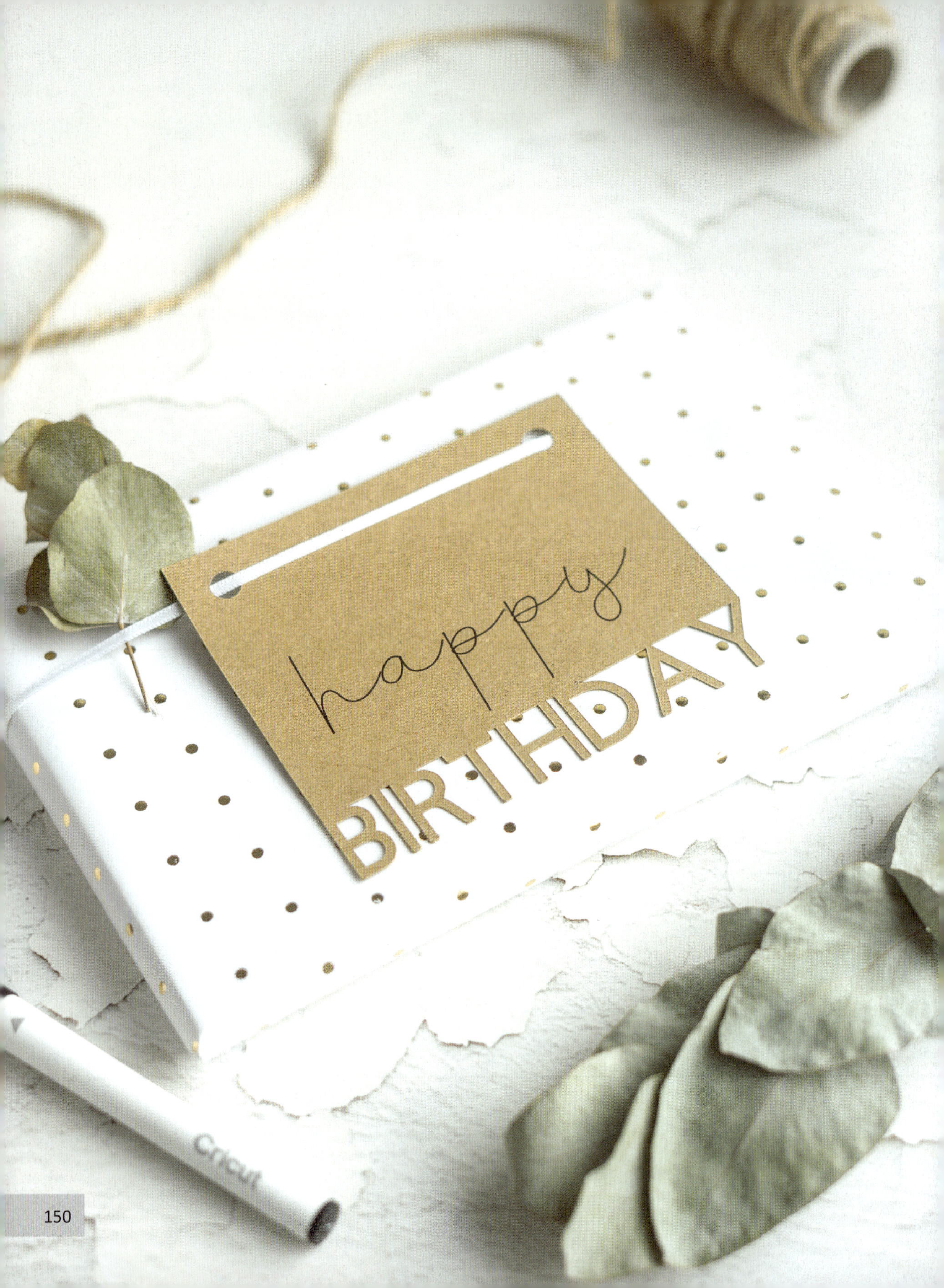
happy
BIRTHDAY
Cricut

Besondere Geschenkideen

Geburtstag, Ostern, Mutter- & Vatertag, Baby, Weihnachten, Silvester

Geschenktüte zu Ostern

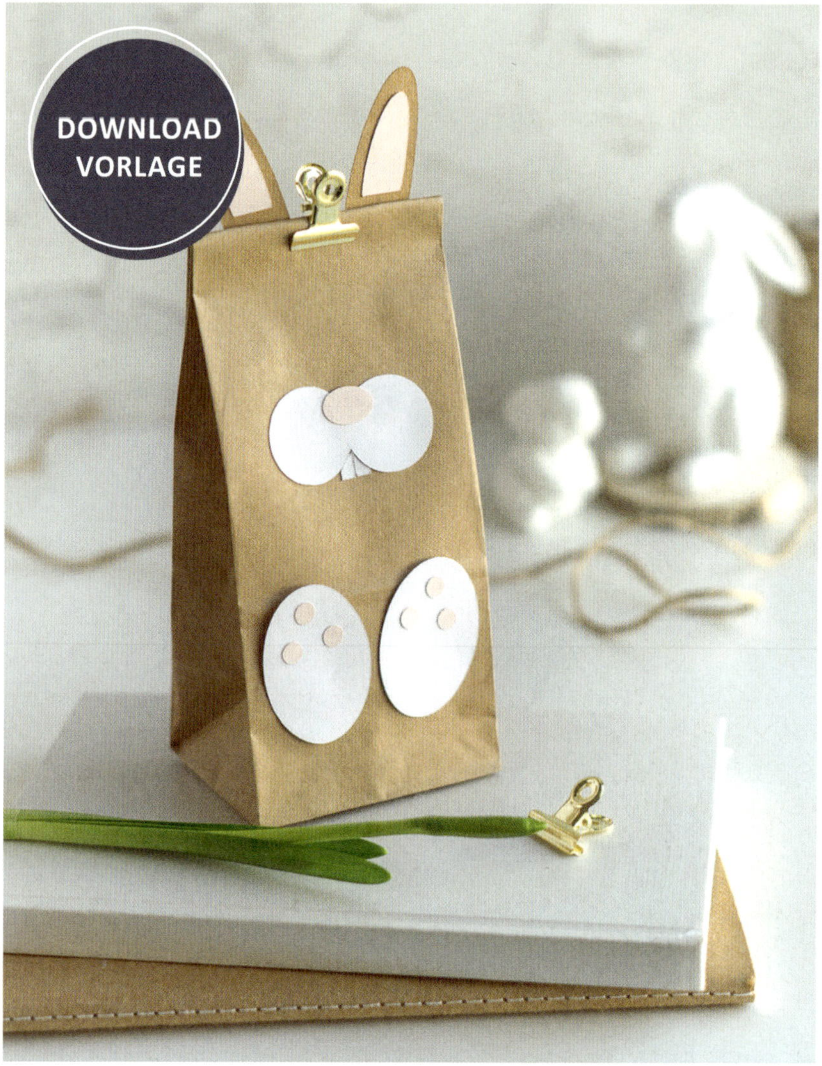

MATERIAL & WERKZEUG

- Gerät: Joy, Explore oder Maker
- Papiertüte
- Kraftpapier 300 g/qm
- Papier in Weiß 300 g/qm
- Papier in Rosa 300 g/qm
- Klebestift
- Papierklemme
- Schneidematte LightGrip
- Rakel/Lineal

HINWEIS:
Ziehe das Papier nicht von der Schneidematte, sondern immer die Matte vom Papier, um Wellungen zu vermeiden.

SCHWIERIGKEIT

SO GEHT´S

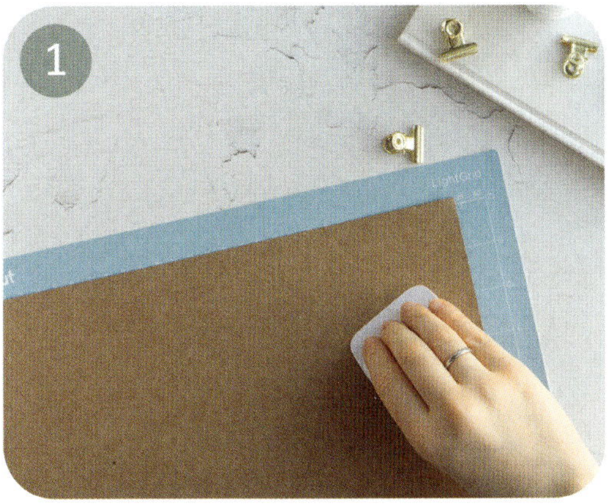

1. Streife das jeweilige Papier mit einem Rakel/Lineal auf der Schneidematte fest, um einem Verrutschen des Papieres während des Schnitts vorzubeugen. Starte den Schnitt. Binnen weniger Sekunden sind alle Teile sehr akurat ausgeschnitten.

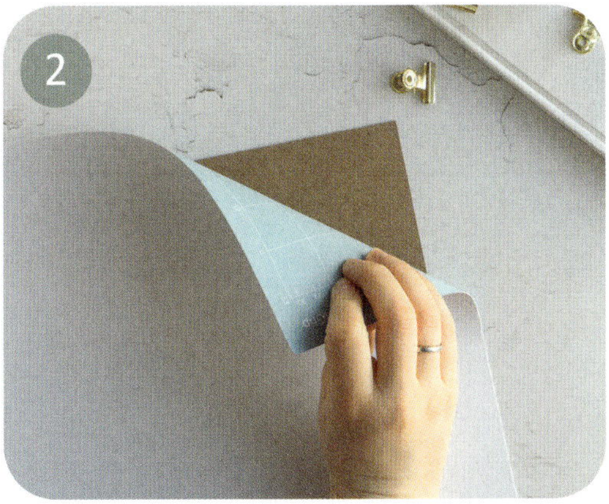

2. Entferne nach dem Schnitt die Matte vom Papier. Lege hierzu die Matte auf die Klebefläche, ziehe die Schneidematte vorsichtig vom Papier. Halte das Papier am besten mit einer Hand fest.

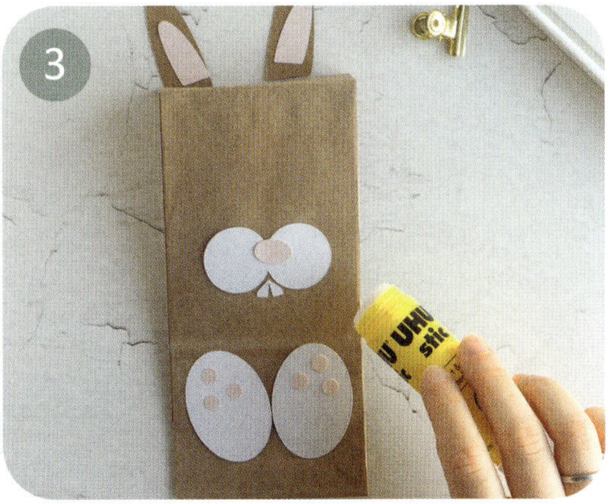

3. Die Öffnung der Tüte kannst du zum Verschließen umfalten und mit einer Papierklemme befestigen.
Sichere nach dem Schnitt alle Teile und klebe diese anschließend mit einem Klebestift auf der Papiertüte fest.

Personalisierte Osterhasen

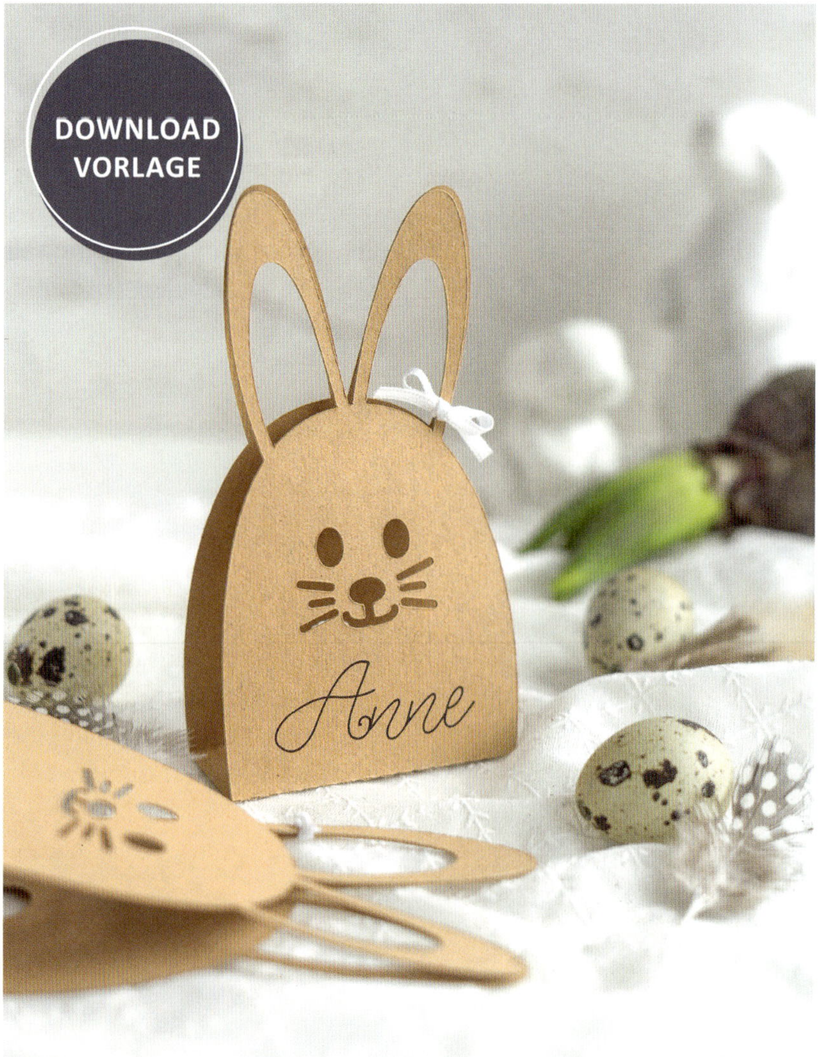

MATERIAL & WERKZEUG

- Gerät: (Joy), Explore oder Maker
- Papier 300 g/qm
- Stift
- Schmuckband
- Schneidematte LightGrip
- Rakel/Lineal
- (Schriftart: »Adalaide«)

HINWEIS:
Das Gesicht kannst du auch vom Rest trennen und zum Beispiel aus Vinylfolie ausschneiden und aufkleben.

SCHWIERIGKEIT

SO GEHT´S

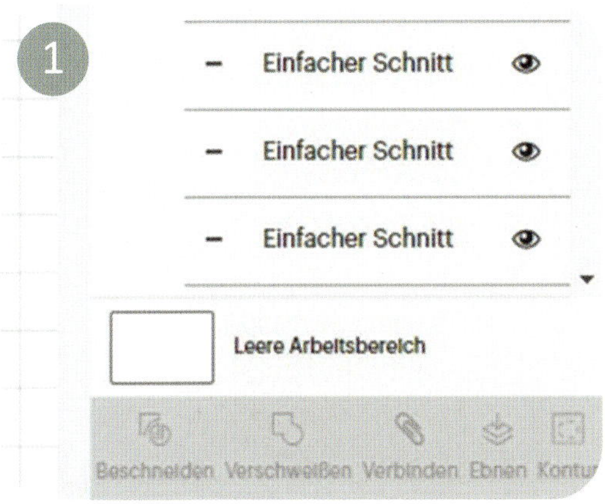

1. Füge einen Text ein und personalisiere diesen. Markiere das komplette Design und klicke auf »Verbinden«, um alle Teile auf einer Schneidematte zu erstellen.

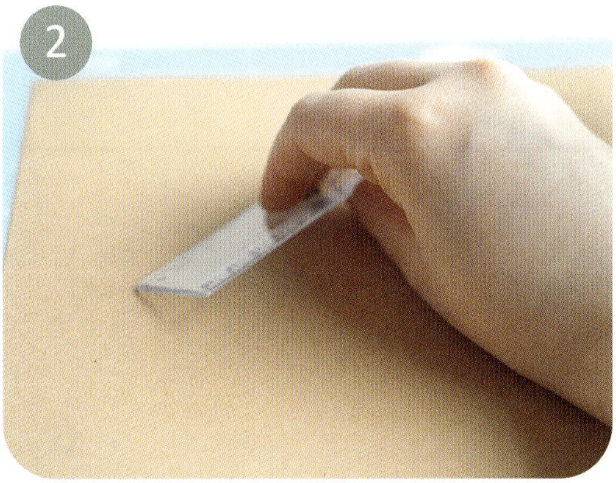

2. Lege dein Papier auf die Schneidematte, streife es mit einem Rakel/Lineal oder dem Applikator fest und starte den Schneidevorgang. Wenn deine Schneidematte schon viel benutzt ist und weniger Klebekraft hat, kannst du das Papier an den Rändern mit etwas Klebeband befestigen.

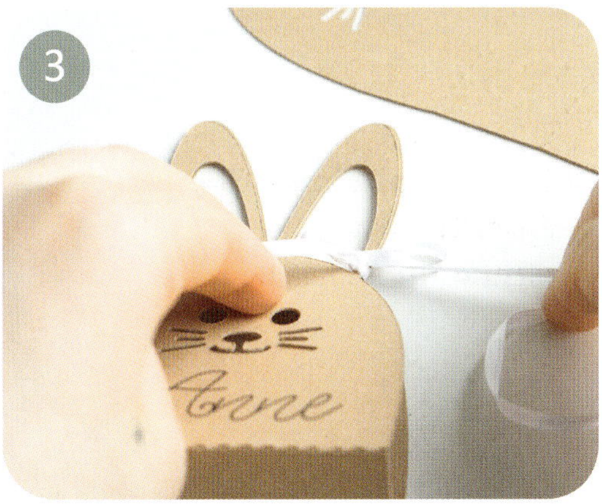

3. Knicke die Hasenteile an der Faltkante nach oben. Mit einem Schmuckband kannst du das Vorder- und Rückteil aneinander befestigen. Den Hasen kannst du zum Beispiel mit einer kleinen Süßigkeit füllen und diesen auf den Teller eures Osterbrunchs stellen.

Tasche zum Muttertag

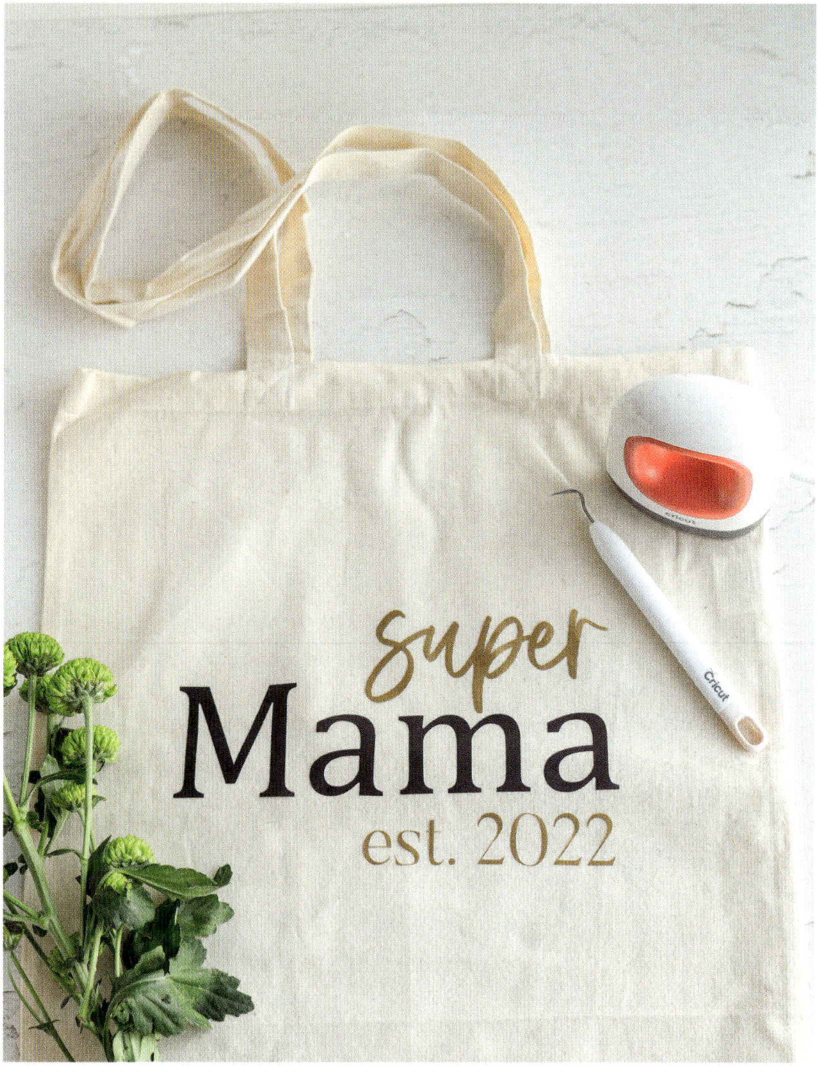

MATERIAL & WERKZEUG

- Gerät: (Joy), Explore oder Maker
- Stofftasche
- Flexfolie in Schwarz
- Flexfolie in Gold
- Entgitterwerkzeug
- Schneidematte LightGrip
- Transferpresse
- (Schriftart: »Buttercup«)
- (Schriftart: »Cambria Math«)
- (Schriftart: »Butler«)

HINWEIS:
Angaben zur Pressdruck, -dauer und -temperatur findest du beim Folienhersteller häufig in der Produktbeschreibung im Shop.

SCHWIERIGKEIT

SO GEHT´S

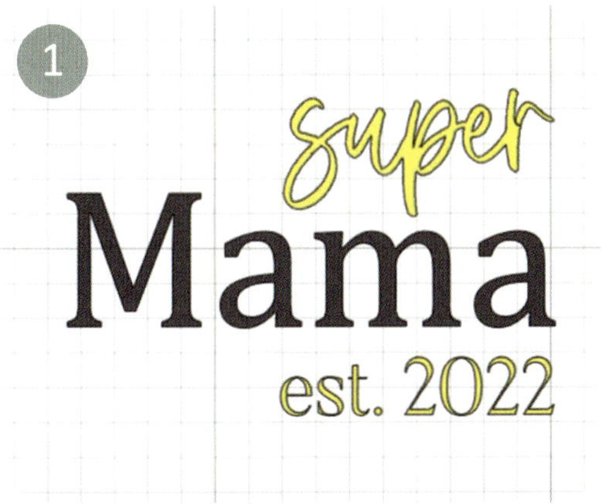

1. Füge drei Textbereiche ins Programm ein und passe diese an. Markiere die Teile »super« und »est. 2022«. Passe die Farbe in der oberen Leiste an, um diese auf der gleichen Schneidematte zu schneiden. Diese beiden Teile kannst du nach dem Markieren »Verbinden«. Dadurch kann das Übertragen später erleichtert werden.

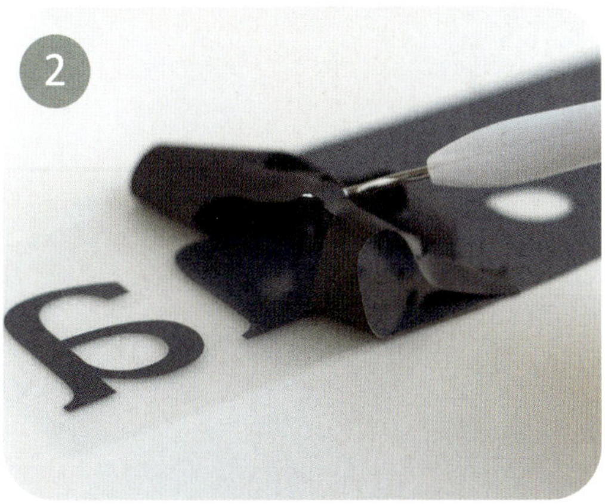

2. Lege das Material auf die Schneidematte, spiegle das Design und starte den Schnitt. Entgittere anschließend das Motiv.

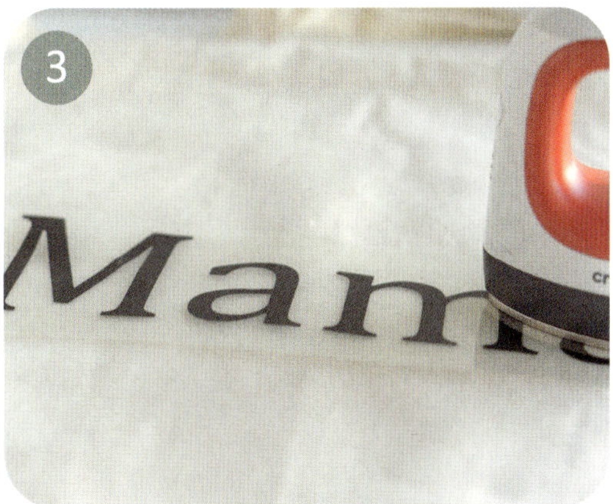

3. Presse den Stoff der Tasche kurz vor. Übertrage die verschiedenfarbigen Flexfolien mit einer Transferpresse auf die Tasche.

Vatertagsgeschenk im Bierkrug

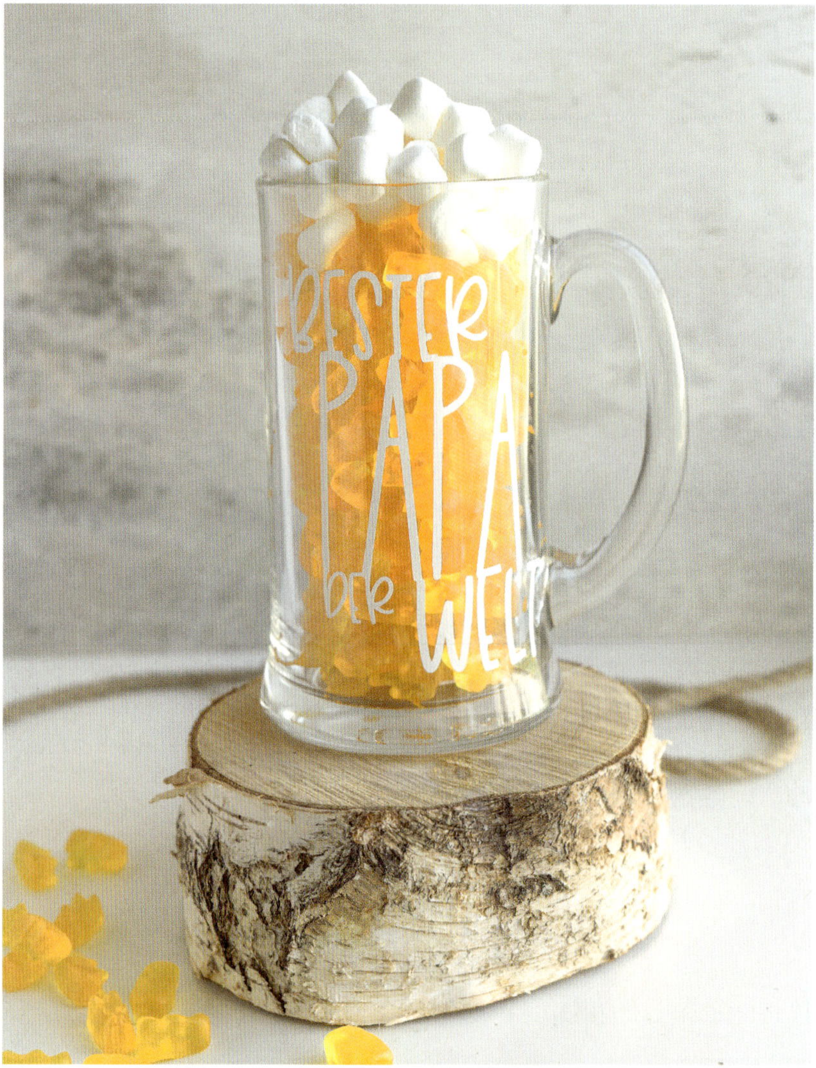

MATERIAL & WERKZEUG

- Gerät: Joy, Explore, Maker
- Bierglas
- Gummibärchen in Gelb
- Marshmallows
- Vinylfolie in Weiß
- Transferfolie
- Entgitterwerkzeug
- Schneidematte LightGrip
- (Schriftart: »Carley«)
- (Schriftart: »Apple Butter«)

HINWEIS:
Reinige das Glas vor dem Aufkleben. Manche Folien kleben nicht auf Anhieb. Das Entgitterwerkzeug kann helfen.

SCHWIERIGKEIT

SO GEHT´S

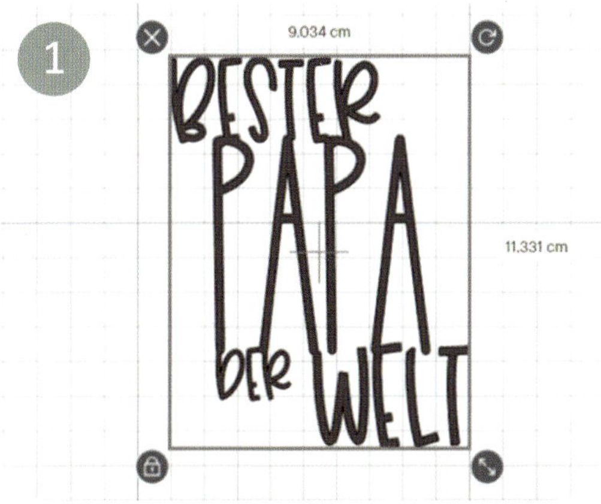

1. Die Größe der Schrift musst du zu Beginn anhand des Glases ausmessen. Füge im Programm anschließend den Text ein und passe nun die Größe an. Achte darauf, dass sich die einzelnen Zeilen leicht überlappen. Markiere alles und klicke »Verschweißen«.

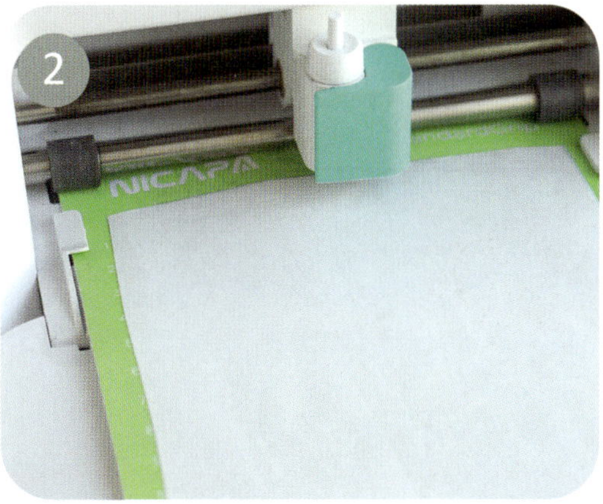

2. Lege die Vinylfolie auf die Schneidematte und starte den Herstellungsprozess. Nach dem Schnitt entgitterst du das Motiv und bringst eine Transferfolie mit einem Lineal/Rakel auf.

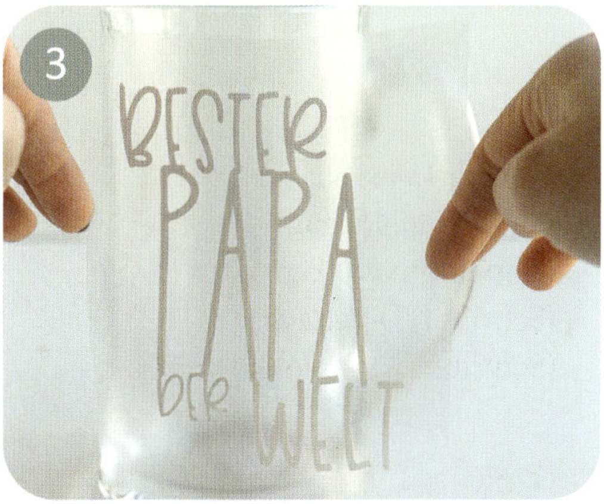

3. Übertrage das Motiv mit der Transferfolie auf das Glas und fülle es anschließend mit den Süßigkeiten.

Geldgeschenk zur Hochzeit

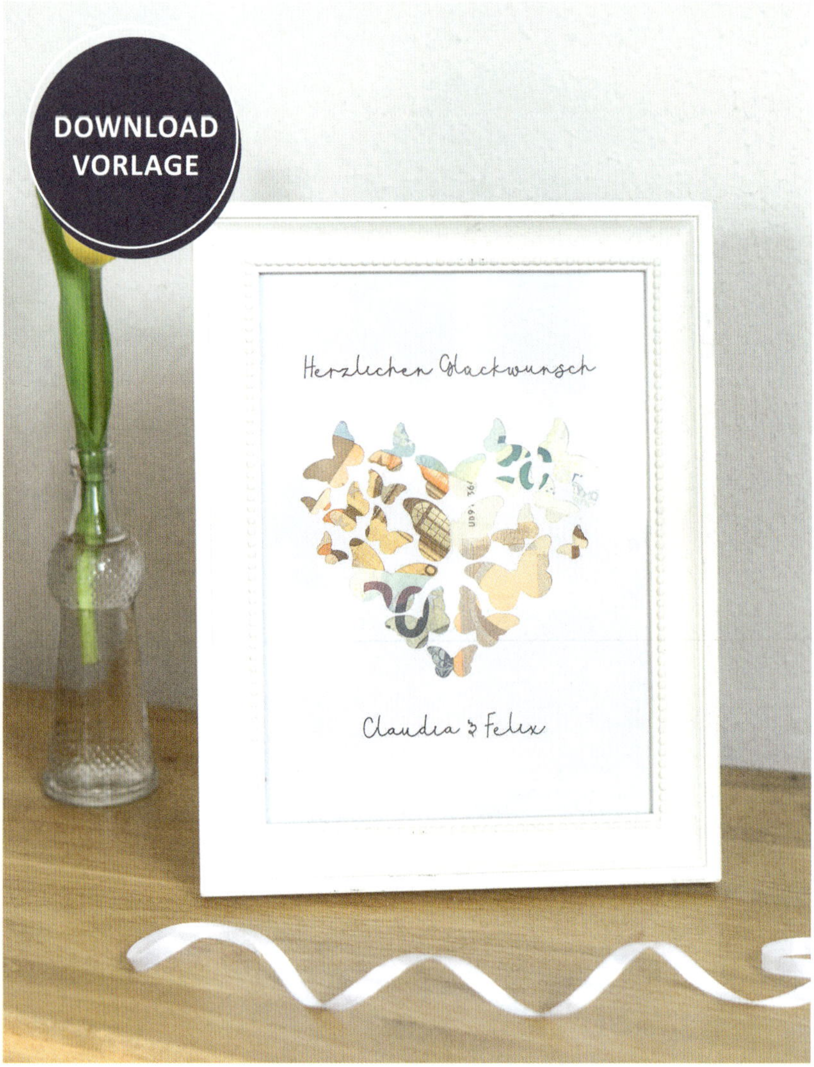

MATERIAL & WERKZEUG

- Gerät: (Joy), Explore oder Maker
- Bilderrahmen
- Papier in Weiß 300 g/qm
- Stift
- Schneidematte LightGrip
- Rakel/Lineal
- Geldscheine
- (Schriftart: »BFC Flannel Shirt«)

HINWEIS:
Die Glückwünsche werden vom Gerät in Windeseile sehr genau geschrieben. Von Joy bis Maker können das alle Geräte.

SCHWIERIGKEIT

SO GEHT´S

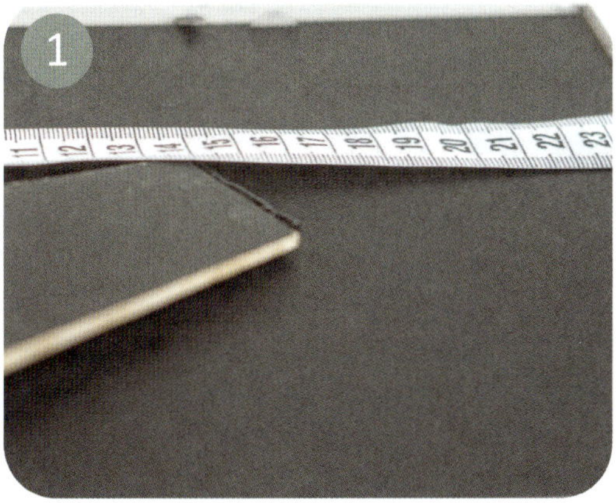

1. Im ersten Schritt musst du die genaue Größe deines Bilderrahmens ermitteln. Passe anschließend die Größe des Designs im Programm an.

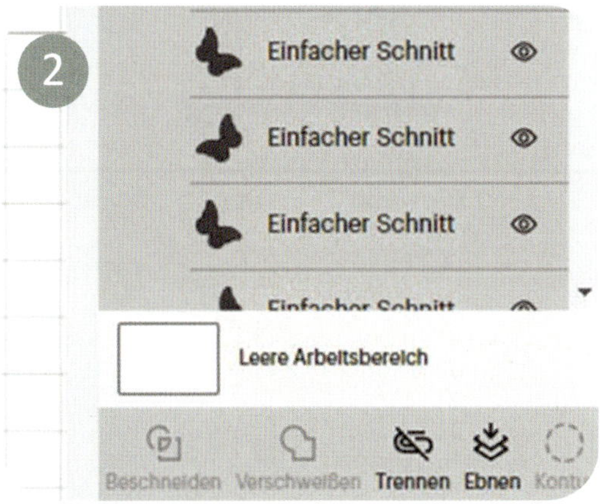

2. Füge neben der Datei auch dementsprechend ein großes Rechteck und einen Text ein. Markiere das komplette Motiv und klicke »Verbinden«. Lege das Papier nun auf die Schneidematte und starte mit dem Schreiben der Glückwünsche. Anschließend setzt du das Messer ein und startest den Schnitt. Beachte hierzu die Anweisungen im Programm.

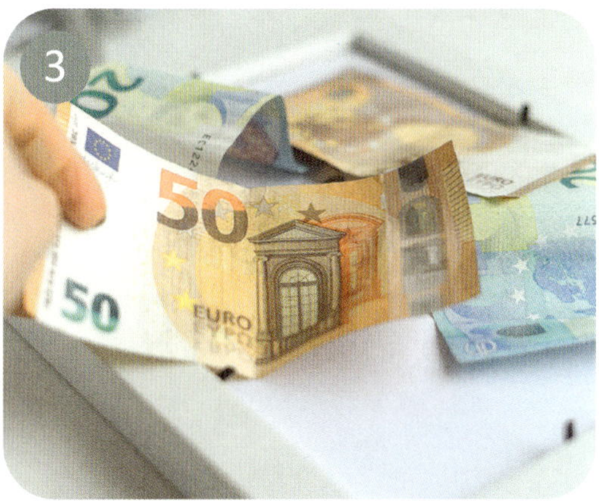

3. Setze im letzten Schritt alle Teile zusammen und fülle den Hintergrund mit verschiedenfarbigen Geldscheinen.

Hochzeitskerze als Gastgeschenk

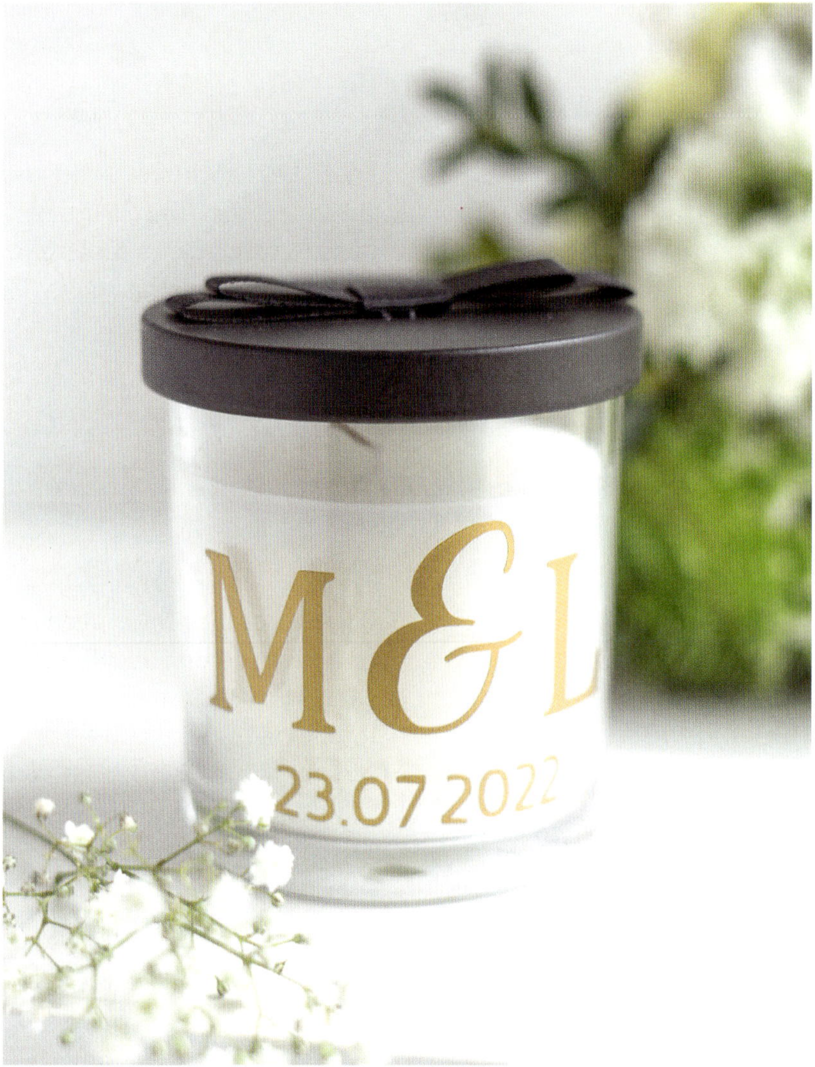

MATERIAL & WERKZEUG

- Gerät: Joy, Explore oder Maker
- Kerze mit Deckel
- Vinylfolie in Gold
- Transferfolie
- Entgitterwerkzeug
- Schneidematte LightGrip
- Rakel/Lineal
- (Schriftart: »Cambria Math«)
- (Schriftart: »Cricut Sans«)
- (Schriftart: »KHKKindredSpirit«)

HINWEIS:
Filigrane Schriften sind oft schwieriger in der Verarbeitung. Du kannst nach dem Schnitt auch negativ entgittern.

SCHWIERIGKEIT

SO GEHT´S

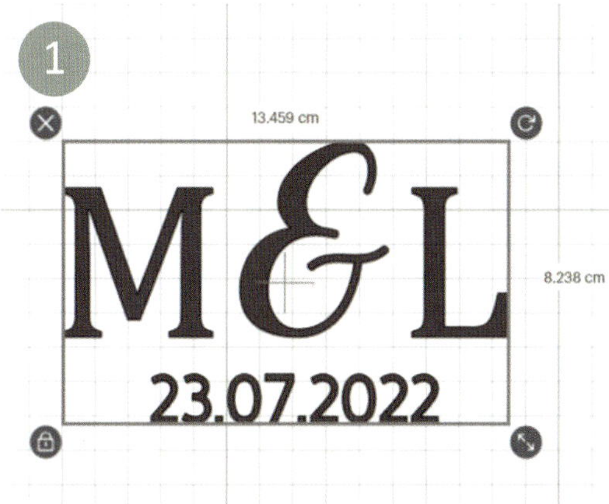

1. Füge die Textbereiche ins Programm ein. Passe Position und Größe an. Markiere anschließend das komplette Motiv und klicke in der rechten Spalte »Verbinden«.

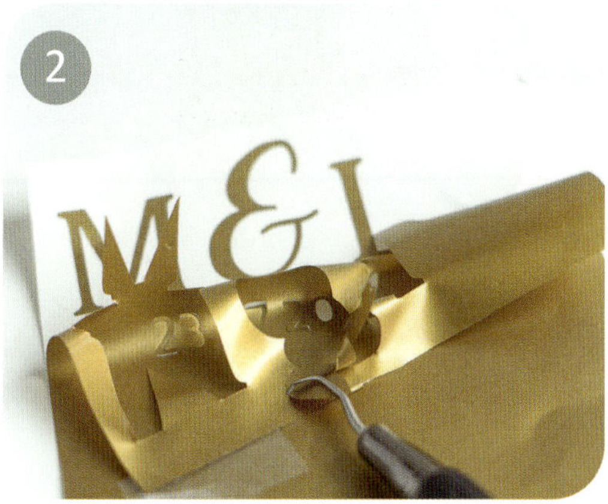

2. Lege die Vinylfolie auf die Schneidematte und starte den Schnitt. Entgittere das Motiv im Anschluss. Ich kann dir empfehlen mit den Innenteilen der Schrift zu starten. Entferne das Äußere im Anschluss.

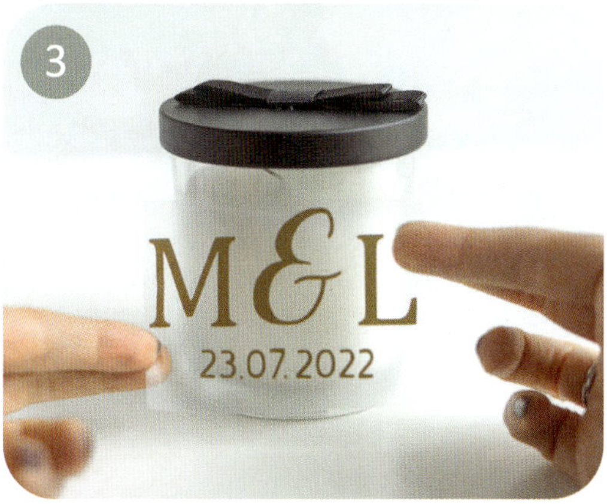

3. Reinige das Glas ordentlich. Bringe das Motiv mit Hilfe der Transferfolie auf die Kerze auf. Das Entgitterwerkzeug beziehungsweise ein Rakel können dir hier beim Übertragen noch einmal helfen.

Aufkleber zur Einschulung

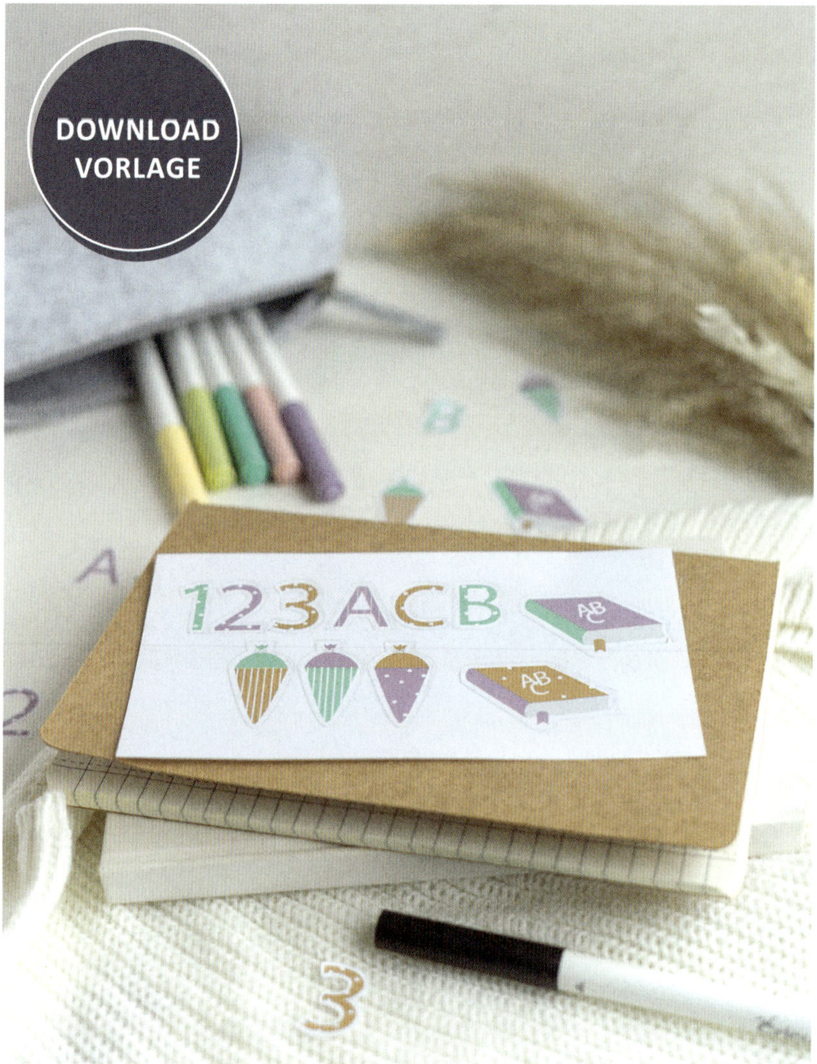

MATERIAL & WERKZEUG

- Gerät: Explore oder Maker
- Etikettenpapier
- Farbdrucker
- Schneidematte LightGrip
- Rakel/Lineal

HINWEIS:
»Print&Cut« funktioniert aktuell nur in DIN A4. Beachte dies bei der Anpassung der Größe.

SCHWIERIGKEIT

SO GEHT´S

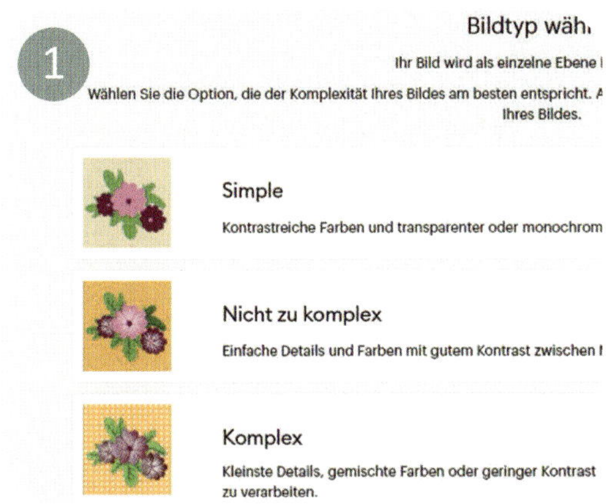

1. Lade die .png Datei im Design Space hoch. Wähle anschließend bei der Bildtypwahl »Komplex« und klicke dann »Anwenden und fortsetzen«.

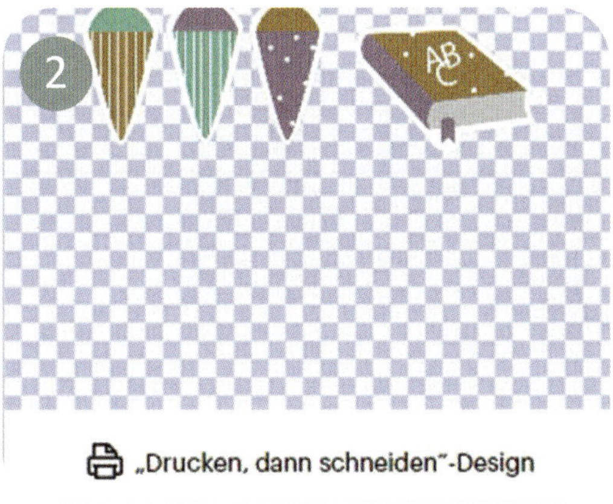

2. Klicke »Drucken, dann schneiden« und anschließend »Hochladen«.

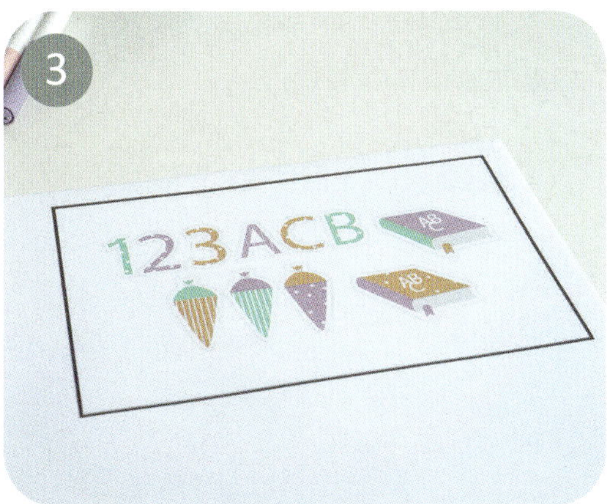

3. Klicke auf »Herstellen«. Drucke deine Sticker auf Etikettenpapier aus und lade das Papier anschließend in den Plotter für den Schnitt. Nach dem Schnitt kannst du die Sticker direkt nutzen.

Muffin-Topper Schulabschluss

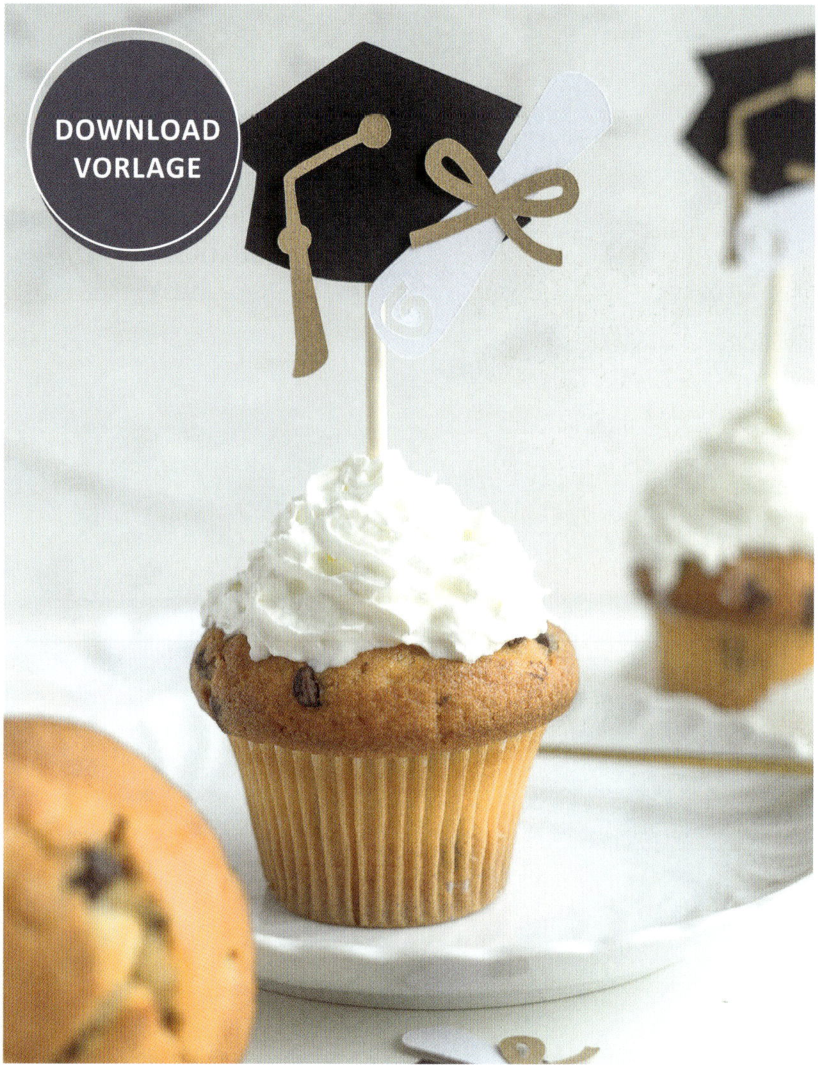

MATERIAL & WERKZEUG

- Gerät: Joy, Explore oder Maker
- Kraftpapier 300 g/qm
- Papier in Weiß 300 g/qm
- Papier in Schwarz 300 g/qm
- Klebestift
- Heißkleber
- Holzspieße
- Schneidematte LightGrip
- Rakel/Lineal

HINWEIS:
Du kannst die Topper zum Beispiel als Gastgeschenk auf deiner Abschlussparty nutzen oder sie mit Namen personalisieren.

SCHWIERIGKEIT

SO GEHT´S

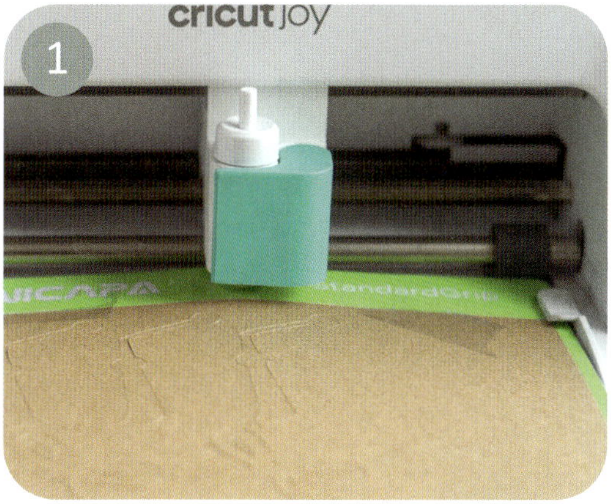

1. Lege das Papier auf die Schneidemattte und schneide die jeweiligen Teile in den unterschiedlichen Farben.

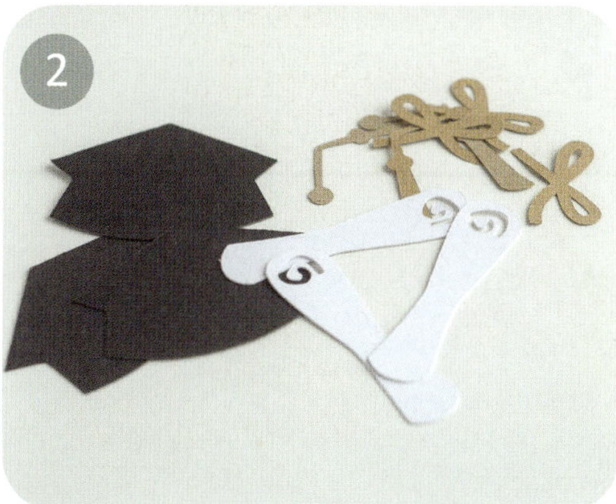

2. Sammle nach dem Schnitt alle Teile und klebe diese mit einem Klebestift aufeinander.

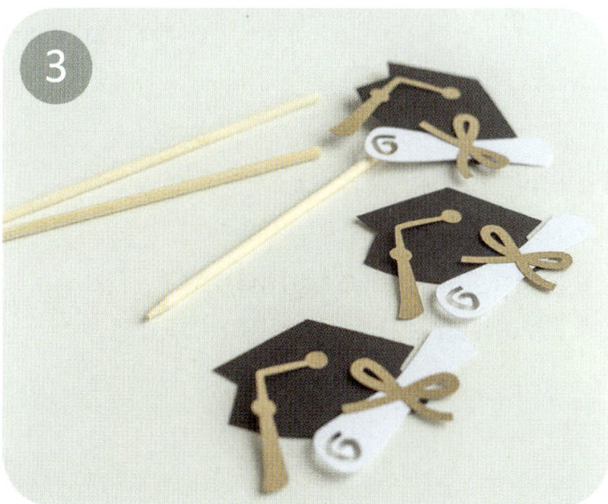

3. Klebe die Abschlusshüte mit dem Kleber auf Holzspieße und stecke sie dann in die Muffins.

Happy-Birthday-Anhänger

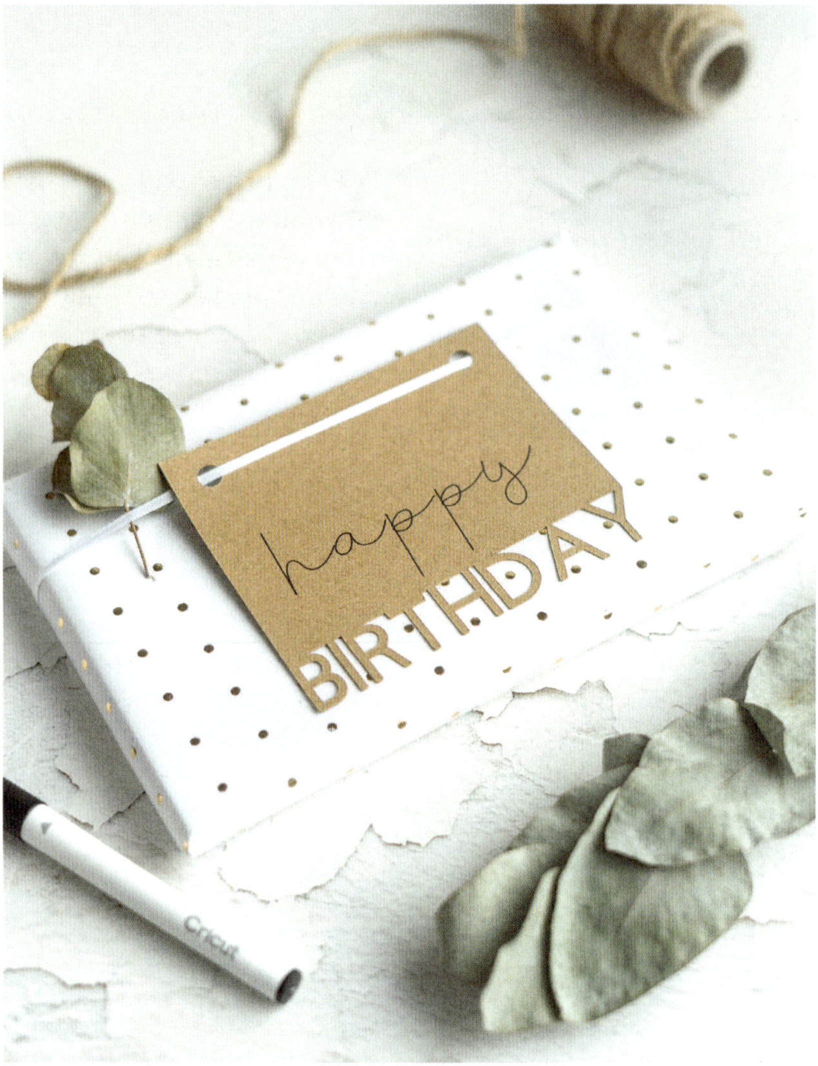

MATERIAL & WERKZEUG

- Gerät: Joy, Explore oder Maker
- Geschenk
- Kraftpapier 300 g/qm
- Schmuckband
- Stift
- Entgitterwerkzeug
- Schneidematte LightGrip
- (Schriftart: »Cricut Sans«)
- (Schriftart: »BFC Flannel Shirt«)

HINWEIS:
Ziehe das Papier nicht von der Schneidematte, sondern immer die Matte vom Papier, um Wellungen zu vermeiden.

SCHWIERIGKEIT

SO GEHT´S

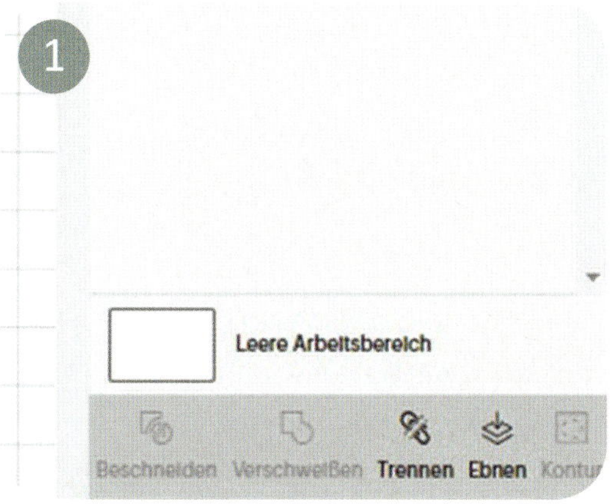

1. Füge im Design Space ein Rechteck, einen kleinen Kreis und zwei Textbereiche ein. Passe die Schriftarten an. Achte darauf, dass der Text »BIRTHDAY« das Rechteck leicht überlappt. Markiere das Rechteck und das »BIRTHDAY« und klicke »Verschweißen«. Platziere alle weiteren Teile am gewünschten Ort und klicke »Verbinden«. Lege das Papier auf die Schneidematte und starte den Herstellungsprozess.

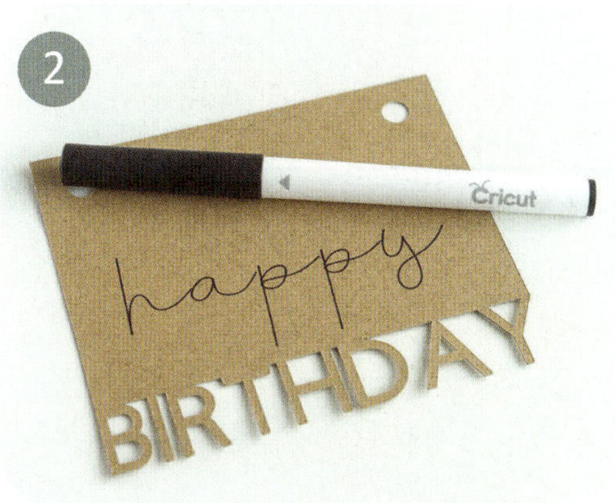

2. Lege den Stift in die Klemme A ein. Nach dem Schreiben legst du die Klemme B ein. Entferne nach dem Schnitt die Matte vom Papier und entgittere alle Teile, die nicht benötigt werden.

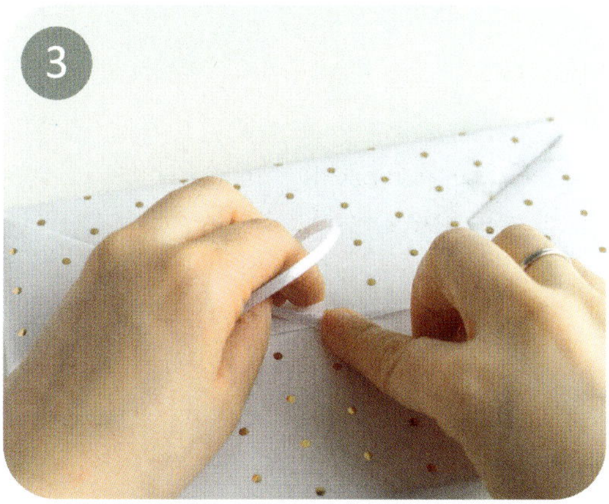

3. Bringe den Geschenkanhänger mit einem Schmuckband am Geschenk an. Dabei fädelst du das Band durch die beiden Löcher.

Geschenktüte mit Blumendecor

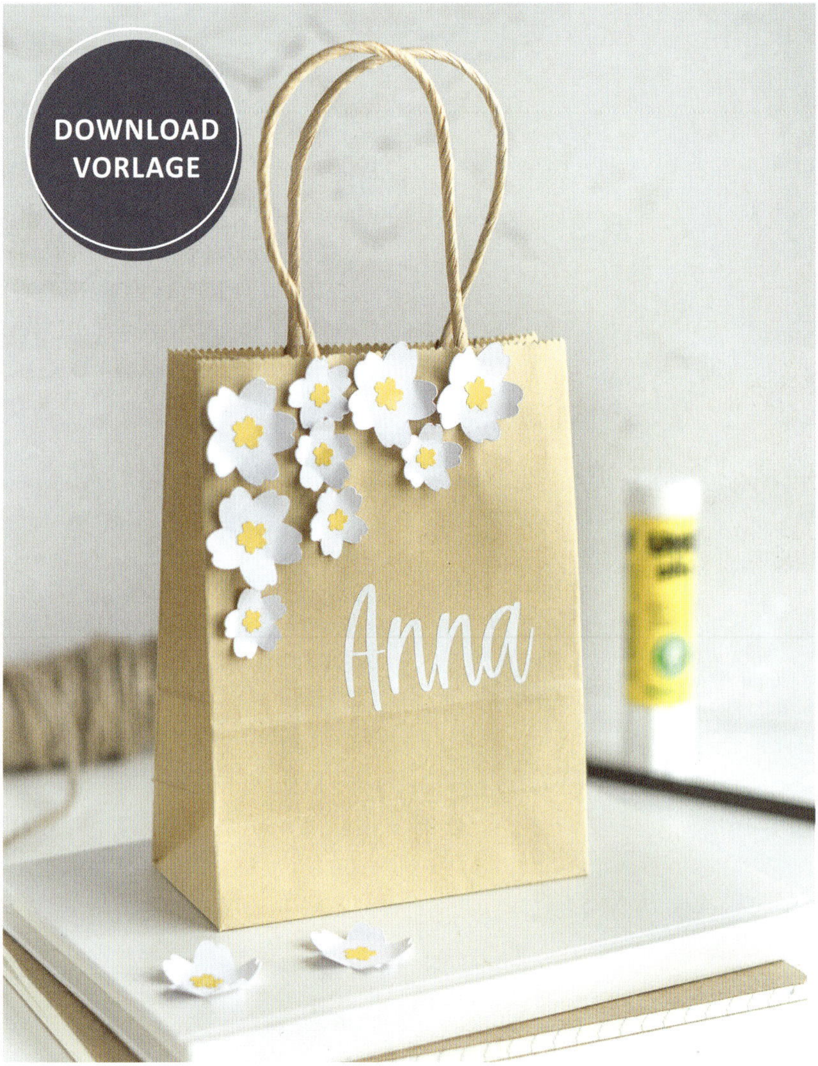

MATERIAL & WERKZEUG

- Gerät: Joy, Explore oder Maker
- Papiertüte
- Papier in Weiß 300 g/qm
- Stift
- Klebestift
- Vinylfolie in Weiß und Gelb
- Transferfolie
- Schneidematte LightGrip
- (Schriftart: »Augustine«)

HINWEIS:
Manchmal klebt die Transferfolie zu stark und zerreißt den Untergrund. Klebe die Folie vorher einmal auf einen Stoff.

SCHWIERIGKEIT

SO GEHT´S

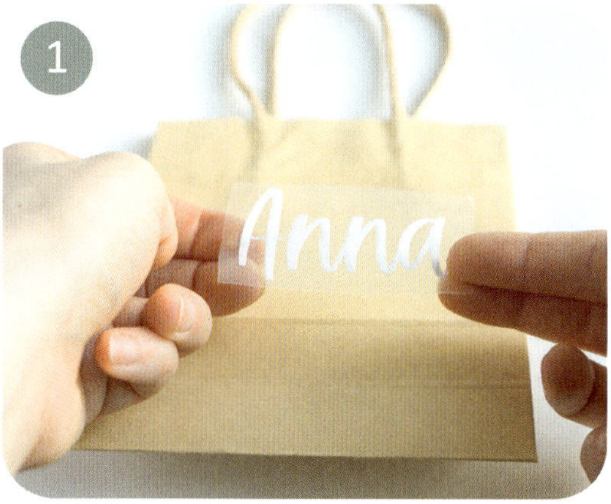

1. Füge die Datei und einen Text im Programm ein. Lege als Erstes die Vinylfolie auf die Schneidematte und starte den Schneidevorgang. Übertrage den Text mit einer Transferfolie auf die Tüte.

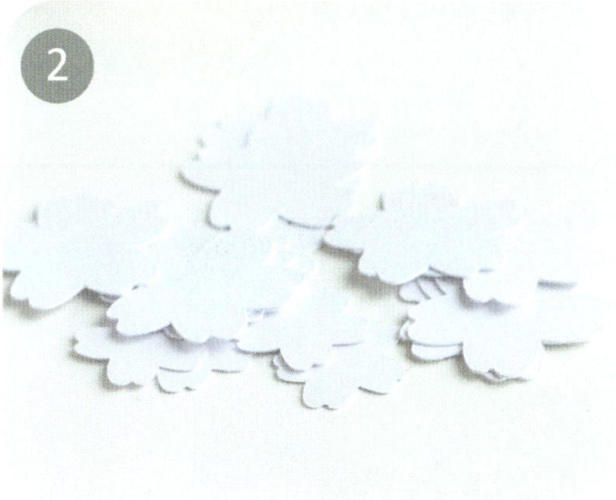

2. Lege als Nächstes das Papier auf die Schneidematte und starte den Schnitt. Sammle nach dem Schnitt alle Teile. Klebe die gelben Innenteile auf die Blüten.

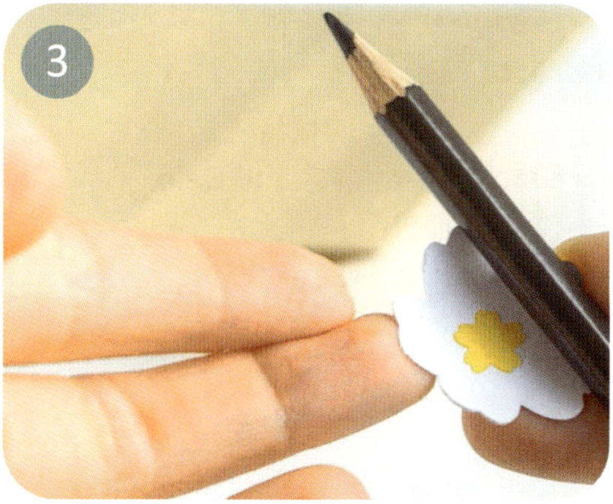

3. Nimm dir einen Stift und drehe damit die einzelnen Blütenblätter der Blume ein. Klebe anschließend alle Blüten mit einem Klebestift auf die Tüte.

T-Shirt für Mama

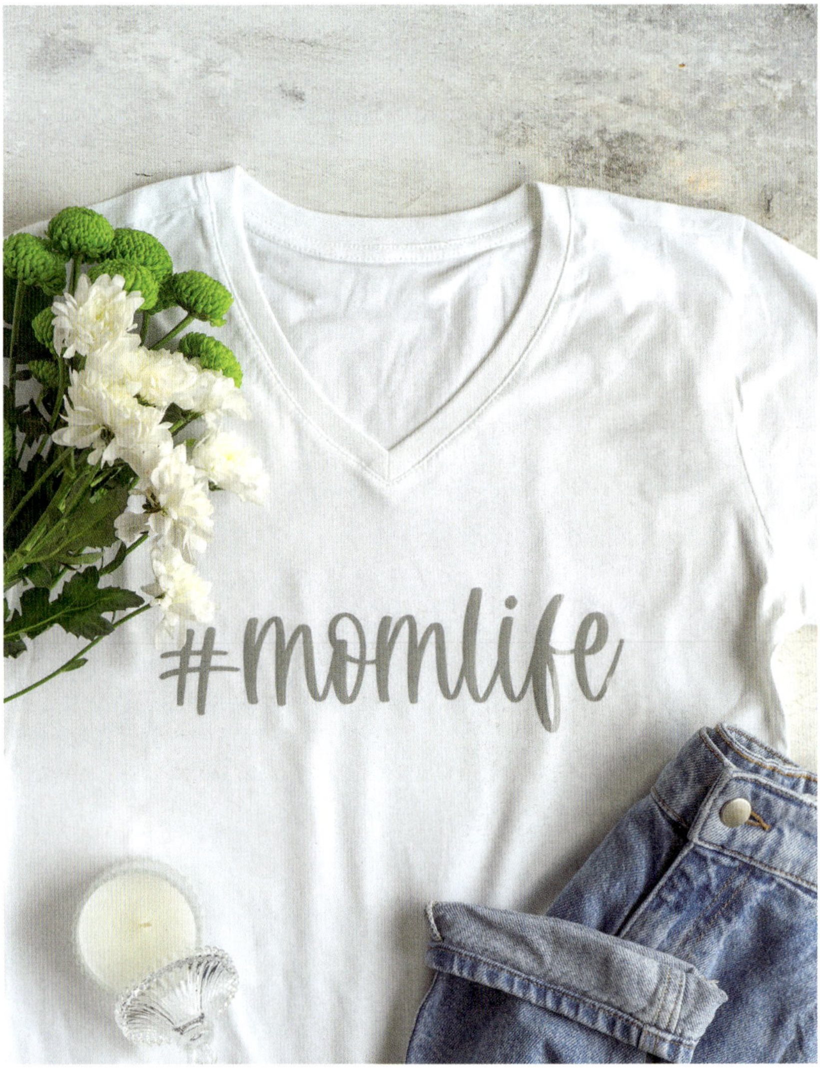

MATERIAL & WERKZEUG

- Gerät: Joy, Explore oder Maker
- T-Shirt
- Flexfolie in Grau
- Entgitterwerkzeug
- Schneidematte LightGrip
- Rakel/Lineal
- Transferpresse
- Maßband
- (Schriftart: »Augustine«)

HINWEIS:
Nachdem der Text markiert und auf »Verschweißen« ist, kannst du die Buchstaben nicht mehr bearbeiten.

SCHWIERIGKEIT

SO GEHT´S

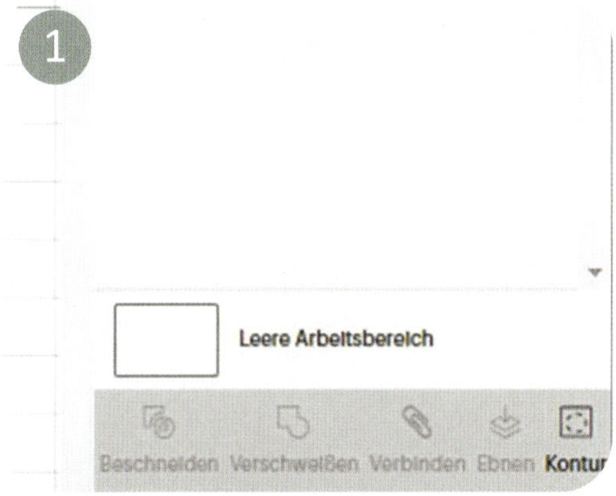

1. Füge einen Textbereich im Programm ein. Markiere den kompletten Text und klicke »Verschweißen«.

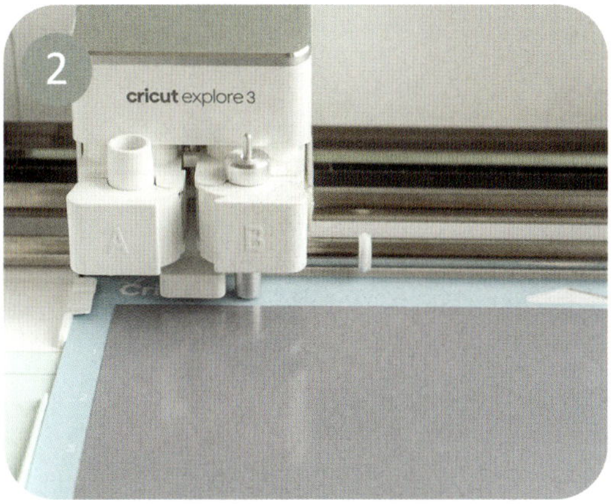

2. Lege die Flexfolie auf die Schneidematte, spiegle das Motiv und starte den Schnitt. Nach dem Schnitt entfernst du mit einem Entgitterwerkzeug alle Teile, die für das Motiv nicht benötigt werden.

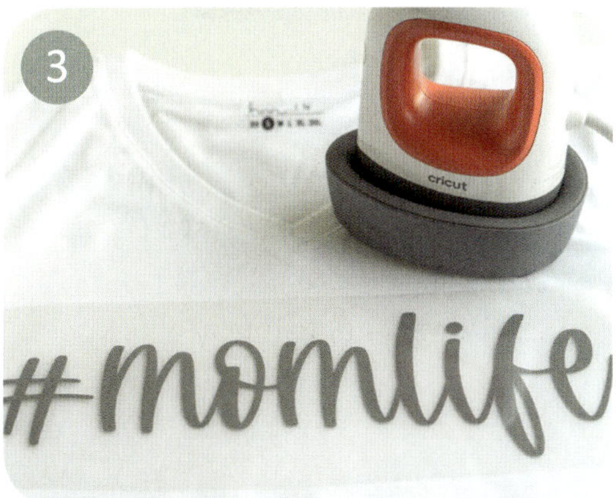

3. Presse das Shirt kurz vor und platziere das Motiv auf dem Shirt. Übertrage die Schrift mit der Transferpresse auf den Stoff. Beachte hier wieder die Herstellerangaben deiner Folie zu Pressdruck, -dauer und -temperatur.

Geschenkband zum Geburtstag

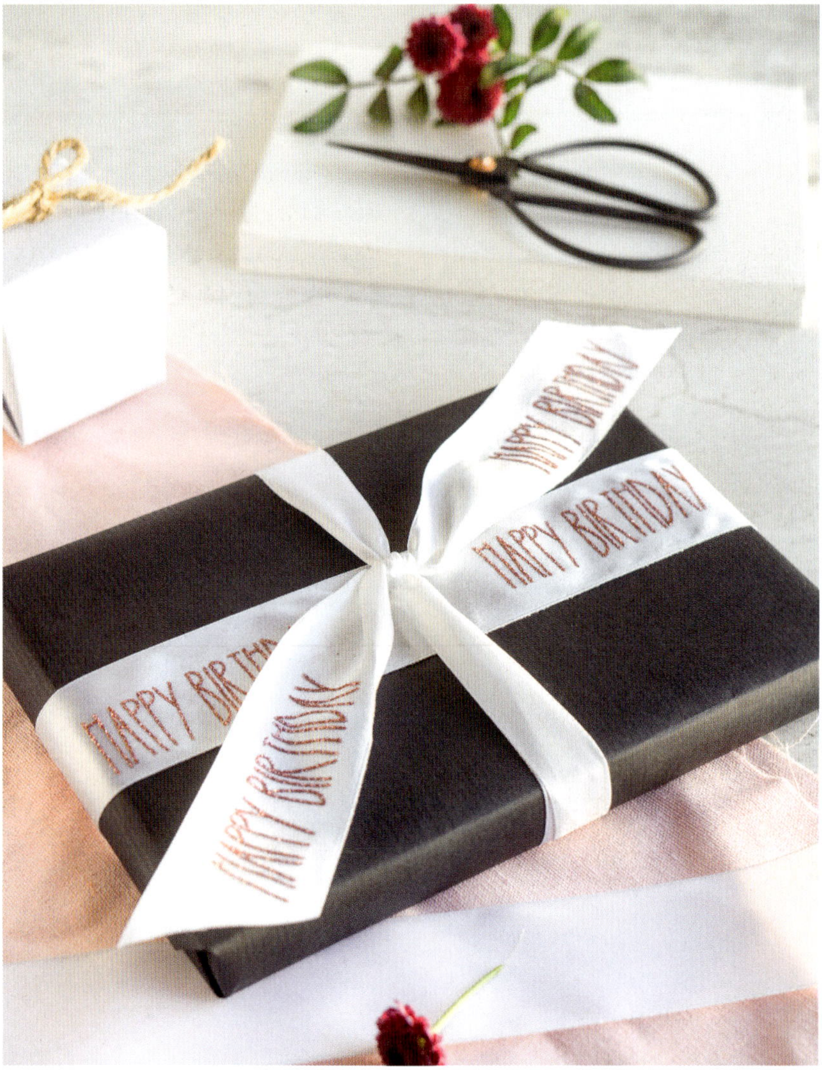

MATERIAL & WERKZEUG

- Gerät: Joy, Explore oder Maker
- Geburtstagsgeschenk
- Stoffgeschenkband
- Flexfolie Glitzer
- Engitterwerkzeug
- Transferpresse
- Schneidematte LightGrip
- Rakel/Lineal
- (Schriftart: »Apple Butter«)

HINWEIS:
Durch die Übertragung wird das Motiv gespiegelt. Stelle vor dem Schnitt das Design unbedingt auf »Spiegeln«.

SCHWIERIGKEIT

SO GEHT´S

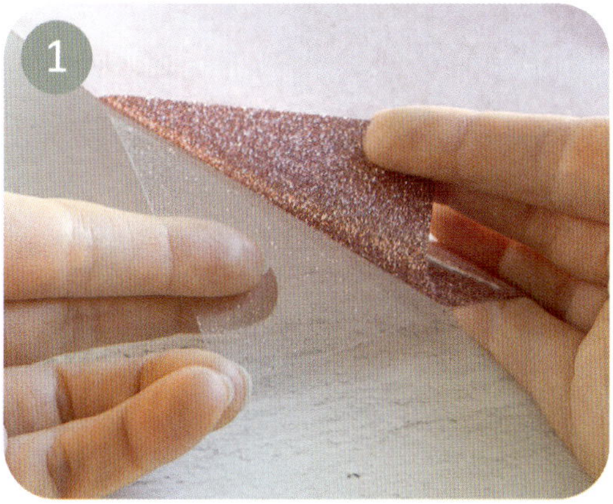

1. Die Glitzerfolie streifst du im ersten Schritt auf die Schneidematte. Achte darauf, dass das transparente Transfermedium unten liegt und die Flexfolie oben geschnitten werden kann.

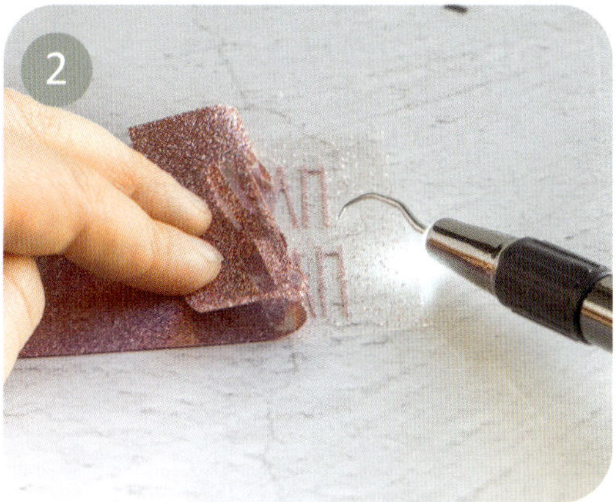

2. Entgittere den Text nach dem Schnitt von den nicht benötigten Teilen mit dem Entgitterwerkzeug.

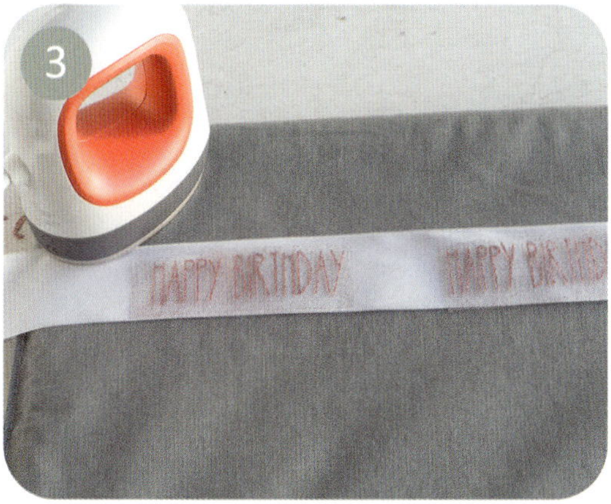

3. Übertrage die Flexfolie (beachte hier die Angaben des Folienherstellers) mit der Transferpresse auf das Geschenkband.

Forever-young-Geschenkanhänger

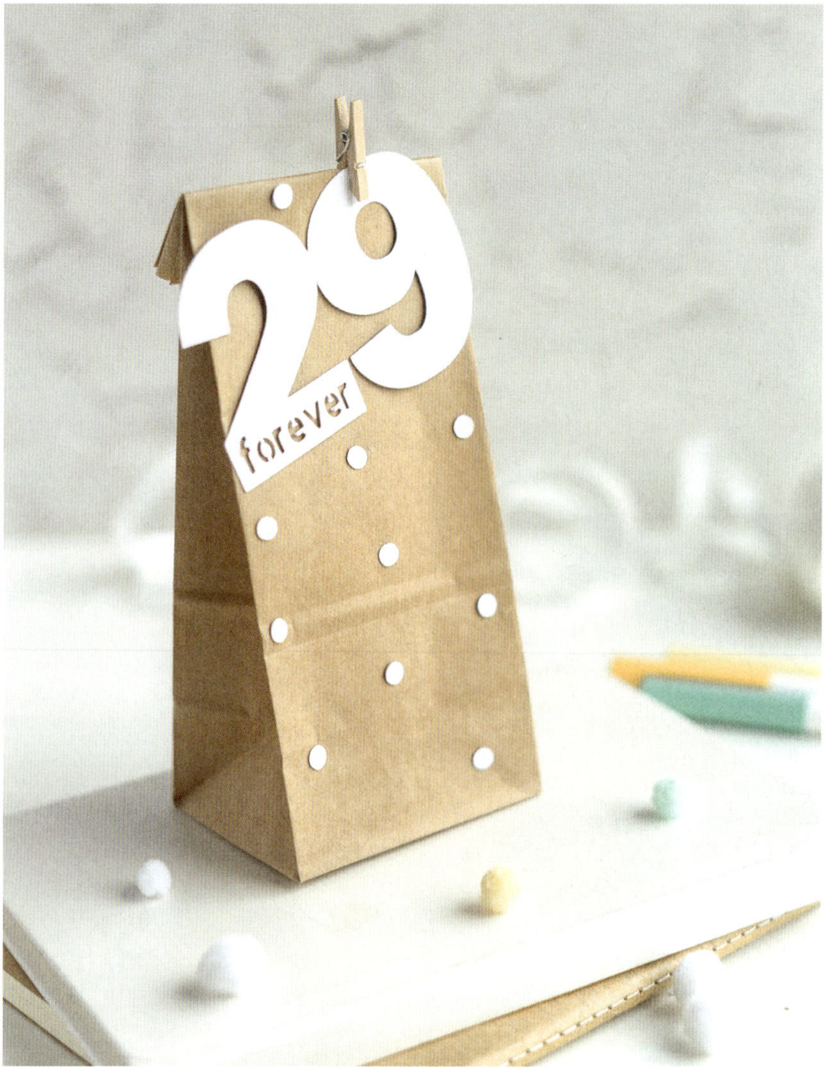

MATERIAL & WERKZEUG

- Gerät: Joy, Explore oder Maker
- Papier 300 g/qm
- Holzklammer
- Schneidematte LightGrip
- (Schriftart: »Franklin Gothic Heavy«)
- (Schriftart: »Cricut Sans«)

HINWEIS:
Den Anhänger kannst du super auf diverse Zahlen übertragen. Zum Beispiel auch für einen 18. oder 21. Geburtstag.

SCHWIERIGKEIT

SO GEHT´S

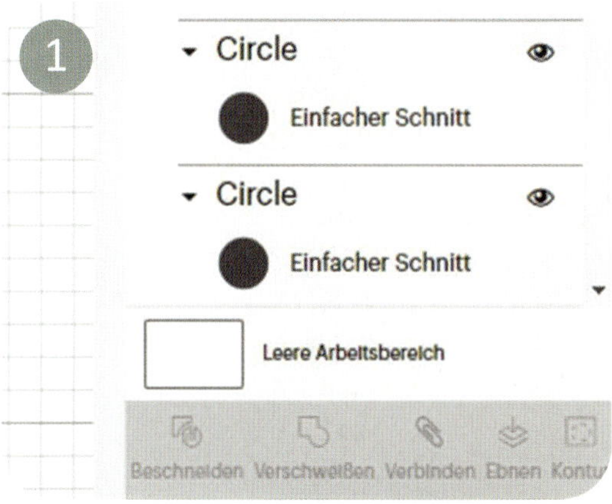

1. Füge im Design Space zwei Textbereiche ein. Passe die Größe und die Schriftart an. Markiere den Textbereich »29« und klicke auf »Zerlegen«. Schiebe nun die beiden Zahlen aneinander bis sie sich überlappen und klicke auf »Verschweißen«.

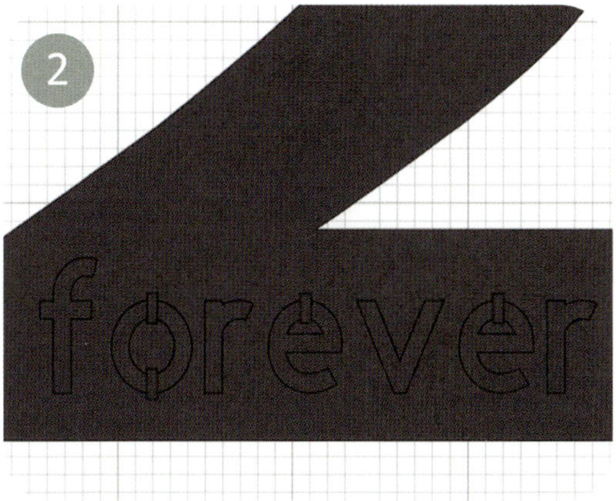

2. Markiere im nächsten Schritt die Zahl und den Text und klicke auf »Beschneiden«. Entferne den oben liegenden Text und füge als Verbindung der Innenteile kleine Rechtecke ein. Markiere alles miteinander und klicke wieder auf »Verschweißen«.

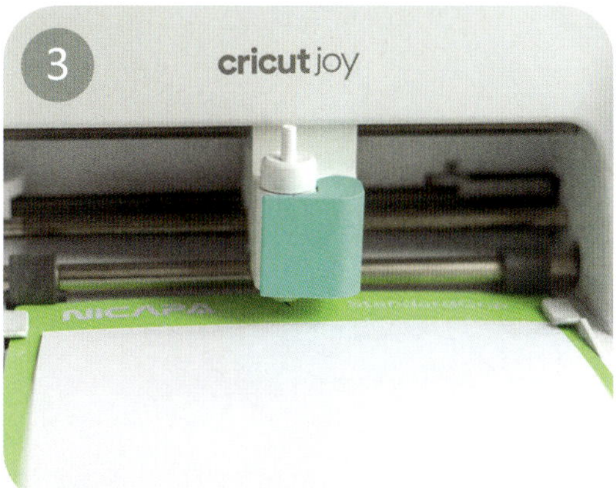

3. Streife nun dein gewähltes Papier auf die Schneidematte und starte den Schneidevorgang deines Geräts. Den Geschenkanhänger kannst du mit einer kleinen Holzklammer am Geschenk befestigen.

Fall-in-Love-Babybody

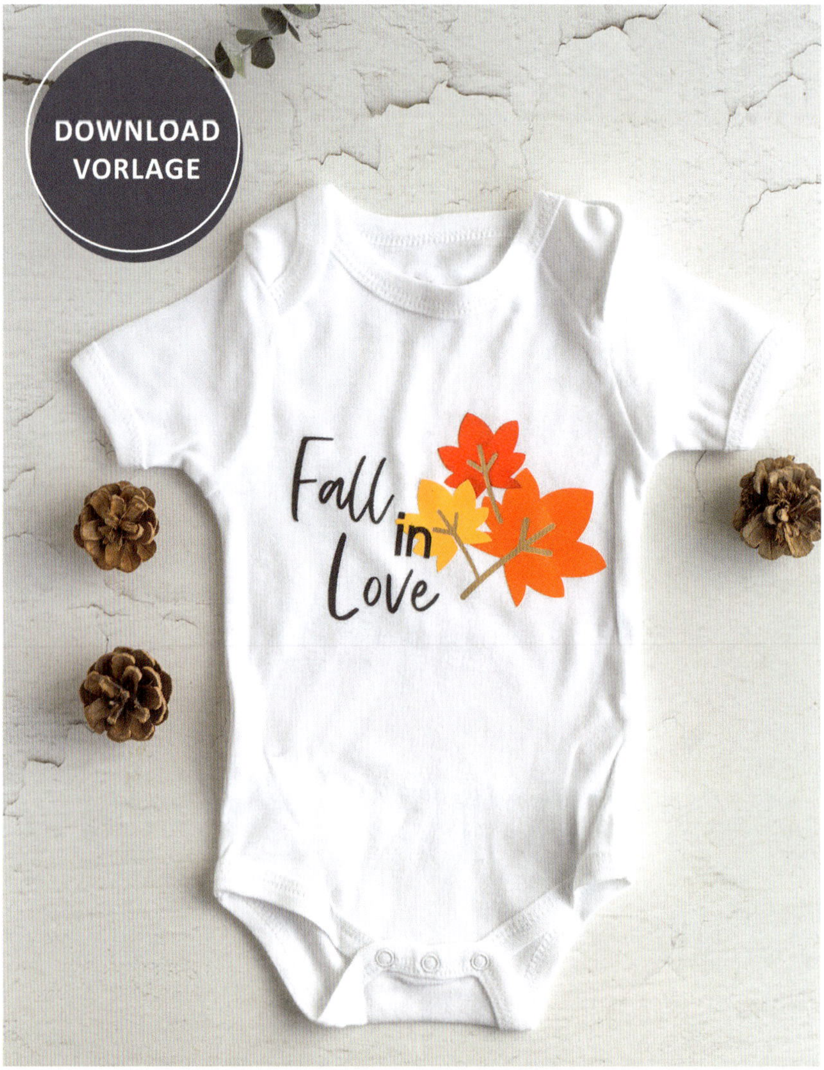

MATERIAL & WERKZEUG

- Gerät: Joy, Explore oder Maker
- Babybody
- Flexfolie in Schwarz, Braun, Gelb, Rot und Orange
- Entgitterwerkzeug
- Transferpresse
- Schneidematte LightGrip
- Rakel/Lineal
- (Schriftart: »Cricut San«)
- (Schriftart: »Apple Butter«)

HINWEIS:
Starte bei der Übertragung mit der untersten Farbe und schichte die einzelnen Farben dann übereinander.

SCHWIERIGKEIT

SO GEHT´S

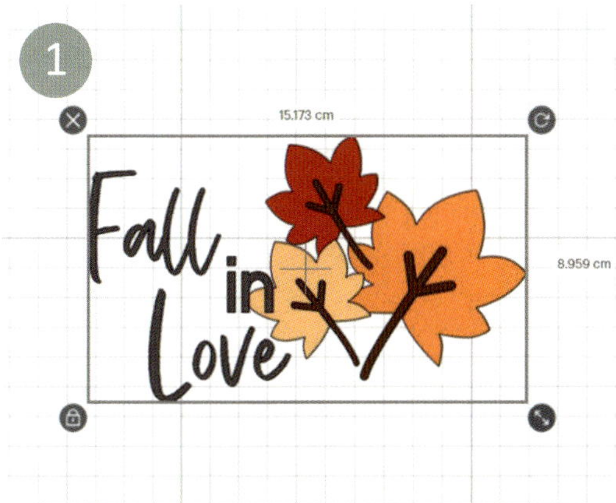

1. Füge neben den Blättern noch drei Textbereiche ein. Passe die Größe des kompletten Motivs auf deinen Body an.

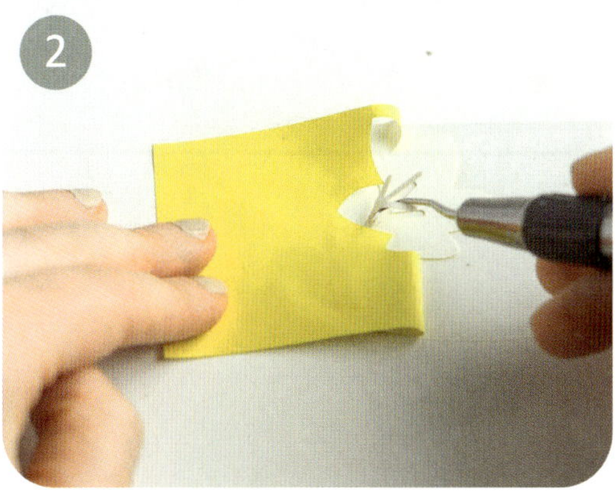

2. Spiegle die Motive, schneide die verschiedenfarbigen Flexfolien und entgittere die einzelnen Motive.

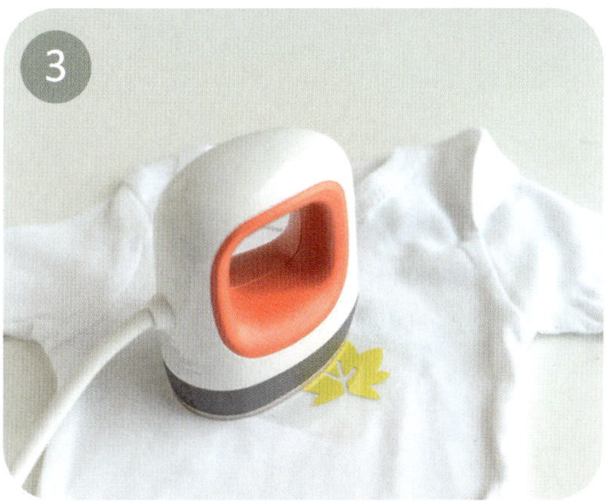

3. Presse den Stoff kurz vor. Übertrage die einzelnen Farben mit der Transferpresse auf den Stoff. Beachte hierbei die Herstellerangaben zu Pressdruck, -dauer und -temperatur.

Ohrringe aus Kunstleder

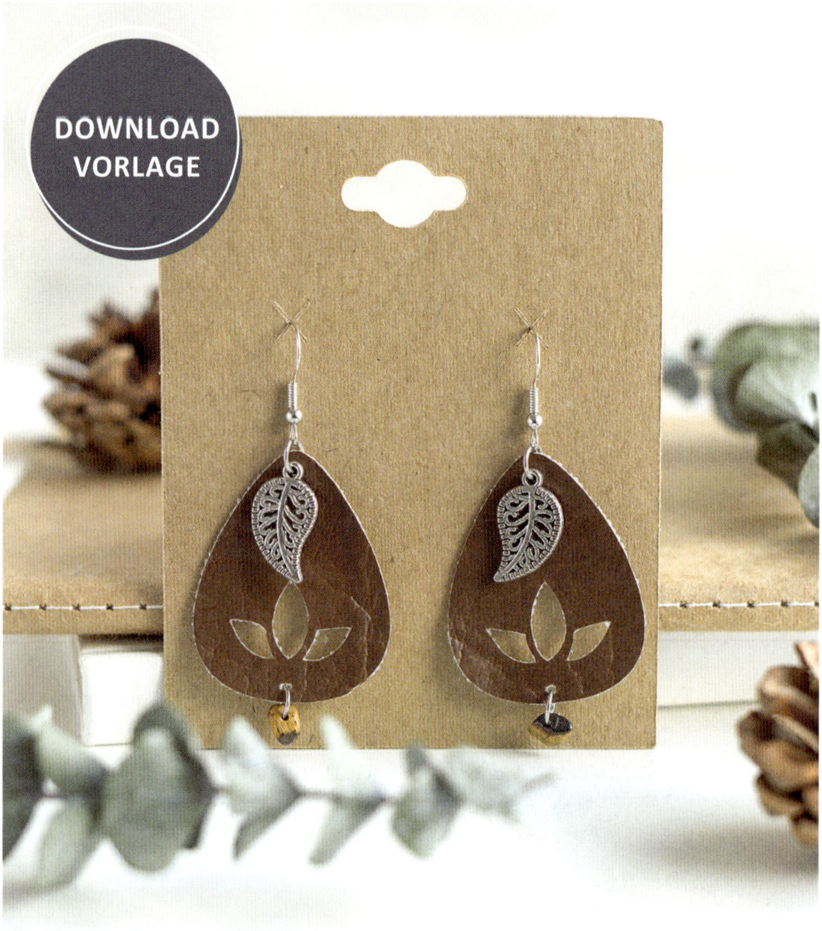

MATERIAL & WERKZEUG

- Gerät: Maker
- Kunstleder circa 1,0 mm dick
- Ohrringstecker
- Kraftpapier 300 g/qm
- kleine Metallringe
- Steinchen
- Schneidematte StandardGrip
- Zange

HINWEIS:
Die Ohrringe eignen sich mit der Papierhalterung super als Geschenkidee für Geburtstage oder auch für Weihnachten.

SCHWIERIGKEIT

SO GEHT´S

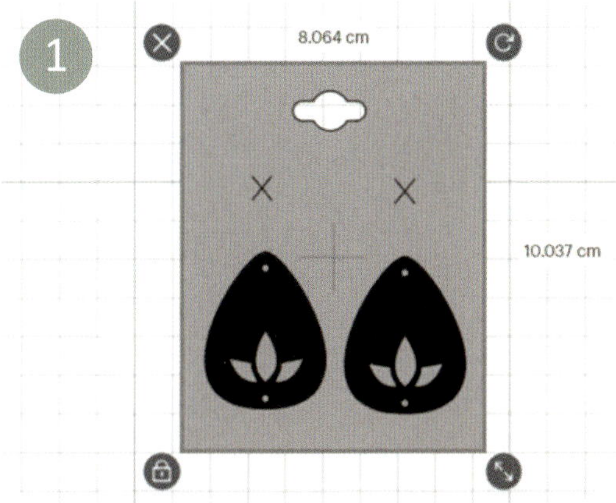

1. Füge die Datei ins Programm ein. Lege das Kunstleder auf die StandardGrip-Matte. Anschließend legst du das Papier auf die Schneidematte und startest den Schnitt.

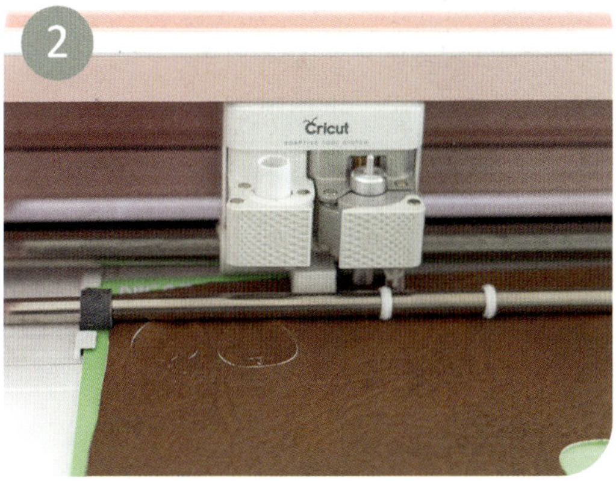

2. Kontrolliere vor dem Entfernen des Materials von der Matte noch einmal den Schnitt und starte diesen gegebenenfalls erneut. Entferne nach dem Schnitt das Kunstleder von der Matte.

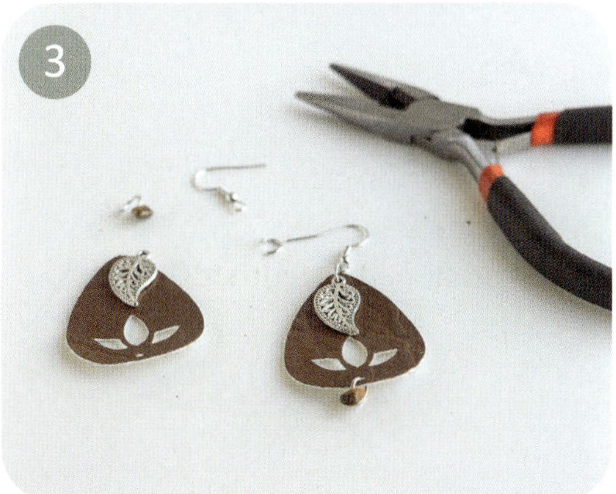

3. Bringe die Ohrstecker, Metallringe und Steine mit Hilfe einer kleinen Zange am Leder an.

Präsentanhänger aus Balsaholz

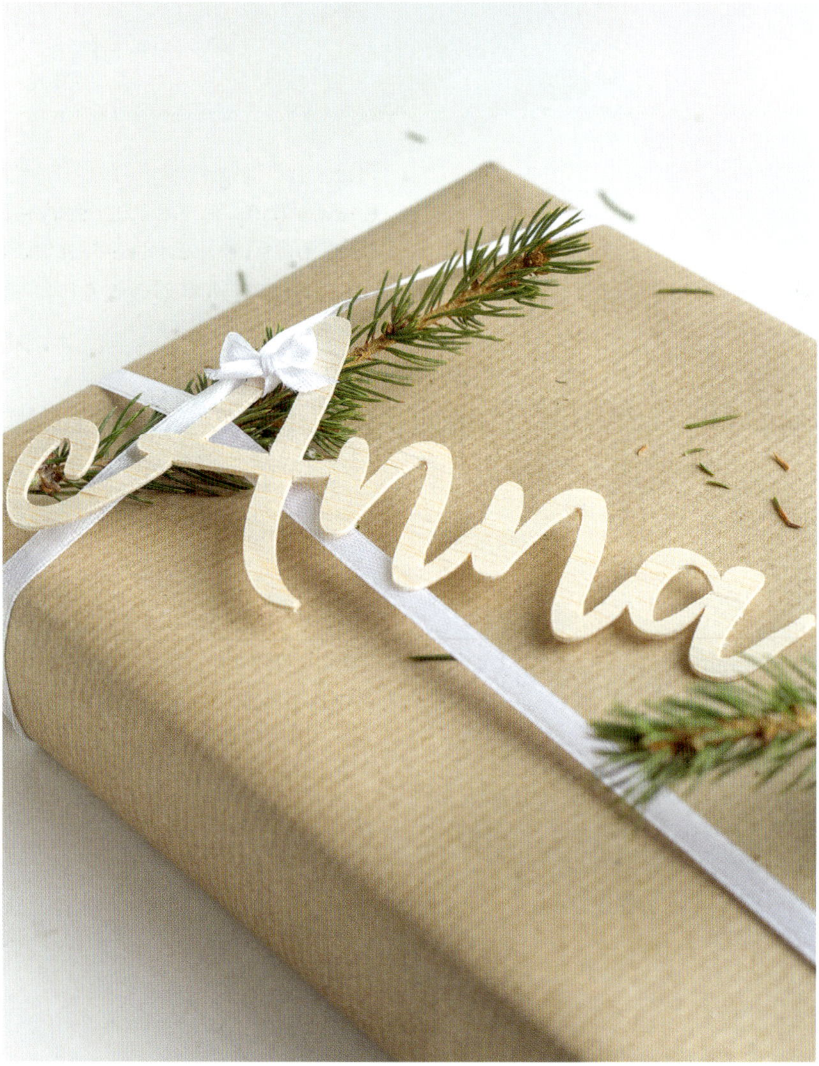

MATERIAL & WERKZEUG

- Gerät: Maker
- Balsaholz (Dicke max. 2 mm)
- Tannenzweig
- Schmuckband
- Kreppband
- Schneidematte StrongGrip
- Knife Blade (s. S. 51)
- (Schriftart: »Christmas Mint«)

HINWEIS:
Schiebe die weißen Laufrädchen auf der Metallstange zur rechten Seite, sodass sie keine Spuren im Holz hinterlassen.

SCHWIERIGKEIT

SO GEHT´S

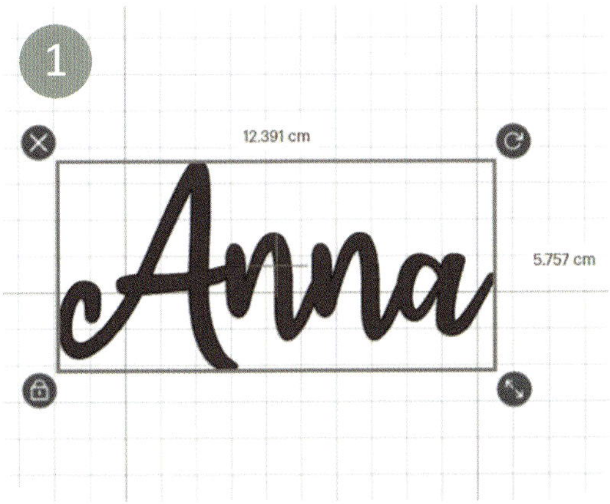

1. Füge im Programm einen Textbereich ein, »Verlege« die Buchstaben, passe die Position so an, dass sich alle Buchstaben überlappen und klicke dann »Verschweißen«.

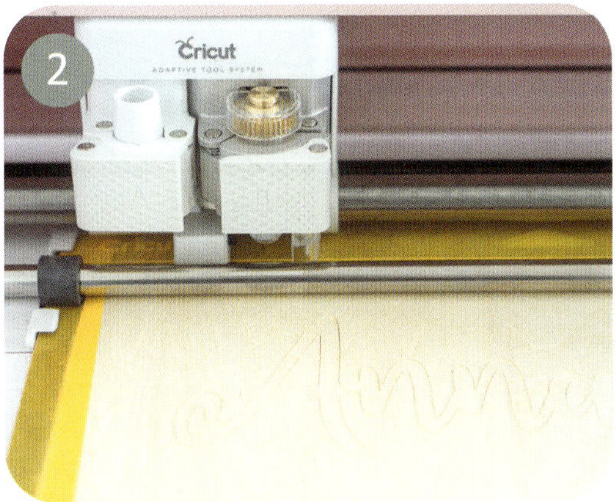

2. Lege das Balsaholz auf die StrongGrip-Schneidematte. Setze das Knife Blade in die Werkzeugklemme B ein. Befestige das Balsaholz noch einmal auf allen vier Seiten mit Kreppband. Starte den Schnitt über das Programm. Kontrolliere vor dem Auswerfen, ob das Motiv bereits vollständig geschnitten ist. Starte den Schnitt gegebenenfalls noch einmal.

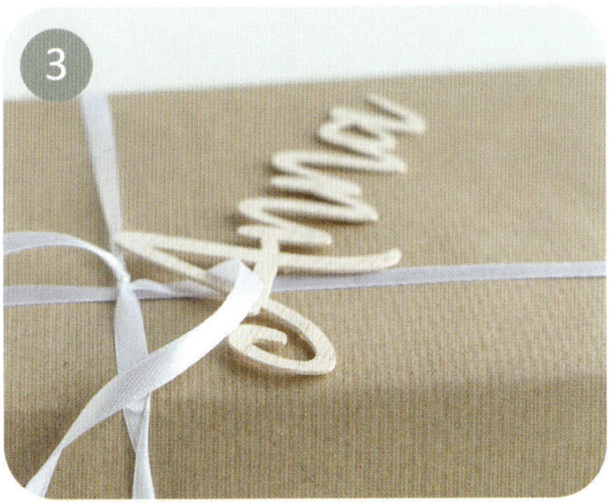

3. Der Schnitt wird, je nach Balsaholzdicke, ein paar Minuten (kann auch mal bis zu 60 Minuten oder länger) dauern. In dieser Zeit kannst du schon mal das Geschenk einpacken und ein Schmuckband darum wickeln. Befestige anschließend deinen Anhänger mit dem Schmuckband am Geschenk.

Etikett Weihnachtsmarmelade

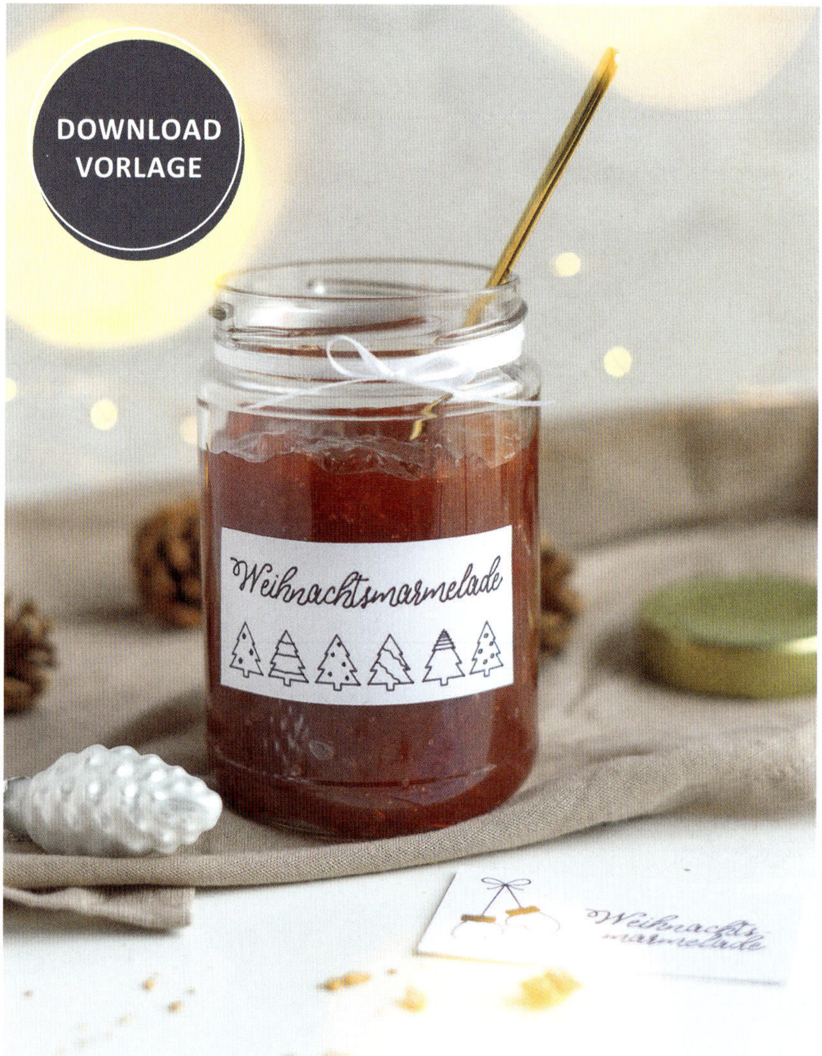

MATERIAL & WERKZEUG

- Gerät: Joy, Explore oder Maker
- Smart Label (Stickerpapier)
- Stift
- Vinylfolie in Gold
- Entgitterwerkzeug
- Rakel/Lineal
- Schmuckband
- (Schriftart: »Adalaide«)

HINWEIS:
Die Etiketten kannst du auch mit normalem Stickerpapier herstellen. Lege das Papier dafür wie gewohnt auf die Matte.

SCHWIERIGKEIT

SO GEHT´S

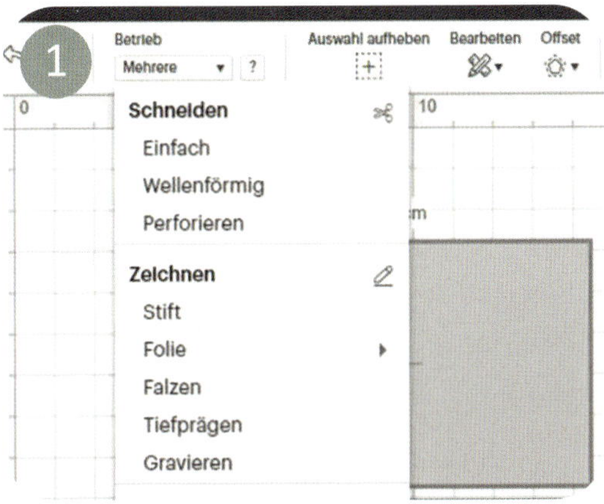

1. Passe bei der eingefügten Datei den jeweiligen »Betrieb« der einzelnen Objekte an. Die Tannenbäume stellst du zum Beispiel auf »Stift« und das Rechteck auf »Schneiden einfach«.
   Füge wahlweise noch einen Text ein, markiere alles und klicke dann auf »Verbinden«.

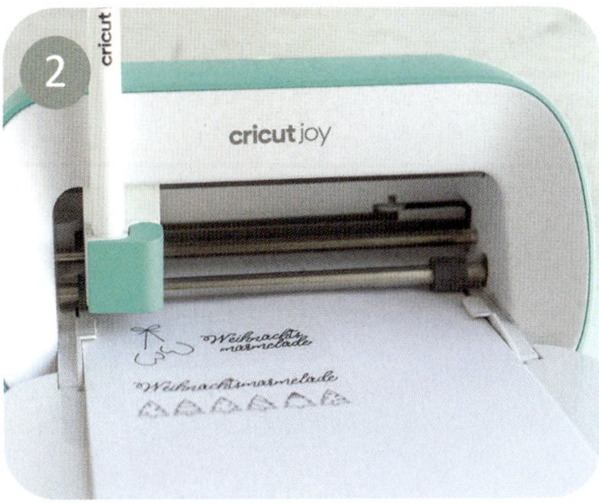

2. Lege das Smart Label und den Stift/das Messer in den Plotter ein. Für Smart-Materialien brauchst du keine Schneidematte. Starte den Herstellungsprozess. Du wirst überrascht sein, wie einfach und schnell deine Etiketten mit dem Plotter hergestellt sind.

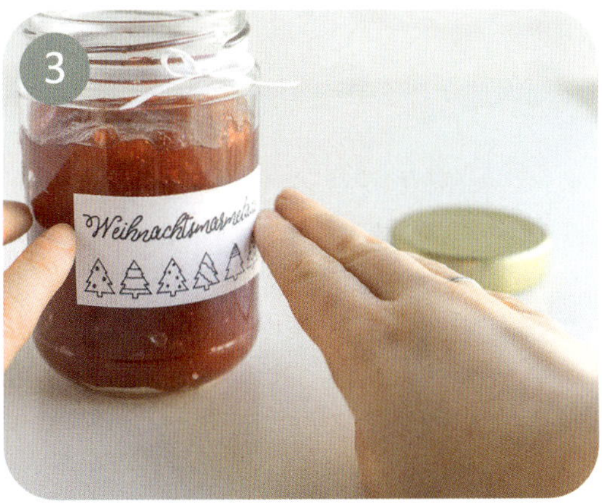

3. Die Labels kannst du nun einfach auf das Marmeladenglas kleben. Mit einem Schmuckband ist das Gläschen auch perfekt als Geschenk geeignet.

Weihnachtliche Geschenkanhänger

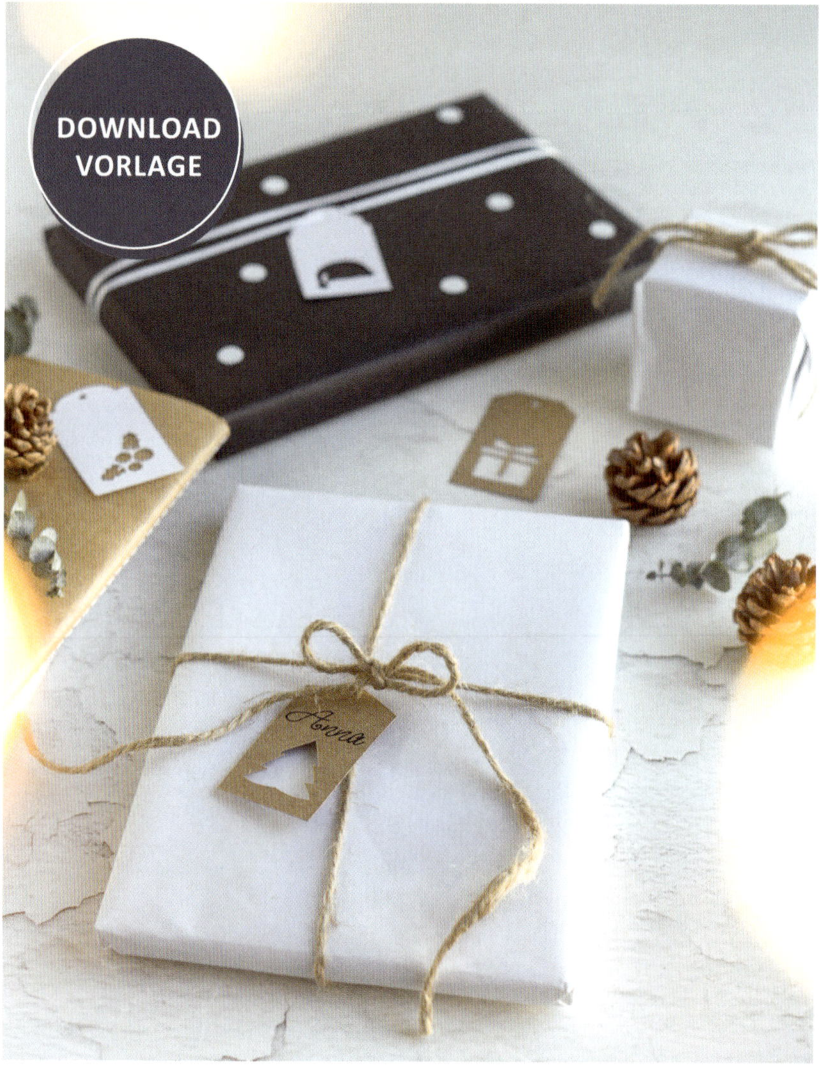

MATERIAL & WERKZEUG

- Gerät: Joy, Explore oder Maker
- Weihnachtsgeschenke
- Kraftpapier 300 g/qm
- Papier in Weiß 300 g/qm
- Schmuckband
- Schneidematte LightGrip
- Rakel/Lineal
- Schere/Papierschneider
- (Schriftart: »Adalaide«)

HINWEIS:
Suche im Design Space unter Schriften zum Personalisieren nach »Schreibschriften« und stelle den Betrieb auf »Stift«.

SCHWIERIGKEIT

SO GEHT´S

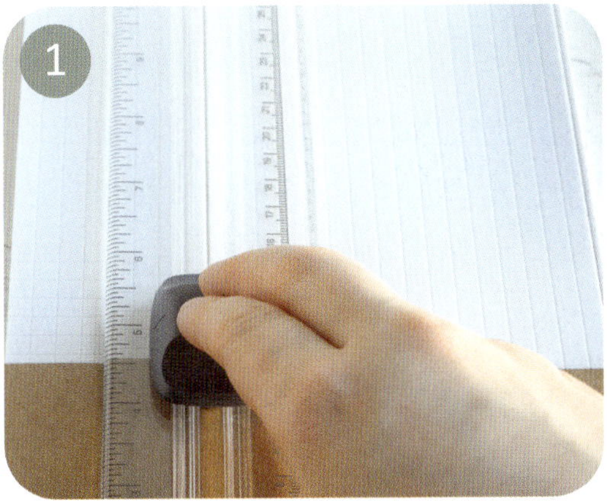

1. Schneide die Papiere mit einer Schere oder dem Papierschneider zurecht. Du sparst dir durch diesen Schritt einen weiteren Schnitt mit dem Plotter, weil beide Papiere im gleichen Schneidedurchgang bearbeitet werden können. Selbstverständlich kannst du auch alle Anhänger aus einem Papier schneiden.

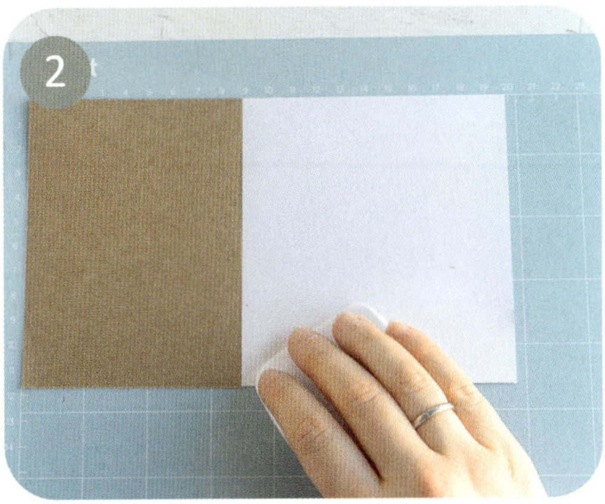

2. Streife das Papier im Raster der Schneidematte mit einem Rakel oder Lineal auf der Schneidematte fest. Starte den Schnitt. Entferne nach dem Schnitt die Matte vom Papier.

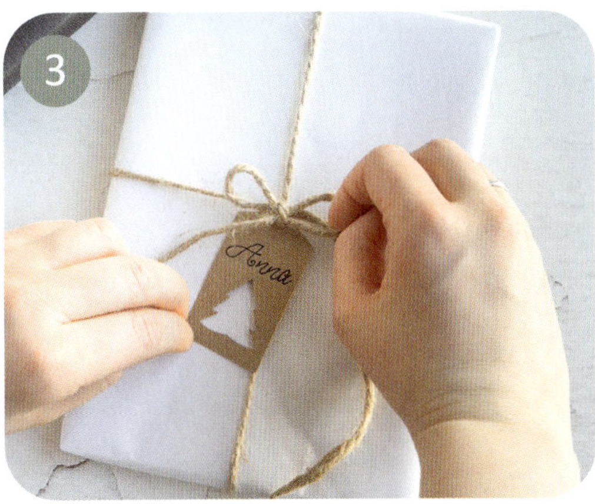

3. Den Geschenkanhänger kannst du nun am Präsent mit dem Schmuckband befestigen.

Plätzchen to go

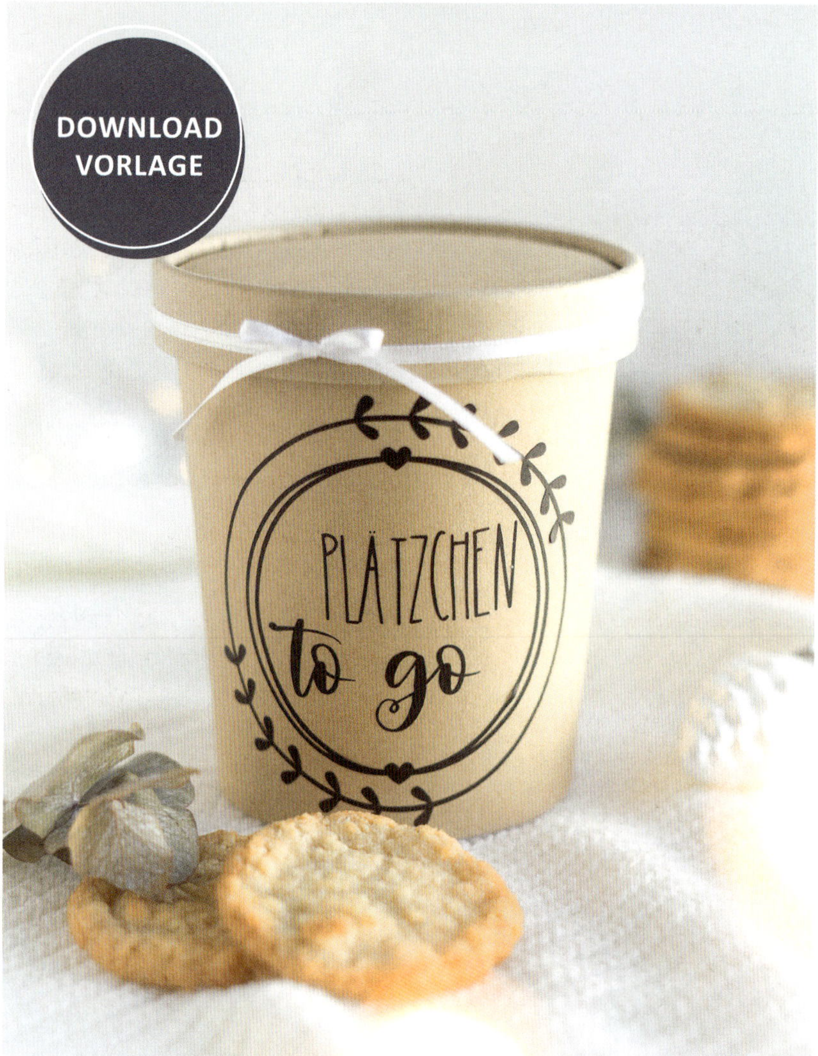

MATERIAL & WERKZEUG

- Gerät: Joy, Explore oder Maker
- Pappbecher
- Vinylfolie in Schwarz
- Transferfolie
- Entgitterwerkzeug
- Schmuckband
- Schneidematte LightGrip
- (Schriftart: »Apple Butter«)
- (Schriftart: »Farmhouse Script«)

HINWEIS:
Die Pappbecher findest du in verschiedenen Onlineshops auch unter dem Namen »Suppenbecher to go«.

SCHWIERIGKEIT

SO GEHT´S

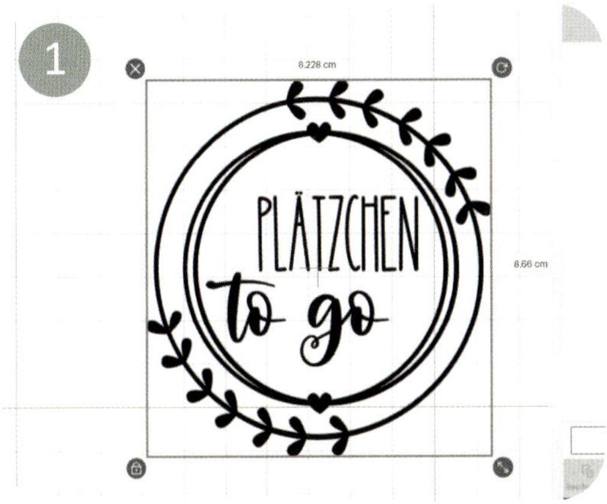

1. Füge die Datei und das Motiv ins Programm ein, markiere alles und klicke »Verbinden«. Passe die Größe an deinen Becher an und starte den Schnitt.

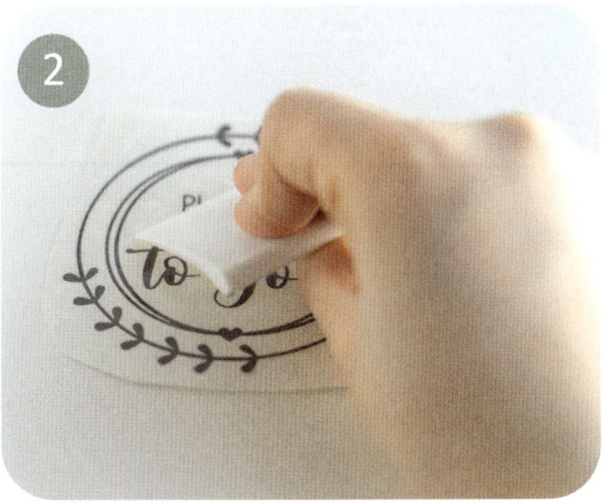

2. Das Motiv musst du nach dem Schnitt entgittern. Bringe anschließend eine Transferfolie auf die Vinylfolie.

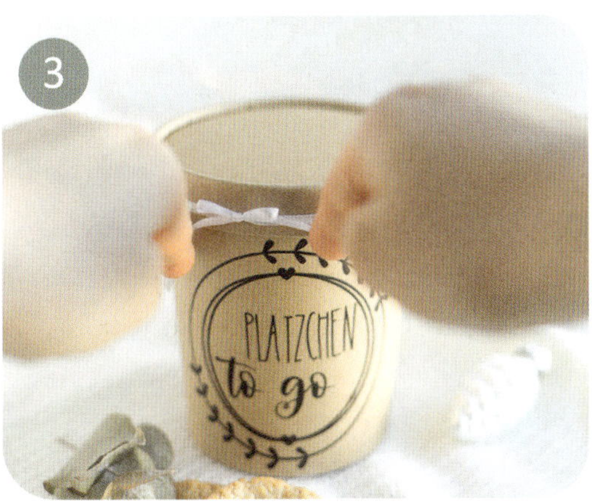

3. Übertrage das Motiv auf den Becher. Befülle den Becher mit Keksen und befestige ein Schmuckband. Der Becher eignet sich dann super als Geschenk.

Personalisierte Keksdose

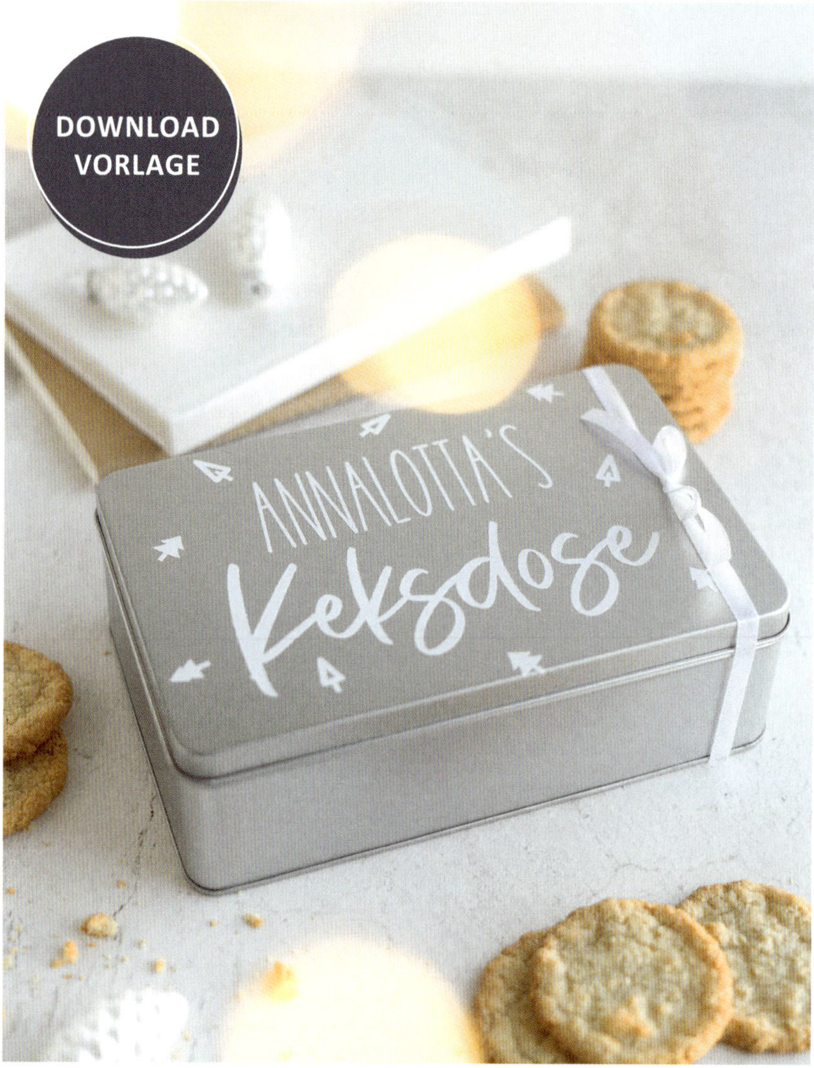

MATERIAL & WERKZEUG

- Gerät: Joy, Explore oder Maker
- Keksdose
- Vinylfolie in Weiß
- Transferfolie
- Entgitterwerkzeug
- Schneidematte LightGrip
- Rakel/Lineal
- (Schriftart: »Apple Butter«)
- (Schriftart: »Augustine«)

HINWEIS:
Die personalisierte Keksdose eignet sich gefüllt mit Plätzchen super als Geschenk zu Weihnachten oder zum Nikolaustag.

SCHWIERIGKEIT

SO GEHT´S

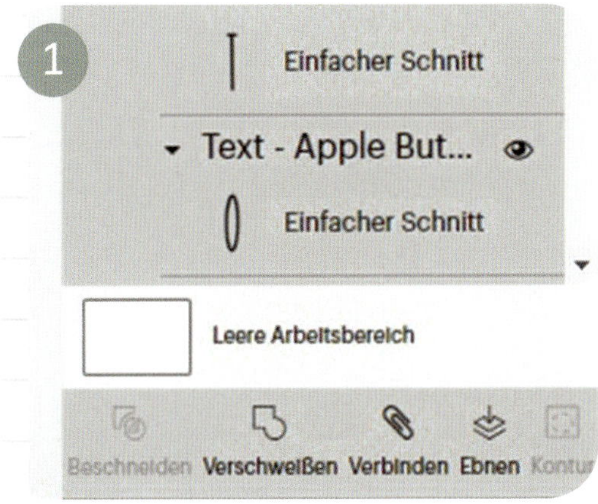

1. Füge die Datei und die Textbereiche im Design Space ein und passe die Größe an. Markiere den Text und klicke »Verschweißen«, um nur die Außenlinie der Schrift zu schneiden und die einzelnen Buchstaben nicht durchzuschneiden.

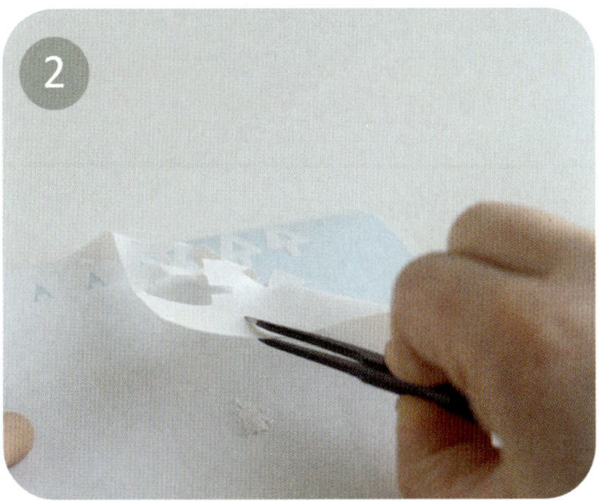

2. Lege die Vinylfolie auf die Matte und starte den Schnitt. Nach dem Schnitt entfernst du alle Teile, die nicht benötigt werden, mit deinem Entgitterwerkzeug.

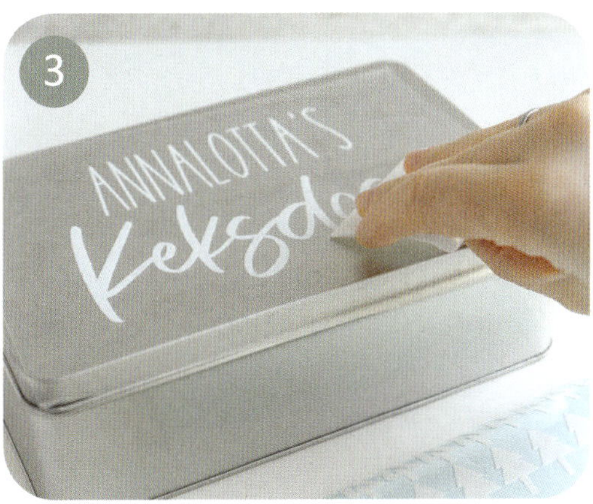

3. Übertrage das Motiv mit der Transferfolie und einem Lineal oder Rakel auf die Keksdose.

Glas voller Glück

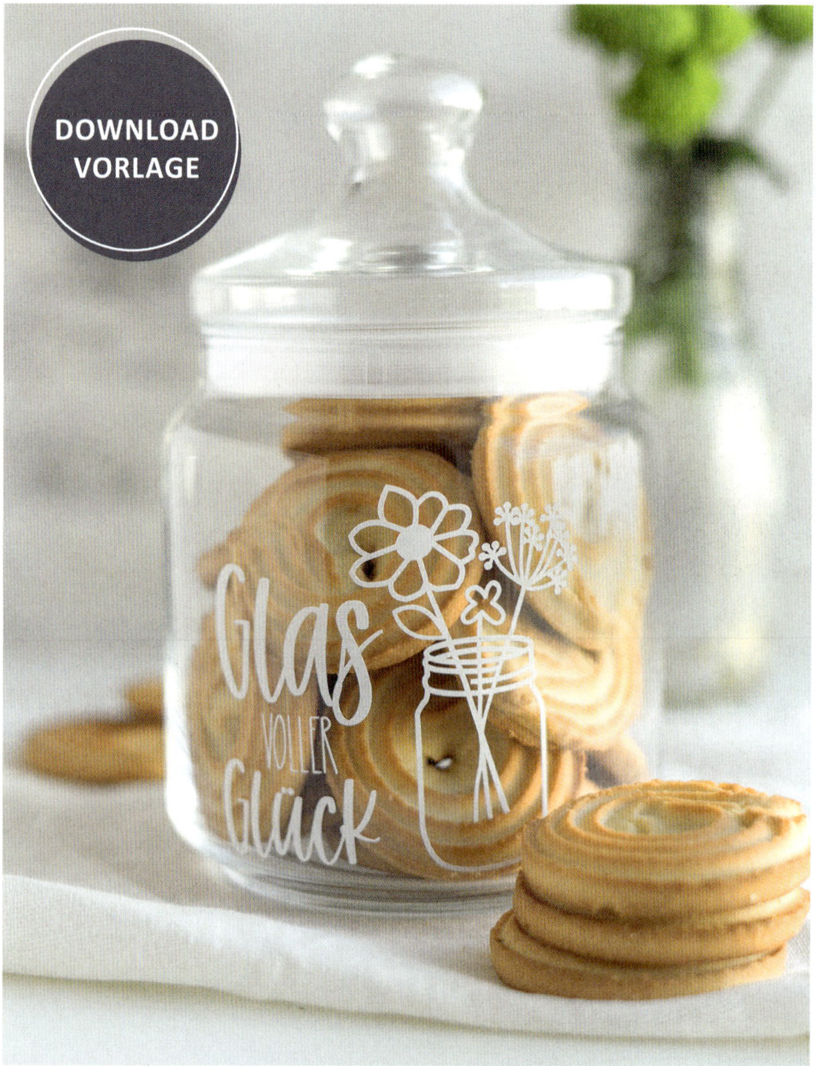

MATERIAL & WERKZEUG

- Gerät: Joy, Explore oder Maker
- Glas mit Deckel
- Vinylfolie in Weiß
- Transferfolie
- Entgitterwerkzeug
- Schneidematte LightGrip
- (Schriftart: »Apple Butter«)
- (Schriftart: »Augustine«)

HINWEIS:
Die Übertragung von Vinylfolie auf Glas kann erleichtert werden, wenn du das Glas vorher gut reinigst und abtrocknest.

SCHWIERIGKEIT

SO GEHT´S

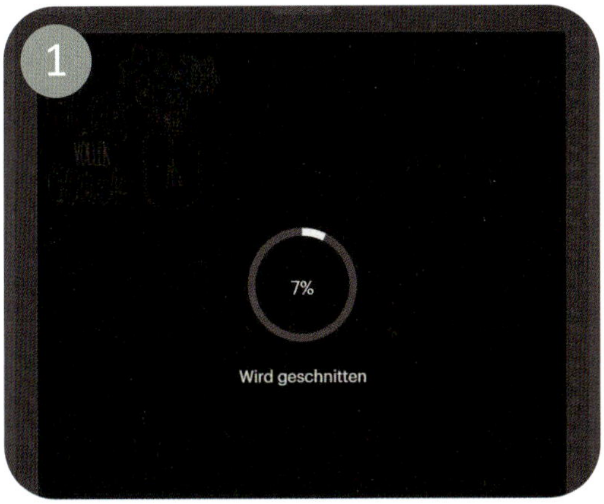

1. Füge die Einmachglasdatei und drei Textbereiche im Programm ein. Passe die Größe an und klicke »Verbinden«. Starte anschließend den Herstellungsprozess.

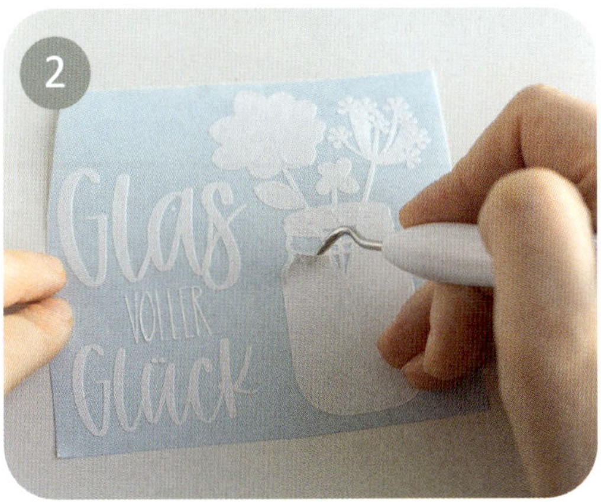

2. Entgittere das Motiv mit deinem Entgitterwerkzeug. Trage dann die Transferfolie mit einem Lineal oder Rakel auf.

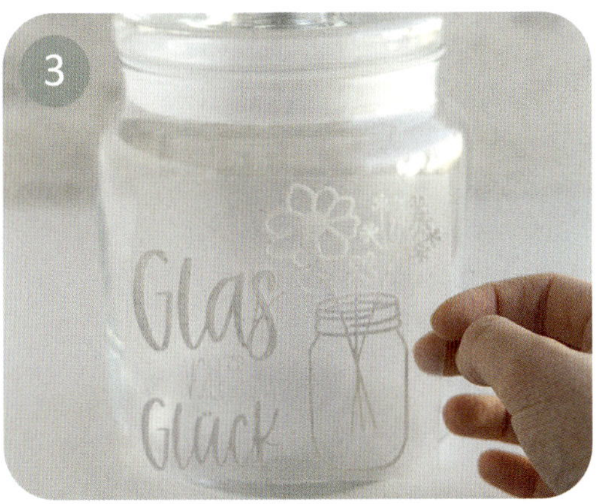

3. Reinige das Glas sehr sauber. Übertrage das Motiv auf das Glas. Das Entgitterwerkzeug kann dir hier helfen, die teilweise sehr filigranen Teile auf das Glas zu bringen.

Glücksbecher

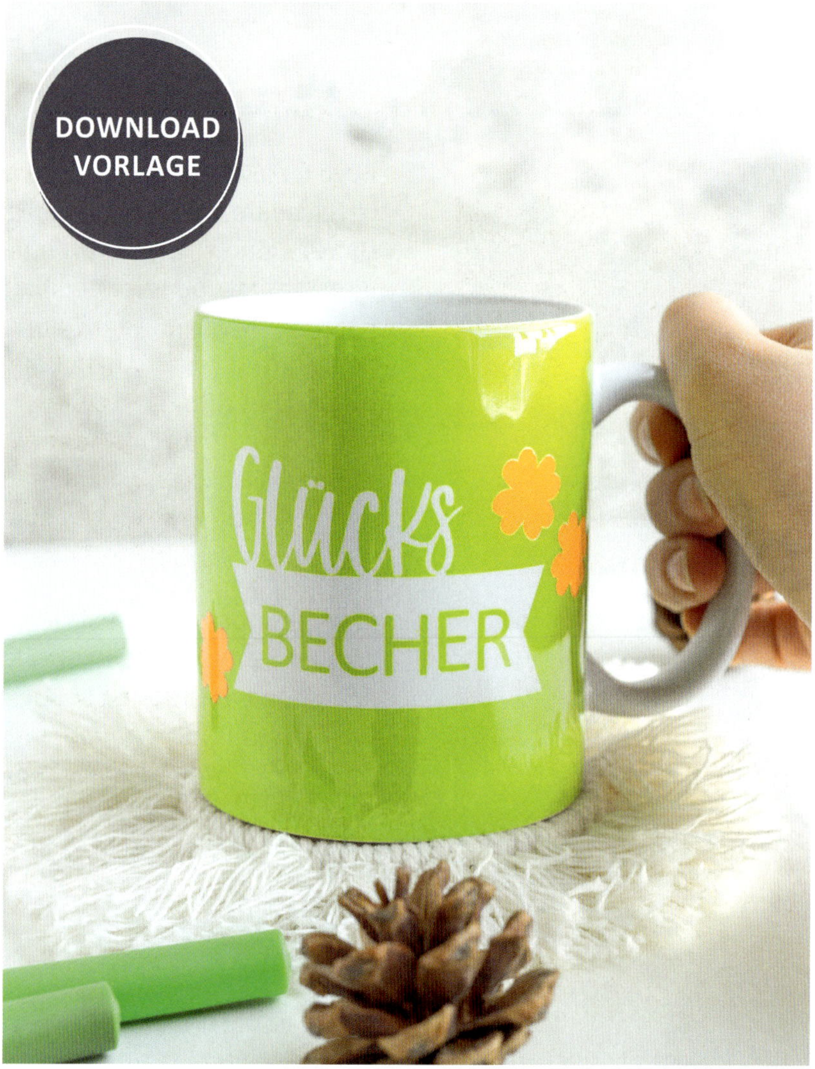

MATERIAL & WERKZEUG

- Gerät: Joy, Explore oder Maker
- Tassenrohling
- Sublimationspapier
- Wärmeresistentes Klebeband
- Alkohol
- Fusselrolle
- Schneidematte LightGrip
- Tassenpresse
- (Schriftart: »Calibri«)
- (Schriftart: »Augustine«)

HINWEIS:
Je nach Sublipapier-Hersteller kann die Verarbeitung zum Beispiel der Schneideeinstellung variieren. Passe die Einstellungen an.

SCHWIERIGKEIT

SO GEHT´S

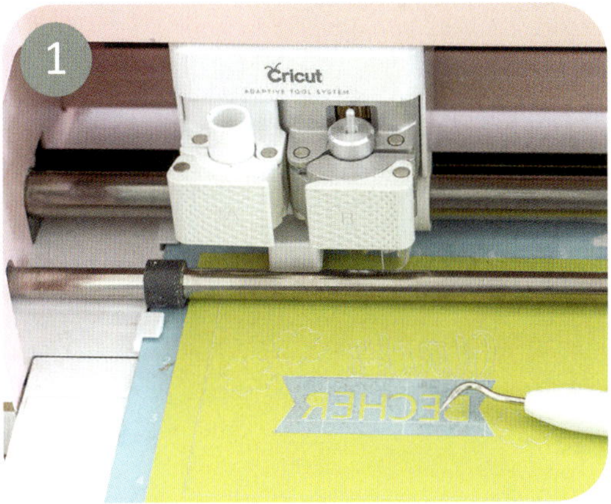

1. Füge Datei und Text ins Programm ein. Je nachdem welches Sublimationspapier du verwendest, benötigst du auch noch eine separate Mask. Das ist ein transparentes Trägermaterial (ähnlich der Transferfolie beim Vinyl). Bei manchen Herstellern ist diese Mask bereits am Papier dran. Achte hier auf die Angaben. Lege das Sublipapier (inklusive Mask) auf die Matte und starte den gespiegelten Schnitt der beiden Papiere.

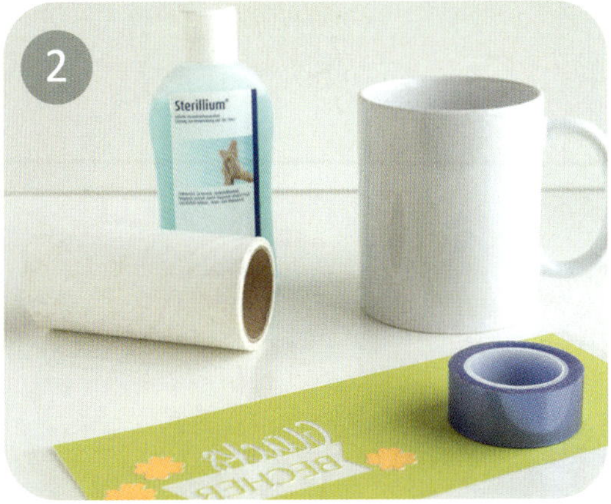

2. Nach dem Schnitt klebst du die Kleeblätter auf die Mask und in die Kleeblattaussparungen des großen Motivs. Reinige die Tasse mit Alkohol und entfussle sie mit einer Fusselrolle. Mit dem wärmeresistenten Tape klebst du das ganze Motiv dann um die Tasse.

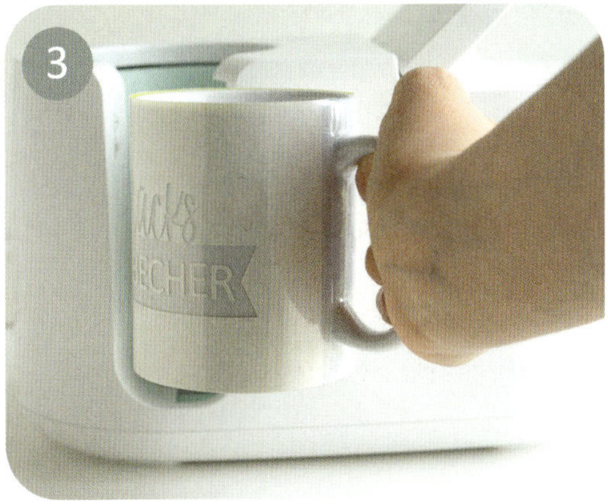

3. Übertrage das Motiv mit der Tassenpresse. Hierfür stellst du die Tasse in die Presse und drückst den Startknopf. Wenn alle Lämpchen leuchten, kannst du die Tasse aus der Presse nehmen. **Achtung:** Die Tasse ist nach dem Pressen sehr heiß. Lass diese unbedingt gut abkühlen und löse dann das Papier.

Glücksschweinchen

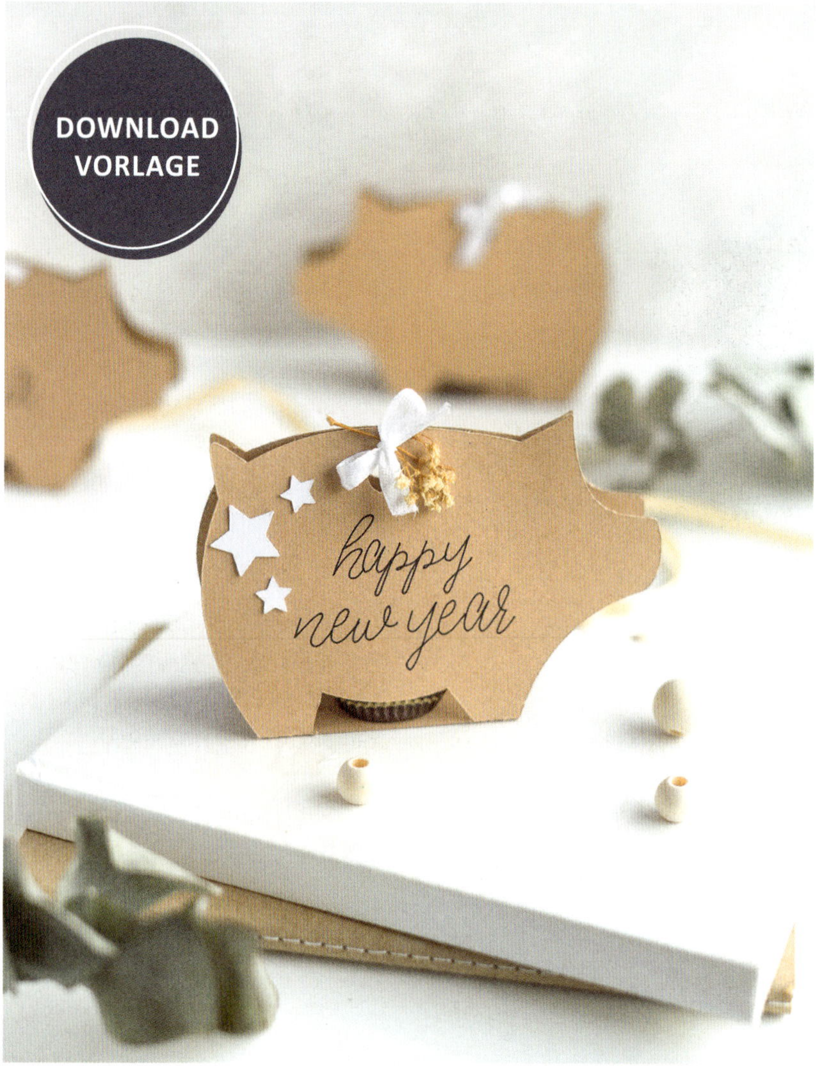

MATERIAL & WERKZEUG

- Gerät: (Joy), Explore oder Maker
- Kraftpapier 300 g/qm
- Papier in Weiß 300 g/qm
- Stift
- Schneidematte LightGrip
- Rakel/Lineal
- Schmuckband
- Schokolade
- (Schriftart: »Adalaide«)

HINWEIS:
Mit dem Plotter kannst du einfach und schnell personalisierte Schweinchen zaubern und bist so für Silvester gewappnet.

SCHWIERIGKEIT

SO GEHT´S

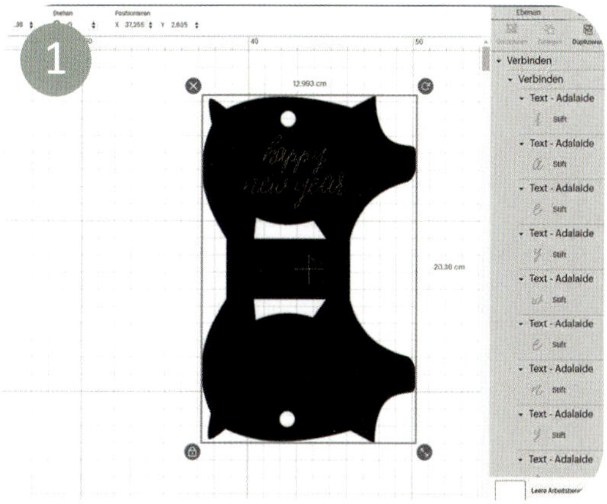

1. Die Datei kannst du einfach in den Design Space einfügen. Die Schweinchen kannst du mit dem Einfügen verschiedener Texte super personalisieren. Wahlweise kannst du noch kleine Sterne oder Herzen mit dem Plotter ausschneiden. Wähle hier im Programm einfach das Feld »Formen«.

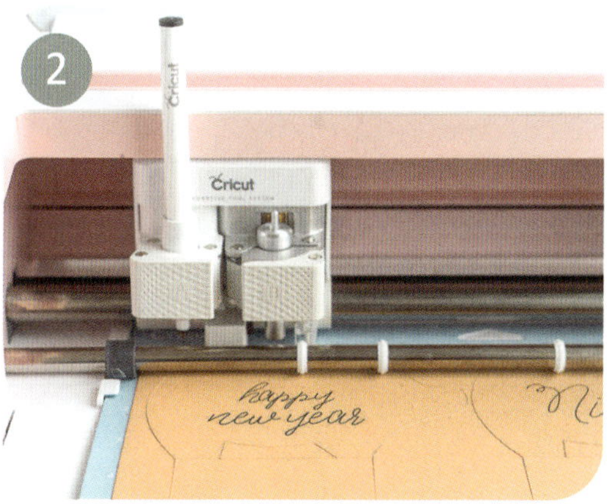

2. Lege das Papier auf die Schneidematte, lege das Messer und den Stift in die jeweilige Klemme ein und starte den Bearbeitungsvorgang.

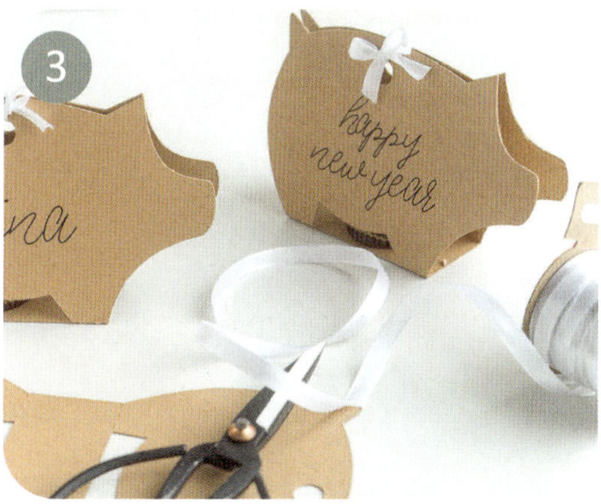

3. Falte anhand der Faltkante die Schweinchen nach oben, lege die Schokolade in die Öffnung und binde die beiden Schweinchen mit einem Schmuckband zusammen.

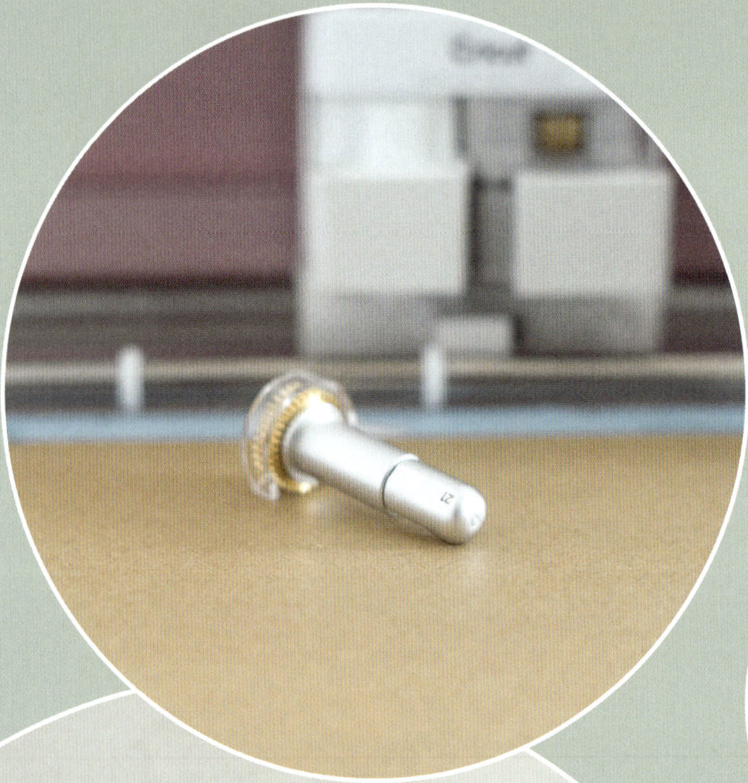

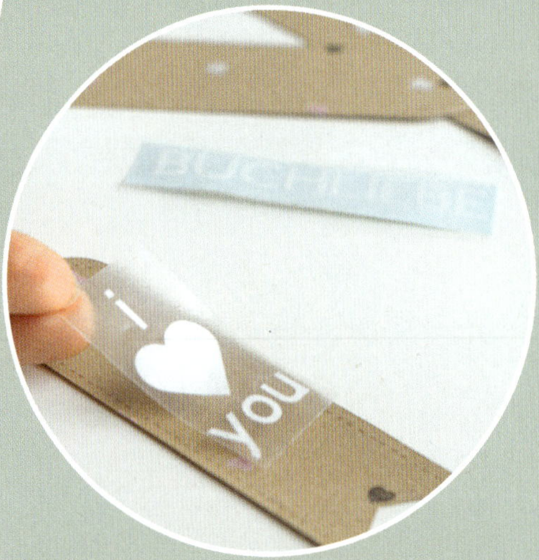
I
you

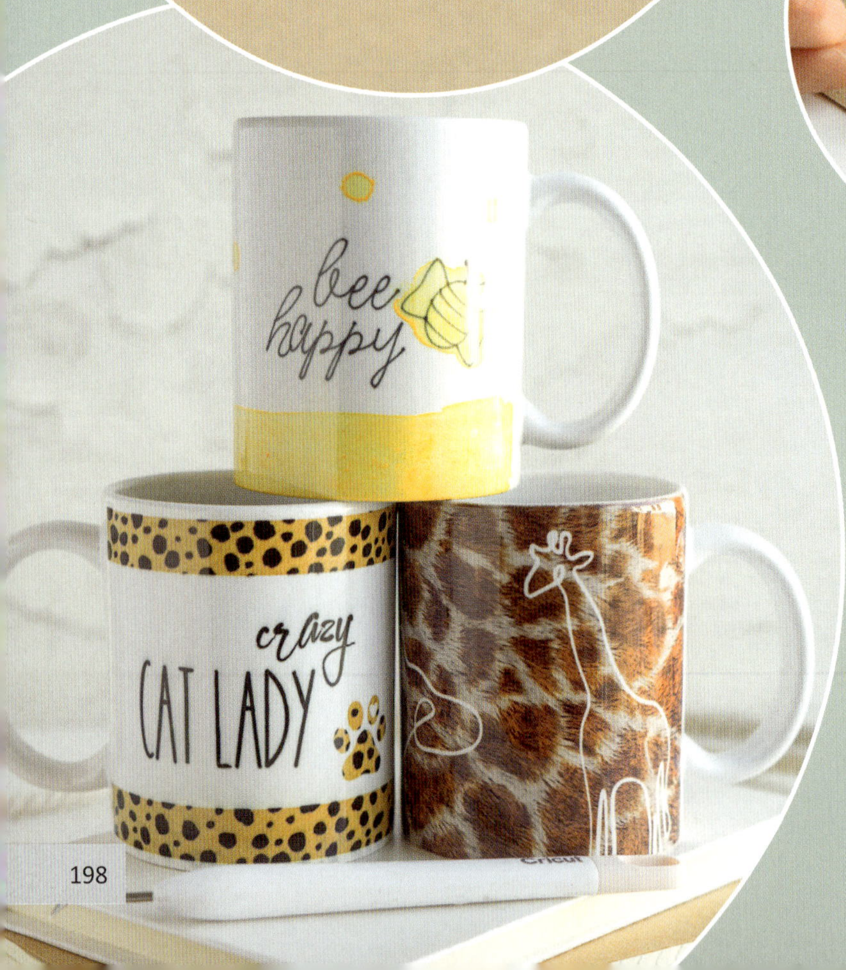
bee
happy
crazy
CAT LADY

Tipps & Tricks

Schneiden

DER PLOTTER IST SEHR LAUT

Grundsätzlich sind Hobbyplotter relativ laute Geräte. Wenn sich das Geräusch verstärkt, sich unnatürlich laut anhört oder rattert, nimm bitte mit dem Cricut-Kundensupport Kontakt auf (s. S. 203).

BENUTZERDEFINIERTE MATERIALIEN

Du kannst selbstverständlich auch herstellerfremde Materialien mit deinem Gerät schneiden. Wähle hierzu im Schneidevorgang »Alle Materialien durchstöbern«, »Materialeinstellungen« und füge ein neues Material hinzu.

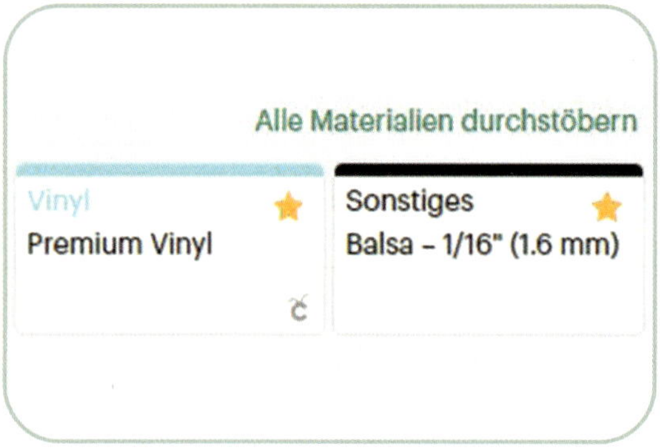

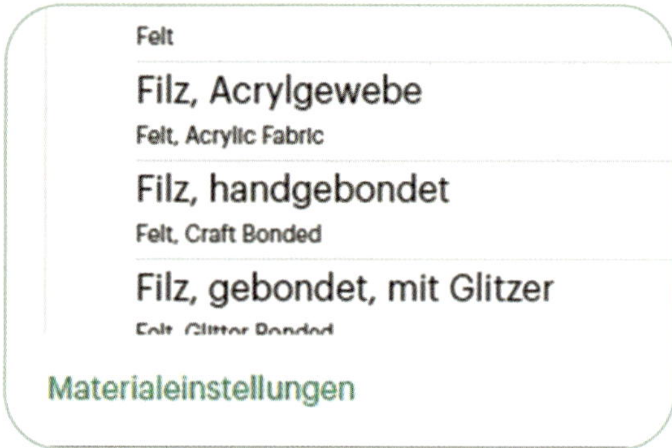

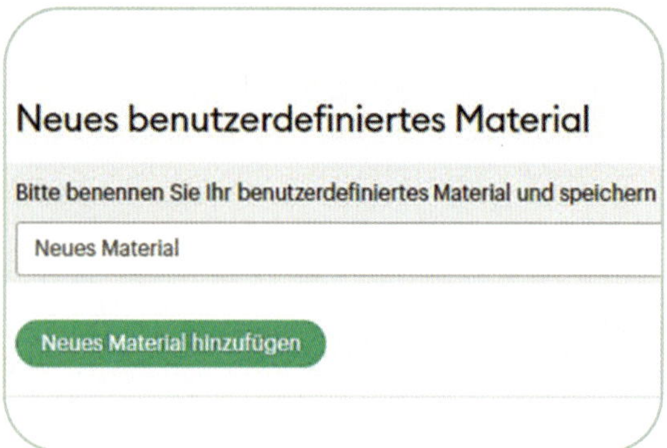

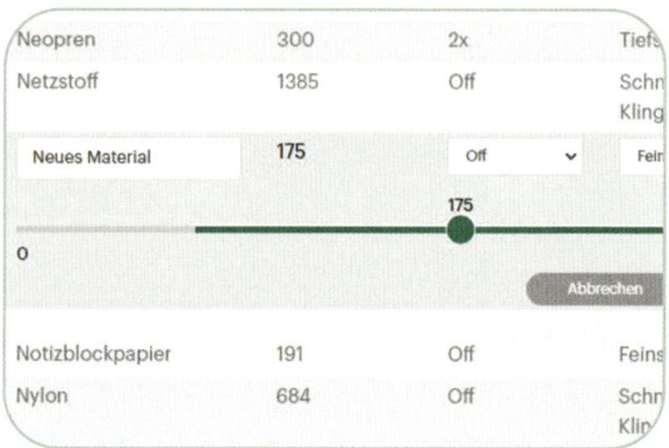

Software

AUSRUFEZEICHEN IM DESIGN SPACE

Wenn in den Ebenen im Design Space ein Ausrufezeichen erscheint, kannst du darauf klicken und die Fehlermeldung lesen. In den meisten Fällen ist das Motiv zu groß für die Schneidematte und muss angepasst werden.

DATEI WIRD NICHT ERKANNT

Design Space kann dir eine Fehlermeldung anzeigen, wenn du ein falsches Dateiformat verwendet hast. Prüfe hier gegebenenfalls die Dateiendung (z. B. .png, .svg, ...)

SINGLELINE SCHRIFTEN

Schriften müssen im Design Space die Eigenschaft »Schreibschrift« haben, um sie als Singleline umzusetzen. Anschließend musst du den Betrieb auf »Stift« setzen.

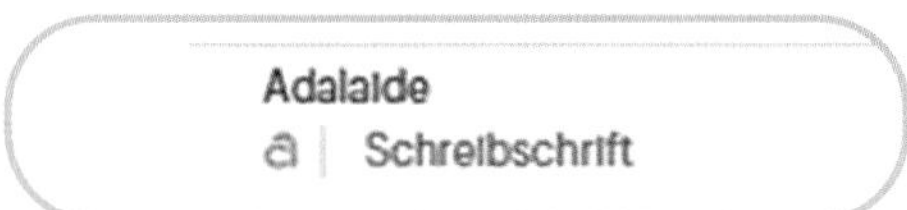

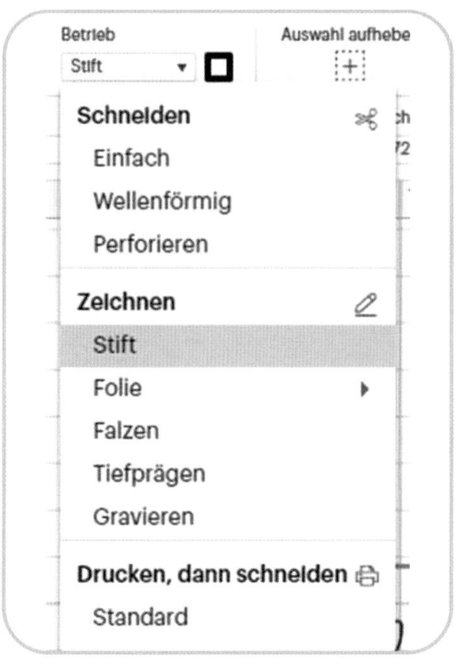

Bearbeitung

FLEXFOLIE LÖST SICH NICHT VOM TRÄGERMATERIAL

Wenn sich das Motiv nicht von dem Trägermaterial löst, musst du in den meisten Fällen die Presszeit oder -temperatur erhöhen.

KANTEN VOM TRÄGERMATERIAL IM AUFDRUCK

Entferne am Schluss das komplette Trägermaterial und erhitze das Motiv noch einmal komplett mit der Transferpresse für ein paar Sekunden. Somit verschmilzt der Aufdruck noch einmal und Kanten oder Löcher verschwinden.

DER PLOTT LÖST SICH VOM STOFF

Um das Ablösen des Plotts vom Stoff zu vermeiden, solltest du auf Weichspüler verzichten. Außerdem kann ein Vorpressen des Stoffes ohne Motiv hilfreich sein. Achte zudem auf die Herstellerangaben bezüglich Pressdruck, -dauer und -temperatur.

TRANSFERFOLIE ZERREISST PAPIER

Es kann vorkommen, dass selbst eine leicht klebende Transferfolie das Papier beim Übertragen von Vinylfolie zerreist. Hier kannst du die Transferfolie vor dem Verwenden 1–2 Mal auf ein Stück Stoff (z. B. deinen Pulli) kleben. Wende die Transferfolie dann wie gewohnt auf die Vinylfolie an.

SPÜLMASCHINENFESTE TASSEN

Grundsätzlich kannst du Tassen selbstverständlich mit Vinylfolie bekleben. Diese sind allerdings nicht spülmaschinengeeignet und das Vinyl löst sich früher oder später. Du kannst spülmaschinen- und mikrowellenfeste Tassen mit Sublimationspapier/-stiften und einer Tassenpresse gestalten.

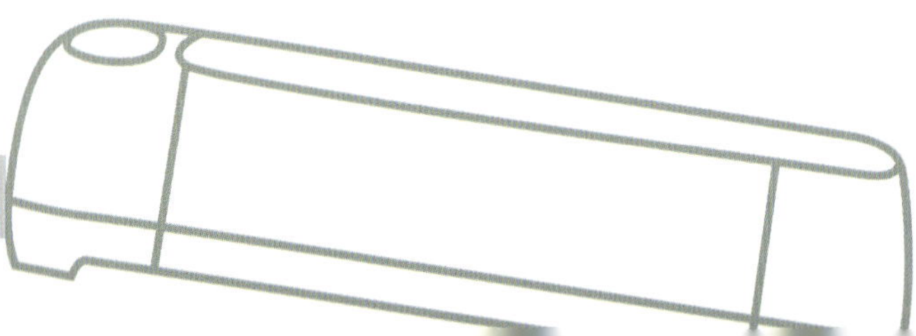

Entgittern

SCHNEIDELINIEN SIND NICHT ERKENNBAR

Du kannst die Folie entsprechend im Licht ausrichten, um die Linien leichter zu erkennen. Bei dunklen Folien kannst du etwas Babypuder auf das Motiv geben. So werden die Linien leichter erkennbar. Das Pulver kannst du nach dem Entgittern einfach wieder entfernen.

DIE FOLIE LÄSST SICH NICHT ENTGITTERN

Bei falschen Schneideeinstellungen kann es passieren, dass sich die Folie nicht entgittern lässt. Kontrolliere hier, ob du das richtige Material eingestellt hast. Gegebenenfalls kannst du den Schneidedruck erhöhen.

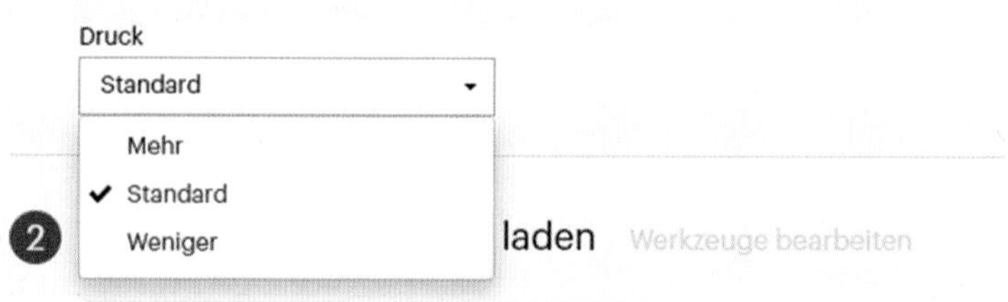

Überprüfe außerdem, ob die Klinge deines Messers sauber ist. Manchmal hängen kleine Überreste an dieser fest und beeinträchtigen das Schneideergebnis.
Auch qualitativ minderwertige Folie kann hier das Ergebnis beeinträchtigen, den Schnitt und somit das Entgittern erschweren.

Tipp

Bei weiteren Fragen zum Design Space kannst du dich an den Cricut Support unter help.cricut.com wenden.

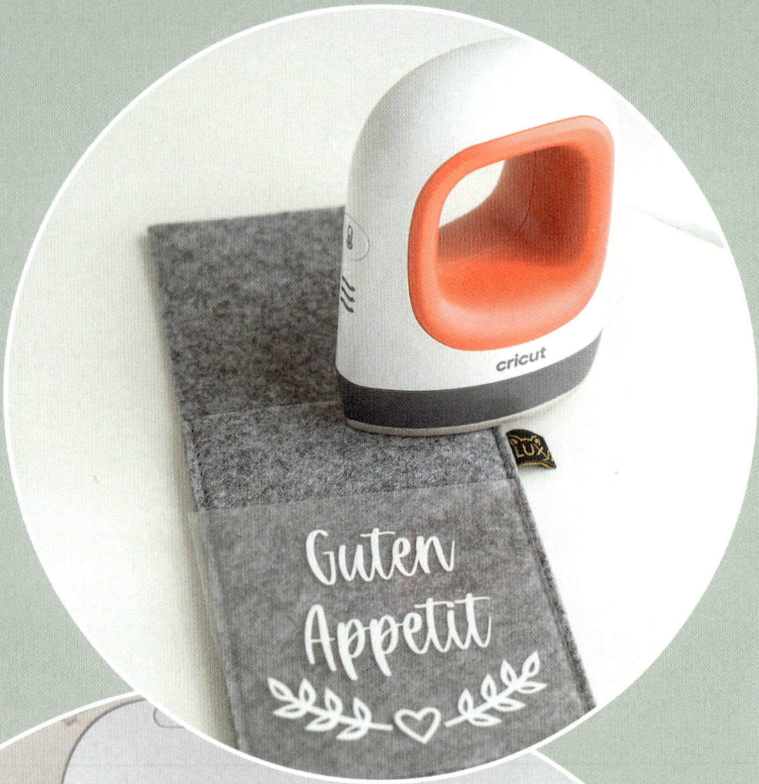
cricut
Guten
Appetit

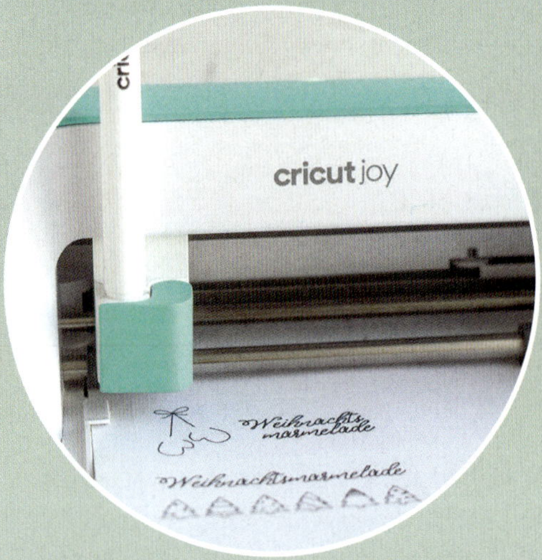
cricut joy
Weihnachtsmarmelade

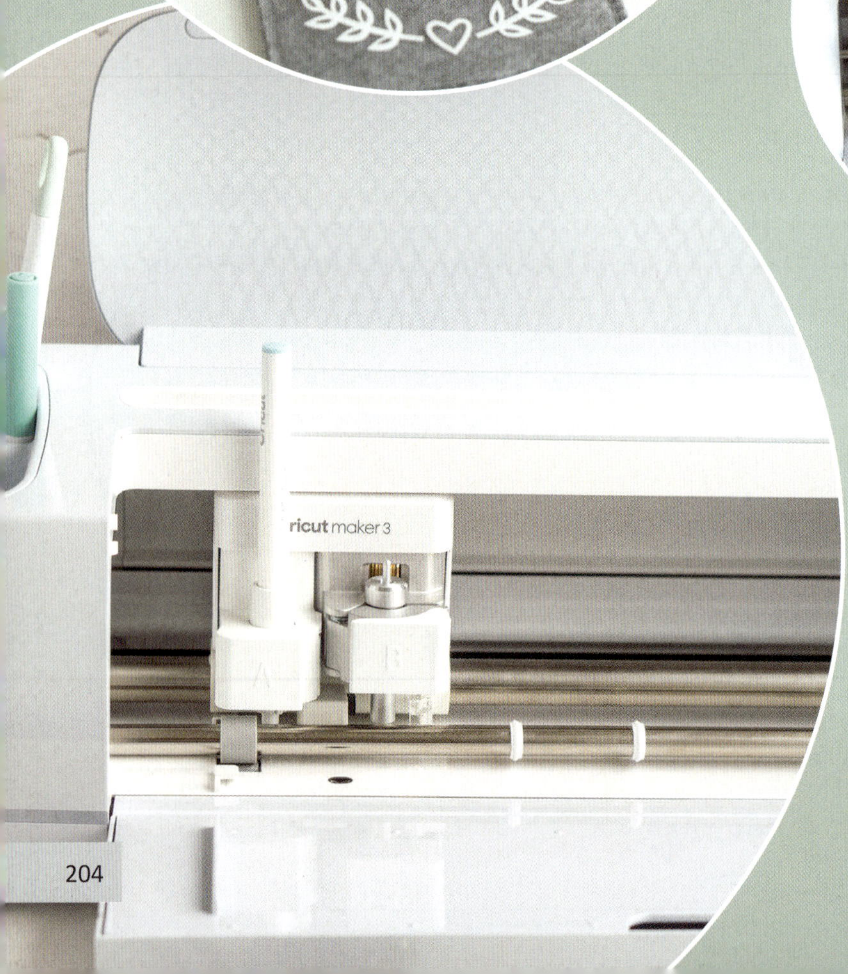
ricut maker 3

Anhang

Danksagung

Danke an alle lieben Menschen, die mich unterstützt haben, mein Herzensprojekt umzusetzen.

Vor allem möchte ich mich bei meinem Ehemann Martin und bei Strudel für ihre große Geduld und Unterstützung bedanken.
Außerdem geht ein Dankeschön an meine ganze Familie. Insbesondere möchte ich mich bei meiner Oma und Mama bedanken für die unzähligen hilfreichen Gespräche.

Ein Danke geht auch an die Firma Cricut, die mich mit Bildmaterial und Informationen für das Buch unterstützt haben.

Danke an die liebe Lara vom mvg Verlag für dein Vertrauen, deine Expertise und die schöne Zeit!

Last, but not least geht ein großes DANKESCHÖN an euch alle. Danke für euer Interesse und die Zeit, mit diesem Buch zu lernen und zu arbeiten.

Ich bin euch allen unglaublich dankbar!

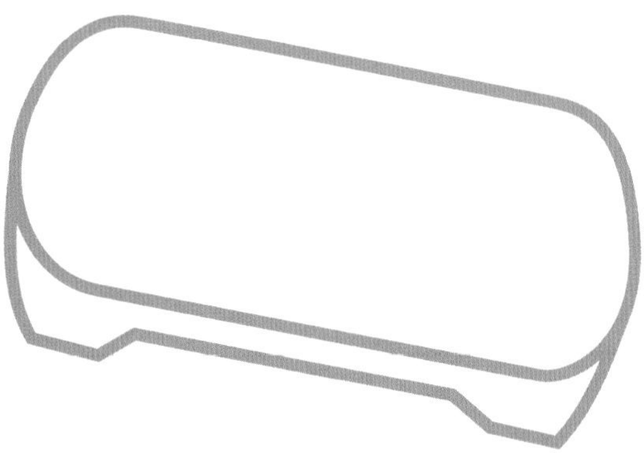

Impressum

Bibliografische Information der Deutschen Nationalbibliothek
Die Deutsche Nationalbibliothek verzeichnet diese Publikation in der Deutschen Nationalbibliografie. Detaillierte bibliografische Daten sind im Internet über http://dnb.d-nb.de abrufbar.

Für Fragen und Anregungen
info@m-vg.de

Wichtiger Hinweis
Diese Publikation ist kein offizielles Lizenzprodukt der Marke Cricut.

Originalausgabe
3. Auflage 2024

Türkenstraße 89
80799 München
Tel.: 089 651285-0

Alle Fotos wurden von der Autorin Lisa Englmüller aufgenommen, mit Ausnahme jener auf den Seiten 24, 25, 38, 42 und 50, welche mit freundlicher Genehmigung von Cricut bereitgestellt wurden.

Redaktion: Manuela Kahle
Umschlaggestaltung: Sonja Vallant
Umschlagabbildung: Lisa Englmüller
Layout: Lisa Englmüller, Sonja Vallant
Satz: Carsten Klein, Torgau
Druck: Firmengruppe APPL, aprinta Druck, Wemding
Printed in Germany

ISBN Print 978-3-7474-0462-1
ISBN E-Book (PDF) 978-3-96121-846-2
ISBN E-Book (EPUB, Mobi) 978-3-96121-847-9

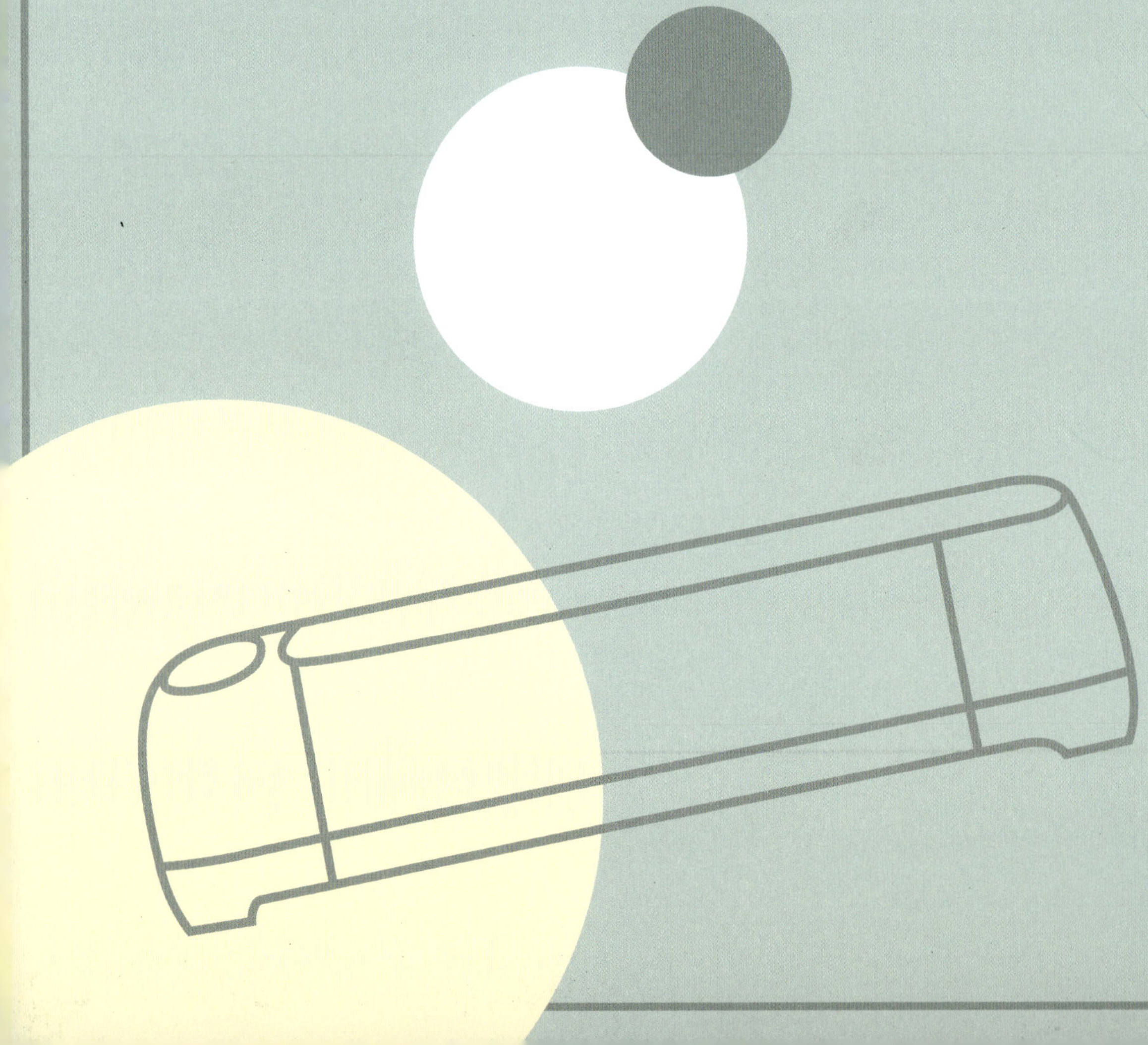